KB079509

코   로   나   0   년

초   회   복   의   시   작

코로나 0년
초회복의 시작

파국을
뛰어넘는
새로운 시대의
상상력

LAB2050 기획 | 이원재 · 최영준 외 지음

어크로스

이제 우리는 과거로 돌아갈 수 없다

최영준 LAB2050 이사장

어린 손녀가 나와 주먹을 부딪히면서 문득 말한다. "예전에는 만나면 '악수'라는 것을 했다면서요? 엄마가 그러더라구요." "그러게 말이야. 그러고 보니 예전에는 주먹끼리 부딪히지 않고, 손을 붙잡고 흔들었었지. 그게 악수란다." 설명을 하고 보니, 그 시작이 기억난다. 코로나19라고 하는 바이러스가 우리 삶을 흔든 그 이후부터였던 것 같다. 그 이후, 많은 것들이 변화했다…

  타임머신을 타고 2050년으로 날아간다면, 아마 세상 곳곳에서 이런 회고가 펼쳐지고 있지 않을까?

  LAB2050은 2050년 사회를 우리 아이들이 행복하게 살 수 있는 곳으로 만들기 위해 시작된 민간 싱크탱크다. 젊은 전문가와 활동가들이 모여 곧 다가올 대전환을 준비하자고 뜻을 모아 2018년 세운 곳이다. LAB2050은 2050년까지 우리가 살고 있는 현대사회에 근본적인 변화가 올 것이라고 내다봤다. 디지털 전환이 그 변화의 핵심 요인이라고 진단했다.

그런 거대한 변화가 디스토피아 대신 유토피아로 이어지도록 만들려면, 과감한 정책 변화가 필요하다는 게 이때 모인 젊은 전문가들의 생각이었다. 그래서 개인에게 더 많은 실질적 자유를 보장하는 '자유안정성 혁명'을 주장했고, 모두에게 조건없는 소득을 보장하는 '기본소득제'의 현실적 추진 방안을 연구했고, 미래 경제체제에 맞는 '자유노동'의 도래를 예고했다. 일자리가 더 이상 만들어지지 않는 제조업 도시들에서, 청년 중심의 새로운 경제를 일으키는 전환을 시도해야 한다고 제안했다. 이런 준비가 적절히 이루어진다면 한 세대 뒤인 2050년은 지금보다 훨씬 더 살 만한 시대가 될 것이라고 믿었다.

그런 LAB2050에게 코로나19는 엄청난 충격이었다. 예측이 틀려서가 아니다. 너무 빨리 정확하게 예측한 세상이 펼쳐져서다. 우리가 수십년에 걸쳐서 다가올 것이라고 예상했던 변화가 단 1년만에 우리 눈앞에서 펼쳐지는 것을 목격했다. 학교에서도 직장에서도 '비접촉 사회'가 순식간에 구현되면서 디지털 전환이 실현되는 광경을 목격했다. 기본소득제와 비슷하게 모두에게 조건없이 지급하는 긴급재난지원금을 받게 되기도 했다.

하지만 그 결과는 밝아 보이지 않는다. 준비없이 맞게 된 미래이기 때문이다.

'자유노동' 종사자들 중 누군가는 해고와 소득 감소로 엄청난 고통을 겪게 되었고, 다른 누군가들은 피할 수 없는 과도한 노동으로 죽음을 맞이하기도 했다. 우리가 주장하던 자유안정성 혁명이 일어났다면 고통의 수준이 상당히 경감될 수 있었겠지만, 정책의 변화는 언제나 그렇듯 문제가 터질 때까지 가시화되지 않았다. 전환이 일어나지 않은 지역 도시들에서는 엑소더스가 일어나고 그나마 일자리가 있는 수도권으로의 집중은 훨씬 더 심해질 가능성이 높아졌다. 예고된 고용소멸 앞에서, 사람들은 불로소득과 일확천금을 향해 달려가고 있으며, 공공영역 일자리를 구하기 위해 절박하게 매달리고 있다. 지금 목도하고 있는 '미래'는 LAB2050이 꿈꾸는 미래가 아니다.

그래서 우리는 긴급하게 모였다. LAB2050의 연구진이 중심이 되고, 더 넓은 분야 전문가들을 모셨다. 노동, 도시, 건강, 교육, 경제, 복지, 환경 분야에서 고민과 대안을 모았다. 각자의 컴퓨터 화면 앞에서 오랜 시간 연구한 분야에서 불거진 문제와 해법을 내놓았다. 이 모든 혁신적 정책가들은 입을 모았다.

"이제 우리는 과거로 돌아갈 수 없다. 아니, 과거와 똑같은 형태로 회복해서는 절대로 좋은 삶을 구현할 수 없다. 전혀 다른 사회를 상상해야 한다. 지금 바로 실천해야 한다. 주어진 시간은 짧다."

그 뒤 의기투합해 함께 진행한 연구 결과물이 이 책이다. 이 책의 키워드는 초회복이다. 초회복은 우리 사회가 질적 변화를 동반하며 다시 성장하는 모습을 일컫는다. 그런데 우리는 어떻게 성장하는가? 어쩌면 우리가 헬스장에서 근육을 어떻게 성장시키는지에 대해 생각해보는 것으로부터 출발할 수도 있을 것 같다.

운동을 계속하다 보면, 어느 순간부터는 오히려 힘이 약해지기 시작한다. 이때 제대로 된 회복을 하려면 전략을 뒤집어야 한다. 운동량을 크게 줄이거나 멈추면서 적절한 영양을 공급하는 활동을 해야 한다. 이렇게 뒤집힌 전략이 '초회복'을 가져온다. 이 시기를 잘 거치면 운동으로 저하된 근력을 회복하는 것은 물론, 운동 이전보다 오히려 더 나아질 수 있다.

초회복이란, 활동전략의 전환을 통해 손상 이전 단계보다 더 높은 단계로 회복하는 것이다. 손상 이전과 비슷한 전략은 통하지 않는다. 전략을 급진적으로 뒤집어야 한다.

우리 몸과 마찬가지로, 사회도 그렇다. 가부장주의, 개발주의, 그리고 신자유주의가 얽혀 있는 낡은 사회경제체제를 어떻게든 고쳐쓰는 것으로는 이 위중한 상황을 되돌리기 어렵다.

이 책은 코로나19 사태 이후 파국으로 치닫고 있는 우리 사회가 어떻게 초회복할 수 있는지를 제안한다. 저자들은 우리 모두 초회복 전략을 채택해야 한다고 주장하면서, 영역별로 스무 가지 세부 전략과 개혁 방향을 제안하고 있다. 이러한 제안들이 우리 사회 초회복 논쟁을 촉발하는 출발점이 되었으면 한다.

코로나19 이후 우리는 어떤 사회에서 살게 될까? 불평등한 사회, 행복하지 않은 사람들, 불안한 노동, 삶을 지배하는 불확실성, 자욱하게 뒤덮은 스모그, 그 속을 어떻게든 헤쳐 나가려는 사람들로 가득한 사회가 되어 있을까? 아니면, 푸름이 가득한 공간에 누구나 기본적 안정과 풍요로운 디지털 생활을 누리고, 삶의 자율성을 행사하면서 역동적인 시민사회와 든든한 국가가 함께하는 곳이 되어 있을까? 아니면 그 사이 어디쯤일까?

우리의 미래는 우리가 지금 어떤 방향을 잡느냐에 따라 달라질 가능성이 높다. 국가도, 기업도, 정치조직도, 개인도 선택의 순간을 맞았다. 우리는 지금 사고를 전환해 초회복 전략을 채택하고 과거와 다른 미래를 향해 가느냐, 아니면 조금씩 미루면서 천천히 파국을 맞느냐의 갈림길에 서 있다.

코로나 0년, 급진적인 초회복을 해내지 못하면 우리는 올라가려고 발버

둥치지만 깊숙이 가라앉는 불행을 경험하게 될 수 있다. 비전과 생각의 전환이 우리에게 새로운 기회를 줄 것이다. 30년 후 주먹을 부딪히며 인사하는 사람들이 아름다운 대한민국의 시작이 2020년이었음을 이야기할 수 있기를 바란다.

1장

코로나 0년,
파국에서 초회복으로
가기 위하여

우리를 덮쳐오는
파국의 6가지 얼굴

이원재 LAB2050 대표 _ **최영준** LAB2050 이사장

코로나19는 자본주의 발전국가 대부분을 멈춰 세웠다. 그 직후 우리 시대가 갖고 있던 많은 문제가 단번에 최악으로 심화됐다. 생명이 위협받고, 경제는 마이너스 성장을 향하고, 사회는 어느 때보다 불평등해지고, 정치는 인종 간, 계층 간, 국가 간 차별과 증오를 부추기는 도구로 전락하고 있다.

안타깝지만, 이 모든 변화들은 하나같이 우리를 파국으로 밀어 넣고 있다. 코로나19 이후 세계는 제2차 세계대전 이후 가장 어려운 시기를 향해 달려가고 있다. 바이러스는 여전히 살아서 확산되고 있다. 파국의 여섯 가지 얼굴을 전 세계에 드리우면서.

성곽도시 : 협력과 번영의 세계 질서가 맞는 파국

이제 100세를 바라보는 헨리 키신저(Henry A. Kissinger)는 두 미국 대통령을 국무장관 및 보좌관으로 도우면서 이른바 '자유주의 세계 질서'를 만들

어온 역사의 산증인이다. 지금 우리가 살고 있는 세계의 상당 부분은 그의 머리에서 나왔다.

그런 키신저가 코로나19의 등장 이후 자유주의 세계 질서가 흔들리면서 '성곽도시(walled city)의 시대'가 열린다는 이야기를 꺼냈다. 〈월스트리트 저널〉에 쓴 칼럼에서다. 과거 초기의 국가는 성벽을 높게 쌓고 시민을 무력으로 지켜주던 '성곽도시'였다. 도시 안에서는 전제군주가 폭정을 하기도 했지만, 성벽을 넘나들지 못하게 하며 성 안 시민들을 안전하게 만들어주면 권력을 유지할 수 있었다.

키신저는 세계 질서가 후퇴하면서 성곽도시와 같은 국가가 다시 나타날 수 있다고 경고했다. 국제 협력과 자유무역을 통해 국민에게 번영을 선사하던 현대의 국가가 과거로 후퇴할 수 있다는 경고였다. 그렇지 않아도 자국 이기주의를 강화하고 있던 세계 각국이, 코로나19 유행을 계기로 더 강하게 자유무역을 거부하며 국경의 성벽을 높게 쌓을 수 있다는 이야기다. 게다가 코로나19 탓에 잠시 멈춰 선 교류와 협력은, 바이러스가 사라져도 돌아오지 않을 것이라는 게 그의 전망이다. 이런 세계에서 인도주의적 협력과 자유로운 교역이라는 현대 국제 질서의 이상은 힘을 잃는다. 극단적 현실주의를 등에 업은 보호무역이 힘을 얻을 것이다.

키신저는 지금의 자유주의 세계 질서를 설계한 장본인이다. 미국 리처드 닉슨 대통령과 제럴드 포드 대통령 당시 국제 관계를 관장하는 국무장관과 보좌관 역할을 했다. 1970년대 이른바 '핑퐁외교'를 통해 미국 닉슨 대통령과 중국 마오쩌둥 주석의 회담을 주선했다. 냉전 시대 으르렁대던 민주주의 미국과 공산주의 중국은 이 정상회담을 계기로 허니문에 들어갔고, 폐쇄적이던 중국이 세계경제에 편입되며 서구 자본주의 국가들과 교류를 시작했다. 키신저는 미국을 포함한 서구 자본주의 국가들이 공산주의 중국을 국제사회의 일원으로 받아들이도록 온 힘을 다해 설득했다.

낙관론이 서구 자본주의 엘리트들을 지배하던 시기였다. 자유무역과 국제분업이 번영을 가져오고, 이념을 초월한 경제 협력이 평화를 가져온다는 비전이 힘을 가졌던 시절이었다. 키신저는 그 낙관론이 현실 정치에서 구현되도록 전달하는 비둘기였다. 그가 이렇게 '성곽을 허무는 일'을 해내면서, 오늘날의 세계 질서가 시작됐다고 할 수 있다.

실제로 중국은 세계경제 질서에 적극적으로 편입되기 시작했다. 이후 동구권 사회주의가 몰락하고 미국-소련 간 냉전이 끝난 데다 유럽 통합 움직임이 가시화하면서 세계는 드디어 하나의 자유주의 질서, 하나의 시장으로 통합된 것처럼 보였다. 중국은 국제분업 구조에 적극적으로 들어와 세계의 공장 역할을 자임했다. 중국이 생산한 값싼 공산품은 월마트를 통해 미국 대중에게 쏟아져 들어왔다. 공산품을 생산하기 위한 재료는 한국과 일본 등 전 세계에서 구해 왔다. 중국은 이렇게 세계경제 생태계의 거인이 됐다.

한편 미국은 중국이 공급하는 값싼 공산품이 넘쳐나며 한결 가벼워졌다. 돈과 인재를 IT와 생명과학 등의 첨단기술에 쏟아부을 수 있었다. 그 결과 실리콘밸리가 탄생했고 마이크로소프트부터 테슬라와 아마존이 태어났다. 불로장생의 꿈을 현실에 구현하는 다국적 제약기업들은 상상할 수 없던 수준의 기술을 내놓고 있다. 그들에게 돈을 대는 실리콘밸리와 월스트리트의 투자자들은, 기술 기반의 첨단 기업들이 미국의 얼굴로 올라서면서 막대한 부를 쌓게 됐다. 세계경제는 끊임없이 성장했다.

한편에서는 반세계화 진영이 나서서, 자유주의 세계 질서는 국가 간 빈부 격차를 벌리는 신자유주의 질서라고 매섭게 비판했다. 그러나 이를 비웃듯 한국과 대만 등 글로벌 가치사슬에 적극 참여한 국가들의 소득은 빠르게 높아졌다. 중국 국민의 소득은 세계에서 가장 극적으로 높아졌다. 세계 질서에 참여한 국가들 사이의 격차는 좁아졌다. 여기에 참여하지 않았거나 참여하지 못한 국가들만 뒤처졌다.

키신저의 구상은 현실에 사뿐히 안착했다. 사실 공산주의 중국까지 포용하는 세계 자본주의를 건설하자는 키신저의 낙관론은 처음에 비현실적이라는 비판을 받았다. 하지만 결국 젖과 꿀이 넘치는 자유주의 세계경제 질서를 가져왔다. 그는 시대를 앞서가는 낙관론자였다.

그런데, 그 키신저가 '성곽도시'의 시대가 온다면서 비관론으로 돌아선 것이다.

코로나19 바이러스의 본질을 되돌아보자. 바이러스가 인간에게 전한 메시지는 '비접촉'이다. 사람이 바이러스의 숙주다. 다른 사람과 접촉하지 말아야 살아남는다. 목숨을 지키려면 비접촉 원칙을 지켜야 한다.

그런데 우리가 살고 있는 세계는 서로 간의 접촉면을 점점 더 넓히는 방법으로 발전하고 있었다. 마을은 도시로 넓어졌다. 마을과 도시에 살던 사람들은 국가 전체를 이동하며 생산하고 소비하는 방향으로 변화했다.

세계화 바람은 그런 이동이 전 세계로 넓어지게 만들었다. 도시 간 무역은 국가 간 무역으로, 다자무역 질서로 넓어져왔다. 유럽연합과 북미자유무역협정(NAFTA), 자유무역협정(FTA)으로 세계화는 촘촘한 그물이 되어 세계 대부분 지역에 스며들었다. 전 세계 누구나 만나고 대화하고 어울릴수 있다는 특징이, 현대 문명의 중요한 차별점으로 칭송받는 데까지 왔다. 국경을 넘나들며 여권에 받은 도장 개수가 그 사람의 사회적 수준을 보여주는 것처럼 여겨졌다. 자유주의 세계 질서의 이상이 이뤄지는 듯했다.

그러나 '접촉하지 말라'는 코로나19의 주문은 이런 문명의 발전 방향을 단번에 뒤엎는다. 국경은 가로막히고, 도시는 봉쇄되었고, 무역은 축소되었다. 이동과 접촉을 통해서만 생산할 수 있는 많은 재화와 서비스의 생산이 중단됐다. 국경은 다시 높아졌고, 보호주의가 국제사회에서 발언권을 얻게 됐다. 자유주의 이상을 향해 달려가던 세계는 급변침을 시작했다.

그런 세계를 바라보면서, 키신저는 성곽도시라는 비유를 썼다. 세계가 자신이 꿈꾸던 이상을 향한 행진을 잠시 멈추고, 어쩌면 영구적으로 방향을 돌리는 것 같은 순간일 것이다.

사실 키신저가 설계한 세계 질서는 코로나19 창궐 이전 이미 파국을 향하고 있었다. 코로나19는 이미 진행되던 세계 질서의 균열을 단번에 앞당겼을 뿐이다. 유럽연합은 2016년 영국의 탈퇴가 국민투표로 확정되면서 이미 '국경 없는 하나의 유럽'의 이상에 크나큰 상처를 입었다. 같은 해 미국 국민은 중국과 무역전쟁을 벌이고 국경에 높은 장벽을 설치해 이동을 막겠다는 도널드 트럼프를 대통령으로 선출했다. 세계 최고의 복지 국가로 칭송받으며 자유주의 세계 질서의 정신적 지주 역할을 하던 스웨덴에서는, 난민 반대와 신나치주의를 표방하던 극우 정당이 2018년 의회 선거에서 제3당이 됐다. 이 정당은 2019년 말 25퍼센트 지지를 얻으며 지지율 1위 정당으로 올라섰다.

반세계화 정서는 뜻밖에도 반이민 정서와 인종주의 정치의 옷을 입고 자본주의 심장인 선진국을 파고들었다. 선진국과 개발도상국 사이 불평등이 커진다고 비난하던 과거 반세계화론의 예측과는 다른 경로다. 선진국 내부의 불평등이 그 불씨가 됐다. 중국이 세계의 공장 노릇을 하면서 일자리를 잃어버리게 된 미국의 제조업 노동자들은 그 불만을 진보 정치인들에게 쏟아냈다. 그들이 트럼프를 탄생시켰다. 긴 저성장으로 고용불안과 소득 정체에 시달리던 유럽의 중간 이하 계층은 불만을 난민과 이민자들에게 쏟아냈다. 그들이 극우 정당이 자라는 토양이 됐다.

물론 탈세계화 흐름은 정치 현상만은 아니다. 여기에는 깊은 경제적 뿌리가 있다. 가장 앞선 연구 개발로 세계경제의 혁신을 이끌던 미국은 혁신의 성과를 국민 모두에게 골고루 나누는 데 실패했다. 결국 중국으로 나간 제조업을 다시 가져와 공장을 세우고 일자리를 만들겠다는 구상이 등장했다. 거대 기업의 독점을 막지 못했고, 불평등이 뿌리내리도록 방치한 결과다.

공장을 내놓아야 할 처지가 된 중국은 역할을 바꾸겠다고 나섰다. 더 이상 낮은 임금을 기반으로 세계의 공장 노릇만 하지는 않겠다는 이야기다. 중국은 이제 과학기술과 혁신을 앞세워 경제 대국으로 발돋움하겠다고 나선다.

미국과 중국 두 나라 사이 갈등은 최고조가 됐고, 국제분업 질서는 흔들리기 시작했다. 두 경제 대국 사이에 정립된 질서가 흔들리면서 자유주의 유토피아는 이미 힘을 잃은 상태다. 선진국들은 이미 방향타를 돌리기 시작했다. 바이러스는 이런 변화를 증폭시켰다. 방향을 선회하던 세계경제라는 큰 배는 이제 급변침을 시작했다.

이대로 가면 어떤 일이 벌어질까? 성곽도시가 된 국가들은 경쟁적으로 장벽을 쌓아 올릴 것이다. 다른 나라의 경제성장이 자기 나라의 성장에 당연히 도움이 될 것이라는 믿음은 깨질 것이다. 자본과 노동의 자유로운 교류가 번영을 가져온다는 믿음은 치명타를 입을 것이다. 국경 바깥에서 들어온 것이라면 사람도 상품도 자본도 일단 의심을 받을 것이다. 미국과 중국 사이의 갈등은 국제사회를 둘로 쪼갤 것이고, 대부분 국가가 두 강대국 사이에서 한쪽을 선택하도록 강요받을 것이다.

두 나라 모두와 깊은 경제적 연결고리를 걸어둔 우리는 이 과정에서 가장 큰 어려움을 겪는 국가 중 하나가 될 것이다. 수출로 먹고사는 한국 경제에 자유무역의 쇠퇴는 커다란 위협이다. 수출 덕에 한국 제조업 기업의 부가가치는 1990년대 초반 이후 30년 동안 일곱 배가량 급성장했다. 세계에 유례없는 이런 성장세는 꺾일 가능성이 높다. 2020년에는 수출이 마이너스 성장을 기록할 것이 확실시된다.

그렇지 않아도 어려운데 제조업에서 흘러나오던 부가가치가 그나마 멈추게 되면, 내수 경제는 훨씬 더 큰 어려움을 겪을 것이다. 소상공인 자영업자들이 그 직격탄을 맞을 것이다. 그렇게 된다면 국민들에게는 어떤 상황이 펼쳐질까. 청년들의 배낭여행도 은퇴자들의 해외여행도 자취를 감출 수 있다. 외국 관광객을 유치하겠다던 기업과 지자체들은 전략을 수정해야 할 것이다. 학생들은 유학을 중단할 것이고, 외국인 학생에 기대 재정을 유지하던 대학은 비상이 걸린다. 기업은 가급적 같은 나라 안에서 협력 업체를 찾을 것이고, 수출 기업들은 위축되며 변동하는 공급망 안에서 살아남기 위해 더 절박한 몸부림을 치게 된다. 해외 취업은 과거보다 훨씬 까다로워질 것이고, 외국인 노동자를 고용하려는 기업은 지금보다 훨씬 더 큰 위험과 비용을 부담해야 할 것이다.

국가 사이의 불신과 의심은 인종 간 혐오와 차별의 근거로 사용될 것이다. 그런 증오의 에너지는 다시 각 국가의 국내 정치에 영향을 끼치며, 그렇지 않아도 힘이 세지고 있는 극우 포퓰리즘 정치를 더욱 강화할 가능성이 높다.

성곽도시의 시대는 이렇게 아름답지 않은 모습으로 시작될 것이다.

마이너스 경제 : 잉여와 기회의 종말

그렇지 않아도 취약하던 세계경제는 코로나19와 이에 따른 경제봉쇄의 여파로 마이너스 성장률이라는 초유의 공동 재난을 맞닥뜨리게 됐다. 국제통화기금(IMF)은 2020년 세계 경제성장률 전망치를 연이어 낮췄다. IMF는 2019년 말, 2020년 세계경제가 2.9퍼센트 성장할 것이라고 전망했다. 선진국은 1.7퍼센트 상승할 것이라고 점쳤다. 그러나 코로나19 바이러스 대유행이 한창이던 2020년 4월, 세계경제는 −3.0퍼센트, 선진국 경제는 −6.1퍼센트로 크게 하강할 것이라고 전망을 바꿨다. 불과 두 달 뒤인 6월, 세계경제는 −4.9퍼센트, 선진국 경제는 −8.0퍼센트로 역성장할 것이라며 더 악화된 전망을 내놓았다.

한국도 크게 다르지 않다. 2019년 말 2.0퍼센트로 점쳐지던 한국 경제 성장률은 2020년 4월에는 −1.2퍼센트로 전망되었고, 6월에는 −2.1퍼센트로 더 낮게 전망됐다. 마이너스 성장은 우리 사회에 어떤 영향을 끼칠까?

한국 경제는 경제개발 이후 단 두 해만 마이너스 경제성장률을 기록했다. 첫 번째는 1980년이다. 1978년 중동에서 시작된 2차 석유파동의 여파였다. 이란이 원유 수출을 전면 중단하고 이란-이라크 전쟁까지 이어지면서 배럴당 13달러대이던 유가가 39달러까지 치솟았다. 그 사이 부마항쟁 등 민주항쟁이 일어났고, 박정희 대통령이 암살되었고, 전두환 장군의 쿠데타에 이어 5·18 민주화운동이 일어났고 수천 명의 시민이 군인들에 의해 살해되었다. 전두환 장군이 대통령으로 취임한 1980년, 한국은 −2.1퍼센트 경제성장률을 기록했다.

두 번째는 1998년이다. 1997년 12월, 한국은 국가부도를 선언하고 IMF 구제금융을 받기로 결정했다. 그 직후 치러진 대통령선거에서는 집권 여당이 패배하고 야당 소속 김대중 대통령이 당선되면서 민주화 뒤 최초로 정권 교체가 이뤄졌다.

정부는 IMF가 구제금융 조건으로 내건 대대적인 구조조정 프로그램을 실행에 옮겼다. 그 여파로 1998년 경제성장률은 −5.5퍼센트를 기록했다. 은행이 통폐합하며 문을 닫았고 기업은 줄줄이 도산했다. 경찰에는 하루가 멀다 하고 'IMF형 자살'이라는 사건이 접수됐다. 해고된 가장이, 부도난 기업의 임원이, 취업길이 막힌 청년이, 손님이 사라진 자영업자가 각각 극단적 선택을 했다. 증권사에는 빚내 투자했다가 패가망신하게 된 투자자들이 몰려와서 소리를 질렀다.

마이너스 성장은 이렇게 큰 충격이었다. 경제적 격변일 뿐 아니라, 사회적 격변과 정치적 격변도 불러오곤 했다. 이번에는 어떤 결과를 가져올지 가늠조차 어렵다.

게다가 한국은 저출생으로 급격한 인구 변동마저 겪고 있다. 2019년 한국의 합계 출생률은 0.92까지 떨어졌고, 2020년에는 0.8대로 떨어질 것으로 예상된다. 2020년에는 27만여 명의 아이가 태어날 것으로 추산되는데, 이는 5년 전보다 40퍼센트가량 떨어진 수치다. 전쟁 같은 비상시국 이외에는 인류 역사상 나타난 일이 없는 너무나 낮은 수치이며, 너무나 빠른 하강이다.

생산가능인구는 이미 2017년부터 줄어들기 시작했다. 노동해서 생산하는 연령대의 인구가 줄기 시작한 것이다. 이런 시기에 경제 규모는 수축하고 역동성은 크게 떨어진다.

마이너스 시대에는 일자리가 불안정해지고 소득이 줄어 생계가 어려워지는 사람이 많아진다. 하지만 그것만 의미하지는 않는다. 중요한 또 하나의 변화는 경제 전체적으로 잉여가 줄어든다는 점이다. 여유가 없어지다보니 비용 절감과 효율화가 사회 곳곳에서 진행되기 마련이다. 인문학에도 예술에도 공상에도 투입할 수 있었던 남는 시간은 당장의 돈벌이에 쪼개어 써야 하는 시간이 된다. 엉뚱한 일에도 투자하던 풍족한 재원은 아끼고 또 아껴야 하는 피 같은 자원이 된다.

잉여가 사라지면 혁신도 어려워진다. 혁신은 많은 경우 잉여가 주는 여유로부터 나왔기 때문이다. 구글은 창업 초기부터 '20퍼센트 규칙'을 운영했다. 직원들이 근무 시간의 20퍼센트는 주어진 업무에서 벗어나 스스로 호기심을 느끼는 일에 쓰도록 하는 규칙이다. 그 자유 시간에 '엉뚱한 짓'을 하던 엔지니어들이 구글의 메일 서비스인 G메일 등의 히트 상품을 만들어냈다.

구글이 그런 여유를 허용할 수 있었던 것은 경영자의 결단이기도 하지만 크게 보면 실리콘밸리와 월스트리트에 넘치는 투자 덕이기도 했다. 그곳은 기술과 아이디어가 있으면 자본금의 수십 배, 수백 배를 투자받을 수 있는 엘도라도였다. 아이디어 하나만으로 실리콘밸리에서 투자를 받고 월스트리트에 상장한 뒤 세계를 호령하는 기업이 될 수 있던 시대였다. 우연한 성공이 예상조차 못하던 곳에서 튀어나와 세상을 바꾸곤 했다. 잉여가 넘치던 자본주의의 전성기였다.

구글은 그중 다른 곳보다 더욱더 넘치는 잉여를 가졌던 기업이었지만,

아주 특별한 예외는 아니었다. 새로운 아이디어를 가진 많은 기업이 미래에 엄청난 성장을 할 수 있다는 기대를 받았고, 그런 기대가 기업 가치에 반영되어 이익을 내지 못해도 투자금으로 새로운 시도를 마음껏 해볼 수 있던 시대였다. 사업 아이템과 기술만 있으면 맨손으로 혼자 창업해도 세계적 기업으로 성장할 수 있다는 기대를 가져볼 만한 시대였다. 잉여가 준 기회의 시대였다.

마이너스 시대를 맞은 세상에서 그런 기대는 사라진다. 일부 초국적 독점기업과 자산가들만이 잉여를 누릴 수 있을 것이다. 경제 환경이 후퇴하는 환경을 맞은 보통의 기업에서, 불필요해 보이는 새로운 시도가 칭송받기란 쉽지 않다. 줄어드는 파이를 찾아 먹으려는 다툼이 치열해질수록, 새로운 파이를 만들려는 창업가들의 새로운 아이디어는 비웃음의 대상이 되기 쉽다. 대신 '뼈를 깎는 고통을 감내하는 비용 절감'처럼, 엉뚱한 생각이나 세상을 뒤집는 혁신과는 거리가 먼 행동이 칭찬받는 시대가 될 가능성이 높다.

엉뚱하고 새로운 생각이 따뜻한 시선을 받던 시대는 곧 과거의 추억이 될지 모른다. 제도를 바꾸는 특별한 노력을 기울이지 않고는, 마이너스 시대에 우연한 성공이 만들어지기는 어렵다. 오히려 기득권을 가진 이들이 치는 진입 장벽이 점점 높아지기가 쉽다. 성벽이 높아지면 기회는 성 안 사람들에게만 고여 있게 마련이다. 준비된 이들에게만 성공이 주어진다. 자산을 가진 사람만이 더 큰 자산을 형성할 수 있는 금수저의 시대, 성공을 경험한 이들이 더 성공하는 보수적인 시대가 될 가능성이 높다. 이제껏 우리 경제를 이끌어왔던 혁신의 힘이 사라진 시대, 마이너스의 골은 더 깊어질 것이다.

독식 시장 : 공정한 경쟁 질서의 붕괴

바이러스가 비접촉 사회를 강요했다. 비접촉 사회의 규칙은 명확하다. 다른 사람들과는 가급적 대면하지 않고 온라인으로 일을 처리한다. 잘 모르는 사람을 새로 만나는 일은 최대한 피한다.

직장도 학교도 최소한의 접촉만으로 운영하기 시작했다. 온라인 회의와 온라인 강의는 비주류에서 주류로 올라섰다. 시간이 지나면 비접촉은 임시 비상 조처가 아니라 관행과 문화로 정착될 것이다. 다음 바이러스 감염병에 미리 대비할 필요가 있기 때문이기도 하지만 비접촉 자체가 상당수 서비스 운영에서 비용 절감과 효율화를 달성할 수 있기 때문이기도 하다.

그리고 비접촉 시대에 맞춰 우리 사회 곳곳의 '게임의 법칙', 즉 누가 이기고 누가 지는지를 정하는 규칙도 바뀔 것이다. 새로운 경기 규칙은, 이미 경기장에 들어와 있는 이들과 그렇지 않은 이들 사이에 만리장성 같은 장벽을 치게 될 것이다. 우연한 마주침이 없다면 새로운 선수의 진입은 최소화된다. 다시 말해 이미 관계를 형성해둔 기업과 사람들끼리 주로 일을 처리하고 성과를 나눠 가져가게 되며, 새로운 사람과의 관계는 잘 형성되지 않게 된다는 것이다.

또 많은 서비스가 온라인으로 제공되면서 강자와 약자의 격차는 극단적으로 커질 것이다. 예컨대 모든 교육이 비접촉 온라인 강의를 중심으로 진행된다면, 한 과목에 대해 가장 좋은 강의는 전 세계에 단 한 학교에만 있을 것이다. 그 학교가 모든 학생에게 접근 권한을 준다면 다른 모든 학교는 강의를 닫을 수밖에 없을 것이다. 충분히 투자할 수 있는 좋은 학교와 그렇지 못한 학교 사이의 격차는 이전보다 훨씬 더 커질 것이다.

의료 서비스도 마찬가지다. 원격진료가 모든 의사와 모든 환자에게 적용된다면, 전국에서 가장 좋은 병원의 온라인 진료로 모든 환자가 몰릴 수도 있다. 오지에 사는 환자에게는 서비스가 좋아지는 것일 수 있지만, 전국 각지의 의료 시스템은 모두 무너질 수도 있다. 전국적 인지도를 가진 대형 종합병원들은 엄청난 규모로 성장하고, 나머지 작은 병원들은 생존을 위협받을 수도 있다.

비접촉 거래가 불러온 격차 확대가 극단적으로 드러나는 곳이 인터넷 기반의 플랫폼 경제다. 인터넷은 승자독식의 법칙이 정확하게 적용되는 곳이다. 미국의 아마존은 온라인 거래의 절반을 차지하고, 중국의 알리바바는 온라인 거래의 대부분을 차지한다. 독점화 경향은 필연적이다. 온라인 거래가 오프라인 거래보다 훨씬 독점화 경향이 강하다.

사람의 관심 자원은 유한하다. 아무리 관심사가 다양한 사람도 특정한 개수 이상의 서비스를 기억하고 활용하기는 어렵다. 길에서 우연히 마주치는 게 아니라 직접 찾아서 접속해야 하는 온라인 서비스는 더욱 그렇다. 그래서 대부분의 온라인 서비스는 별생각 없이 습관적으로 이용하게 된다. 검색은 네이버, 메신저는 카카오톡, 사진은 인스타그램, 영상은 유튜브로 간다. 이들은 모두 자기 분야에서 부동의 1위다. 독점화는 점점 심해진다.

온라인 서비스 중 플랫폼 성격을 지닌 것은 독점화 경향이 더 심하다. 더 많은 사람이 사용할수록 더 좋아지기 때문이다. 예컨대 영상을 올리는 사람이 많은 사이트의 영상 검색 서비스가 더 좋은 것은 당연하다. 구인 기업이 더 많은 취업 사이트에 구직자가 더 많은 이력서를 올려놓게 되고, 이력서가 더 많은 취업 사이트에 구인 기업이 더 몰리게 되는 것도 같은 이치다. 사용자들 사이의 관계가 가치를 만드는 '네트워크 효과'이다.

그런 탓에 플랫폼 기업의 독점을 경제학적으로 '자연독점'이라고 설명하기도 한다. 반칙을 통해 독점에 도달하는 게 아니라, 커질수록 평균비용이 낮아지는 '규모의 경제'가 일어나기 때문에 자연스럽게 독점에 다다른다는 것이다. 선점한 플랫폼이 독점을 달성할 수밖에 없다는 이야기다.

코로나19의 확산과 함께 플랫폼 기업의 독점은 더 심화하고 있다. 미국 아마존은 2020년 1분기 매출이 전년 같은 기간보다 26퍼센트 늘었다. 오프라인 매장 중심의 백화점 니만 마커스나 JC페니가 매출 급감으로 파산 보호 신청을 한 상황에서, 아마존은 오히려 급성장한 것이다.

한국으로 눈길을 돌려봐도 비슷한 현상을 목격할 수 있다. 코로나19 이전부터 이미 유통 업계에는 지각변동이 일어나고 있었다. 쇼핑의 축은 온라인으로 급격하게 옮겨가고 있었다. 롯데는 대형 마트와 슈퍼마켓 등 700여 개 점포 중 200여 개를 줄이기로 했다. 쿠팡은 날로 시장점유율을 늘리고 있었다. 그리고 코로나19가 시장을 다시 한번 뒤흔들었다. 그 결과 누가 최후의 승자일지는 초미의 관심사였다.

뚜껑을 열고 보니, 놀랍게도 네이버가 코로나19 이후 온라인 쇼핑의 최강자로 올라섰다는 사실이 드러났다. 네이버는 2020년 1분기에 전년 같은 분기 대비 온라인 쇼핑 거래액이 56퍼센트나 늘었다고 발표했다. 검색과 뉴스와 웹툰 등 다양한 서비스를 동시에 제공하는 종합 플랫폼인 네이버가 코로나19 환경에서 가장 큰 수혜자였다. 역시 플랫폼은 독점 경향이 강하다는 점이 드러났다.

특히 디지털 플랫폼은 속성상 국경을 넘나들며 독점화되는 경향이 있다. 강력한 네트워크 효과 때문이다. 유튜브의 영상 서비스와 검색과 이메일 등의 영역에서 전 세계 독점기업으로 떠오르고 있는 구글을 보면 쉽게 알 수 있다. 구글이 소유한 유튜브는 이미 동영상을 소비하는 플랫폼일 뿐 아니라, 많은 사람들이 생계를 의지하는 사업 플랫폼이기도 하다. 이런 방식으로, 우리가 알고 있는 플랫폼들도 결국 극소수의 몇 가지로 압축될지 모른다. 세계인의 스마트폰은 얼마 지나지 않아 몇 개의 플랫폼 앱이 차지하게 될 수 있다. 그 몇 개의 앱으로 수억 명의 인구가 생계를 유지하며 생활을 이어가게 될 수도 있다.

이렇게 플랫폼 기업의 힘이 점점 더 커지면 일하는 사람, 또 소비하는 사람과 플랫폼 사이의 힘의 불균형은 더 커지게 된다. 플랫폼에 접속해 일하는 사람들에게는 선택의 여지가 점점 줄어들어 협상력이 약해지고, 플랫폼의 시간에 맞춰 일하며 불안정한 소득을 견뎌내야 할 수도 있다. 플랫폼을 통해 소비하는 이들은 더 많은 비용을 지불하며 제품과 서비스를 구해야 할지도 모른다.

세상은 결국 아마존과 구글, 네이버와 카카오의 세계로 빠르게 재편되고 있다. 세계는 다시 둘로 나뉜다. 플랫폼에 올라타서 세상을 운영하는 사람과, 플랫폼에 잠깐씩 접속하며 돈을 벌고 소비하는 사람의 두 부류다. 지배하는 사람과, 지배받는 사람의 두 부류다. 자산이 많아 플랫폼의 지분을 보유하거나, 교육 수준이 높아 인공지능 엔지니어가 될 수 있는 몇몇 사람은 플랫폼에 올라타 지배할 수 있게 된다. 나머지 다수는 많은 시간을 플랫폼에서 일하고 소비하며 그들이 만든 규칙에 끌려가는, 지배받는 사람이 된다.

코로나19와 함께 앞당겨진 독식 시장구조는 이전의 불공정 경쟁 구조와는 차원이 다르다. 대기업 원청 업체가 중소기업 협력 업체의 제품 가격을 지나치게 깎고 기술을 빼앗는 것이 과거의 불공정 경쟁이었다. 다들 운동장 안에서 협업하되 힘센 사람이 무리하게 이익을 챙겨 가는 불공정이었다.

하지만 이제 시장은 아예 자격을 갖춘 거대 기업만 운동장에 남고 나머지는 관중석의 개인이 되어가는 구조로 변화하고 있다. 운동장과 관중석 사이에는 넘어설 수 없는 거대한 장벽이 세워지고 있다. 선수와 관중 사이에는 신분 차이도 있지만 실력 차이도 크다. 그래서 그 장벽은 인위적이면서 동시에 자연적이다.

균열 일터 : 안정된 직장의 소멸

코로나19가 내린 비접촉의 명령은 일터를 근본부터 뒤흔들었다. 흔들림의 한 가지 원천은 자동화다. 음식점과 마트에서는 계산원의 자리를 키오스크와 자동 계산대가 대체하고 있다. 비접촉을 권하는 분위기에 따라 자연스레 자동화가 진행되고 있는 것이다. 단순 서비스업 자동화의 경우, 이미 관련 기술은 도입되어 있었다. 다만 현장에서 이 기술이 제대로 작동할지에 대해 확신을 하지 못하고 있을 뿐이었다.

한국에서 제조업 자동화는 이미 1990년대부터 빠르게 진행되고 있었다. 1990년대 초만 해도 한국은 제조업 현장에서 산업용 로봇을 많이 사용하는 나라가 아니었다. 그런데 그 뒤 엄청난 속도로 공장에 로봇이 도입되기 시작하더니, 이제 세계에서 제조업 노동자 1만 명당 산업용 로봇 대수가 가장 많은 국가가 됐다. 미국, 일본, 독일보다도 압도적으로 많은 로봇을 사용한다. 그 결과로 1990년 초 제조업 노동자 한 명이 100의 부가 가치를 만들어냈다면, 2020년에는 한 대의 로봇이 700가량을 만들어낸다. 생산 현장에서 사람의 역할은 과거보다 크게 줄었다.

제조업에서 자동화를 통해 부가가치를 높이는 데 성공했으니, 이제 서비스업 고부가가치화 쪽으로 눈을 돌릴 시기였다. 다만 급격한 자동화의 여파로 고용이 줄어들지 모른다는 사회적 압박이 있었다.

그런데 때마침 코로나19가 나타났고, 자동화를 도입할 사회적 명분이 생겼다. 고용을 없애는 자동화가 아니라, 생명을 보호하는 자동화라는 명분이다. 패스트푸드 음식점도 대형 마트도 동네 음식점까지도 나섰다. 게다가 오프라인 매장은 손님이 줄고 온라인 쇼핑이 빠르게 확산되고 있는데, 이 과정 자체가 고용을 줄이는 자동화다. 오프라인 매장을 관리하고 결제를 돕는 인력 등이 온라인 쇼핑에서는 필요 없기 때문이다.

서비스업 자동화는 제조업과는 사정이 다르다. 제조업은 수출을 크게 늘리던 고성장 시대에 자동화를 진행했다. 그래서 고용 총량은 줄이지 않으면서 로봇을 도입할 수 있었다. 그러나 주로 한정된 내수 시장을 대상으로 하는 서비스업은 제조업만큼 부가가치를 빠르게 성장시킬 수가 없다. 자동화로 부가가치를 높인다고 해도, 그 속도보다 고용이 줄어드는 속도가 더 빠를 수 있다.

우리 일터를 흔드는 또 다른 원천은 분산 근무다. 바이러스 탓에 도입된 재택근무는 '분산 일터'라는 근무 형태를 만들어냈다. '비접촉'이라는 바이러스의 명령으로 나타난 초유의 사회 실험이다. 이 사회 실험은 우리 사회의 생산방식 및 고용구조에 근본적 질문을 던진다.

산업혁명 이후 자본주의는 대공장 근무 체제를 기본으로 생산 체제를 구축했다. 자본주의 사회에서 노동이란, 일터에 노동자들이 모여 자본의 위임을 받은 경영자들의 관리감독 아래 일하는 행위를 의미했다.

이런 기본 틀은 대공장 중심 제조업이 아니라 서비스업이 고용의 중심으로 바뀐 21세기 선진 자본주의 사회에서도 크게 바뀌지 않았다. 심지어 인간 노동의 상당 부분을 로봇이 대체하는 4차 산업혁명이 거론되는 최근까지도 흔들리지 않았다. 이들 중 상당 부분은 시장 원리라기보다는 관습에 의해 사회에 뿌리박고 있었기 때문이다.

게다가 사회보험 등 20세기 유럽 사회에서 집중적으로 발전한 노동 및 복지제도들은 이런 관습을 더 강하게 지지했다. 노동 측에서 보기에, 이런 관습을 급격하게 바꾸면 노동자를 보호하는 다양한 제도가 흔들릴 위험이 있었다. 자본 측에서 보기에도, 하나의 기업 조직 체계를 다른 기업 조직 체계로 완전히 바꾸려면 큰 비용이 들기 때문에 섣불리 관습을 바꾸려 나서지 않았다.

그러나 '비접촉'이라는 명령이 이런 기본 틀을 흔들고 있다. 밀집근무와 대면회의 관행이 상당수 일터에서 깨져나가고 있다. 밀집근무가 정상이고 재택근무와 원격근무는 비정상이며, 대면회의가 중요하고 정상적인 회의이며 원격회의는 덜 중요하고 비정상적인 회의라는 관념도 무너지고 있다.

일터의 변화는 고용계약 형태의 변화로도 이어질 가능성이 높다. 코로나19 이전에도 이미 디지털 기술의 발달과 온라인 거래의 확대로 플랫폼 경제가 빠르게 확산되고 있었다. 대감염에 따른 대봉쇄와 비접촉 사회 문화의 확산으로 이런 추세는 확고하게 대세로 자리 잡을 것으로 보인다.

이에 따라 풀타임 고용에서 파트타임 고용으로, 플랫폼에서 계약을 맺고 일하는 플랫폼 노동과, 일을 조각내어 업무 단위로 계약을 맺고 일하는

직 노동으로까지, 고용 형태는 점점 변화해갈 가능성이 높다. 소상공인 업종의 지속적 어려움에도 불구하고, 점포가 없는 자영업자 숫자는 늘거나 유지되고 있는데, 플랫폼을 통해 거래하며 생계를 유지하는 사람이 늘면서 이런 수치가 나타나고 있다고 해석할 수 있다. 매일 일감을 찾아 시장에 나서는 건설 일용직과 비슷한 형태로 일하는 사람이 늘어나는 것이다.

플랫폼 경제는 디지털 플랫폼을 통해 사람이 제공하는 서비스를 제공하는 형태의 경제다. 기업이 노동자와 근로계약을 맺고 고용한 뒤, 이 노동자가 소비자에게 서비스를 제공하던 과거와는 다른 형태로 서비스가 제공되는 경제다. 개인과 개인이 직접 만나 서비스를 제공하게 된다. '고용주와 근로계약'이라는 매개가 사라진다. 개별 노동자는 특정한 자본과 일종의 '종속계약'을 맺고, 대신 자본은 국가와 협업해 그 노동자의 삶 전반을 책임지며 보호한다는 묵계가 깨지고 있다. 노동자는 삶이 아니라 다시 일 단위로 자본을 만나기 시작했다.

디지털 플랫폼을 통한 노동의 확산이 이런 흐름을 이끌었다. 우버, 업워크, 태스크래빗, 아마존 메커니컬 터크 같은 주문형 작업 플랫폼은 플랫폼 경제성장의 주역이면서, 전통적 고용 관계를 깨뜨리는 주범이기도 했다. 디지털 플랫폼을 통해 일을 업무 단위로 조각내어 주문할 수 있는 환경이 구축되면서 벌어진 일이다. 여기에 인터넷을 통해 국경을 넘어선 일의 유연한 이동 역시 가능해졌다. 한 국가 안에서 고용계약을 맺고 노동법과 사회보험 등의 보호를 받으며 행하던 전통적 노동 개념은 빠르게 깨지고 있다.

대규모 고용을 통해 대부분의 기능을 기업 내부로 끌어들여 거래 비용을 최소화하는 대기업 체제는 근본적으로 바뀌고 있다. 처음에는 계약직

고용과 외주 하청화로 노동을 외부화하다가, 이제는 플랫폼을 통해 노동을 확보하는 방식을 적극적으로 채택하는 데까지 와 있다.

우리의 일터에는 이렇게 균열이 일어나고 있다. 서비스 자동화에는 명암이 있다. 로봇을 생산하는 데 기여할 수 있는 사람이 누릴 수 있는 빛과 그렇지 않은 사람에게 드리워질 그늘이다. 기술을 익히고 디자인하며 로봇을 설계할 수 있는 사람, 그리고 투자하고 기업을 세워 그런 기술자들을 고용할 수 있는 사람에게는 빛이 드리워질 것이다. 편의점이나 카페의 계산대에 서서 일하는 사람들에게는 그늘이 드리워질 것이다.

분산 근무와 플랫폼 노동에도 명암이 있다. 인공지능과 빅데이터를 기반으로 운영될 플랫폼을 운영하는 데 기여할 수 있는 사람들, 혼자 집에서 일하더라도 기업들이 찾아서 주문을 하려고 하는 유능한 고학력 전문가에게는 빛이 드리워질 것이다. 플랫폼의 손님이 되어 매번 일감을 따야 하는 사람들, 일터에서 시키는 일을 처리할 수는 있지만 혼자 창의적으로 일하기는 어려운 많은 사람들에게는 그늘이 드리워질 것이다. 두 영역 사이에는 건널 수 없는 균열, 넘어설 수 없는 장벽이 쌓아 올려지고 있다.

영국의 사례는 이런 흐름을 먼저 보여줬다. 2007년 경제 위기 때까지만해도 영국의 생산성은 꾸준히 높아졌다. 하지만 경제 위기 이후 플랫폼 경제와 디지털 산업이 급속화되었던 지난 10여 년간 영국의 생산성 증가율은 거의 0퍼센트에 가까웠다. 그런데 이 시기 동안 영국 고용률은 통계청이 설립된 이후 가장 높았다. 경제 위기 이후 약 70퍼센트였던 고용률은 2019년에 76퍼센트를 넘어섰다. 다만 같은 시기 동안 영세 자영업자와 몇 시간을 다음 주에 일할지 모르는 0시간 근로(0 hour contract) 노동자 비율이 급속히 높아졌다. 일자리는 늘어났으나 대부분 불안정한 일자리였고,

그 불안정의 시기 동안 생산성은 높아지지 않았던 것이다.

이 복잡한 이야기는 우리의 미래를 보여주기도 하고, 또한 희미하게 답을 보여주기도 한다. 코로나19 이후로 빠르게 확장될 것으로 예상되는 디지털 경제 자체가 일자리의 소멸을 보여주는 것은 아닐 수도 있다. 성장은 정체되어도 유연한 노동시장에서 고용은 증가할 수 있다. 그것은 빈곤과 삶의 불안정을 이겨내기 위해서 일을 찾는 사람이 많아지게 되고, 이들을 값싸게 고용할 새로운 플랫폼들이 증가하기 때문이다. 이렇게 되니 고용주의 협상력이 높아지면서, 기업이 노동자들의 숙련이나 기술에 대한 투자를 하지 않으려고 한다. 생산성이 정체되는 것은 이 때문이다.

켄 로치 감독의 〈미안해요, 리키(Sorry we missed you)〉에서 보이는 우리의 미래가 서늘한 것은 성실하고 건강한 두 부부가 아무리 발버둥을 쳐도 안정되고 자신의 삶을 스스로 선택할 수 있는 그런 상태로 가기가 어렵다는 점이었다. 여기에 더해, 그런 사회에서는 경제성장도 어렵다는 이야기이기도 하다.

막차 타기 전쟁 : 공무원과 자산가로 살기 위한 질주

거대한 장벽이 쌓이고 있다는 사실을 직감한 사람들은 각자도생의 길로 나선다. 장벽 안으로 진입할 수 있는 마지막 문을 찾는다. 두 개의 문을 발견한 사람들은 그 열린 틈으로 달려 들어간다. 문이 닫히기 전에 먼저 들어가기 위해 팔꿈치로 밀며 치열한 경쟁을 벌인다. 자리가 몇 개 남지 않은 막차를 향해 달려가는 취객들과 비슷하다. 문이 닫히기 직전까지 아귀다툼이 이어진다. 두 개의 문은 바로 자산가의 문과 공무원의 문이다.

마이너스 성장이 예고된 2020년, 사람들은 놀랍게도 주식과 부동산 투자로 몰려들었다. 코로나19로 인해 세계 각국 정부가 돈을 풀었으니 주가와 부동산값이 오를 수는 있다. 하지만 경제 규모가 줄고 역동성이 떨어지는데 자산 가격만 높아지는 것은 비정상이다. 언젠가 거품은 꺼지게 된다는 게 상식이다.

그럼에도 사람들은 멈추지 않았다. '동학개미혁명'이라는 별명이 붙을 정도로 주식시장에는 개인투자 붐이 일었고, 부동산 시장에서는 30대 등 젊은 층까지도 큰 빚을 내어 여러 채 집을 장만하는 갭투자에 뛰어들었다.

왜 이렇게 위험한 투기장에 다들 뛰어드는 것일까? 한겨레경제사회연구원이 글로벌리서치와 함께 전국 성인남녀 1000명을 대상으로 2020년 6월 6~11일 시행한 '포스트 코로나 관련 인식조사' 결과를 보면 어느 정도 이해가 간다. 코로나19 이후 가치관이 물질주의적으로 변화하고 있다는 내용이다. 이를 보도한 기사 중 일부를 살펴보자.

'분배와 성장 중 무엇이 중요한가'라는 질문에 응답자의 43.6퍼센트가 '성장'을 택했다. '분배'라고 답한 이는 25.7퍼센트에 그쳤다. 7점 척도(1점은 성장, 4점은 중립, 7점은 분배)로 2018년 한겨레경제사회연구원의 동일한 조사와 비교해보니 3.62점(2020년)으로 2년 전 같은 조사(3.95점)보다 0.33점 성장 쪽으로 이동했다.

'개인간의 능력차를 보완한 평등사회'와 '개인간의 능력차를 인정하고 경쟁력을 중시하는 사회' 중에서도 후자를 택한 응답(61.1%)이 전자(14.7%)보다 압도적으로 많았다. 7점 척도(1점은 경쟁력 중시, 7점은 평등사회)로 보면 3.28점으로 2년 전인 3.83점보다 경쟁력을 중시하는 쪽으로 0.55점 이동했다.

'세금을 많이 내더라도 위험에 대한 사회보장 등 국가의 책임이 높은 사회'와 '세금을 적게 내는 대신 위험에 대한 개인의 책임이 높은 사회' 중에서도 '개인의 책임'(50.4%)을 택한 이들이 '국가의 책임'(22.3%)을 택한 이들보다 많았다. 7점 척도(1점은 개인 책임, 7점 국가 책임)로 보면 3.58점으로 2018년(4.45점)보다 큰 폭(0.87점)으로 개인 책임 중시 쪽으로 기울었다.

'연대와 협력, 경쟁과 자율 중 무엇이 중요한가', '삶의 질과 경제적 성취 중 무엇이 중요한가'라는 질문에 대한 답변도 각각 3.52점, 3.88점으로 2018년 답변 4.13점, 4.84점에 비해 '경쟁과 자율', '경제적 성취'를 중시하는 태도로 크게 움직였다.

불평등은 사람들을 불안하게 만든다. 재난은 사람들을 절박하게 만든다. 극도의 불안에 시달리는 사람들은 연대나 협력보다 경쟁을, 삶의 질보다는 생존을 위한 경제적 성취를, 분배보다는 성장을, 연대와 협력보다는 각자도생을 지향하게 된다. 다른 사람의 도움은 가족처럼 폐쇄적이고 친밀한 집단에서 찾게 된다. 열린사회에서의 연대 의식은 낮아진다. 대부분의 낯선 사람은 협력이 아니라 경쟁의 대상이 된다.

2020년 6월에 한국 취업 준비생들의 공론장을 뜨겁게 달궜던 이슈는 인천국제공항공사 채용 문제였다. 인천공항에서 일하는 1만여 명 가운데 본사 직원이 1000여 명에 지나지 않고, 나머지 대부분은 협력 업체 소속이다. 간접고용 정도가 너무 심해 고용불안이 크다고 판단한 정부는, 이들 중 일부 인원을 자회사에 채용하는 방식으로 고용을 안정시키기로 했다. 또한 이 가운데 보안을 맡는 청원경찰은 인천국제공항공사 본사에서 직접 채용하기로 했다.

사달이 난 것은 바로 이 대목이었다. 공무원과 공기업 취업 준비를 하는 사람들에게 이 공사는 가장 들어가고 싶은 직장 중 하나였다. 이들은 일하던 사람들을 공개경쟁 없이 바로 본사에 채용하는 이번 채용 방식이 불공정하다며 강력하게 항의했다.

하지만 인천국제공항공사 쪽은 시험을 통해 채용하는 직종과 청원경찰 직종은 전혀 다르다며 비판에 대응했다. 청원경찰을 채용한다고 해서 공사 공채를 준비하는 취업 준비자들이 불리해지는 게 아니니 불공정하다는 비판은 부당하다는 설명이었다.

그럼에도 왜 취업 준비자들은 청원경찰 정규직 채용에 대해 그리도 강력하게 항의했을까? 몇 개 남지 않은 자리를 누군가가 부당하게 차지할 수 있다는 공포 때문이다. 민간 일자리는 점점 더 불안정해지고 있다. 자영업과 중소기업과 플랫폼 노동자들뿐 아니다. 대기업 일자리 역시 불안정해지기는 마찬가지다.

이 사실을 알아차린 청년들은 이미 10여 년 전부터 공무원 시험에 몰려들기 시작했다. 통계청의 '2019년 사회조사 결과'에 따르면 청년(13~29세)들이 가장 근무하고 싶어 하는 직장에 국가기관(22.8%)이 1순위로 꼽혔다. 이어 공기업(21.7%)과 대기업(17.8%) 순이었다. 국가기관과 공기업 선호는 2009년 이후 이어진 추세다. 공무원이 마지막 남은 희망이다. 모두가 그리로 달려가고 있다. 하지만 공무원을 무한정 채용할 수는 없으니 문은 매우 좁다.

이대로 가면 우리는 넘어설 수 없는 거대한 담장을 지닌 이중사회에 살게 될 것이다. 키신저는 국가 사이를 성벽이 가르는 '정치적 성곽도시'만을 떠올렸지만, 경제적 성벽, 사회적 성벽 역시 도처에서 만들어지고 있다. 운이 좋거나 때를 잘 만나서 성 안에 들어온 이들과, 그렇지 못해 성밖에 남은 이들 사이를 나누는 거대한 성벽이다. 국가라는 성곽 안에서도, 특권층이 사는 성채가 들어서는 셈이다. 풍요와 안전이 넘치는 성채 안과, 빈곤과 위험이 널리 퍼진 성채 바깥으로 나뉜다. 성채 안팎을 넘나들기는 점점 더 힘들어지게 된다.

코로나19 시대를 지나며, 우리는 생각보다 훨씬 앞당겨진 거대한 분절의 시대를 맞게 될 것이다. 역사는 이 시대에 벌어진 일을 '코로나19 디바이드'라고 부를지 모른다.

코로나19 사태는 건강 재난이지만 동시에 사회 재난이기도 하다. 건강 측면에서는 차별 없이 감염 위험에 노출되지만, 사회적 측면에서는 바이러스 대감염 상황이 격차를 키운다는 특징을 갖고 있다. 다양한 영역에서 격차 확대가 나타날 가능성이 높다. 예를 들면 다음과 같은 영역들에서다. 많은 경우 이들 격차는 코로나19 이전부터 확대되던 것이다.

이중 노동시장 : 안정 노동계층 vs 불안정 노동계층

기존에도 정규직과 비정규직, 공공부문과 민간부문 사이의 이중 노동시장 문제가 점점 커지고 있었다. 코로나19 이후 이런 경향은 더 심해질 것으로 보인다.

디지털 디바이드 : 디지털 리터러시를 가진 사람 vs 그렇지 않은 사람

디지털 기기를 자유롭게 활용할 수 있는 계층에게는 새로운 기회가 열리기도 한다. 비접촉 사회로의 전환은 온라인 활용에 능통한 이들에게 경제적 기회를 제공할 것이다. 그러나 이런 능력이 없는 이들은 더 빨리 뒤처지게 될 것이다.

돌봄 양극화 : 성인 남성 vs 아동, 청소년, 노인, 여성 등

돌봄이 새로운 문제로 떠오른다. 어린이집, 요양병원, 장애인 집단 거주시설 등 돌봄 시설이 바이러스 감염의 초고위험 영역으로 여겨지게 된다. 교육 기능과 함께 돌봄 기능을 상당 부분 갖고 있던 학교 시스템도 위기를 맞는다. 가정과 개인에게 돌봄 책임이 돌아오면, 이는 전통적인 돌봄 주체이던 여성에게는 더 큰 부담으로, 돌봄 대상인 아동과 청소년, 노인 등에게는 더 큰 위험으로 다가올 것이다. 특히 돌봄 주체의 능력과 경제적 여력에 따라 돌봄 수준에는 상당한 격차가 예상된다.

건강 격차 : 건강한 생산가능인구 vs 고령자와 환자

감염 뒤 사망 위험이 높지 않은 건강한 이들은 생산 및 소비 활동을 하는 데 큰 타격을 입지 않을 것이다. 그러나 고령자와 기저질환이 있는 건강 취약계층은 이동 및 집단 활동을 하는 데 상당한 위험을 감수해야 한다. 이들의 활동이 전체적으로 위축될 가능성이 높으며, 건강 격차와 사회적 거리두기가 혐오 등의 심리적 거리두기로 이어질 가능성도 높다.

거대한 분절이 일어나는 것은 분명한 사실이다. 성 안에 진입하지 못하면 어떤 위험에 처하게 될지 미리 알기조차 어렵다. 한번 자리를 잡으면 다른 쪽으로 옮겨가기는 불가능해질 가능성이 높다. 그러니 모두, 팔꿈치로 이웃을 밀치며 각자도생의 길로 나서겠다는 태도로 변하고 있는 것이다.

환경 파국 : 기후위기와 플라스틱 쓰레기 문제의 해결 불가능성

코로나19 이후 봉쇄령이 내린 국가들에서는 잇따라 '환경 낭보'가 쏟아져

나왔다. 이탈리아에서는 도심의 맑은 하천에서 헤엄치는 물고기가 관찰됐다. 인도에서는 히말라야산맥이 육안으로 관찰됐다. 미국 도시 한복판에는 야생동물들이 찾아오기 시작했다. 공장이 멈춰 서고, 비행기가 뜨지 않고, 자동차가 다니지 않으면서 생긴 일이다.

국제에너지기구(IEA)는 2020년 4월 30일 낸 보고서 〈세계 에너지 검토 2020〉에서 이런 변화상을 숫자로 보여줬다. 2020년 전 세계 에너지 수요가 2019년보다 6퍼센트 줄어들 것이고, 이에 따라 이산화탄소 배출량도 8퍼센트 줄어들 것이라고 전망한 것이다. 제2차 세계대전 이후 가장 큰 감소 폭이다.

그러면 바이러스가 환경문제를 모두 해결해준 것일까? 기후위기는 이 정도 봉쇄령만 내리면 바로 해결할 수 있는 문제였던 것일까? 전혀 그렇지 않다. 세계는 2015년 프랑스 파리에서 열린 기후변화 대응에 대한 역사적인 합의인 '파리협정'을 체결했다. 지구 평균온도 상승 폭을 산업화 이전 대비 2도 이하로 반드시 유지하며, 가능한 한 1.5도 이하로 유지하도록 노력하기로 했다. 이를 위해 국가별로 온실가스 감축 목표를 스스로 정하고 실천하기로 했다. 기후위기에 인류가 공동 대응하기로 한 '신기후체제'의 기반이 되는 협정이다.

그런데 파리협정의 내용대로 1.5도 상승 폭을 지키려면 2030년까지 전 세계 온실가스 배출량을 절반으로 줄여야 한다. 유엔 기후변화에 관한 정부 간 협의체(IPCC)가 내린 결론이다. 그런데 코로나19로 경제봉쇄령을 내리고 선진국의 주요 교통수단이 대부분 멈춰서다시피 했던 2020년에도 배출량 감소는 10퍼센트도 되지 않는다. 50퍼센트 감축에는 근처에도 가지 못한다.

코로나19 바이러스는 기후위기 문제와 관련해 국가 간 차이를 명확하게 드러내기도 했다. 중국의 온실가스 배출은 공장이 멈춰 선 기간 눈에 띄게 감소했다. 여전히 제조업 공장이 주로 온실가스를 배출하고 있는 곳이기 때문에 그렇다. 생산이 재개되면 중국의 온실가스 배출은 다시 크게 늘 것이다. 반면 미국과 유럽에서는 그렇게까지 극적인 변화가 일어나지 않았다. 서비스업 중심의 산업구조로 이미 전환된 국가들의 특징이다.

중국 노동자들이 일거리가 없어 집에서 머물면 공장에서 거대한 기계를 가동하며 사용하던 막대한 산업용 전기가 절감된다. 그만큼 화석연료 발전소를 가동해 배출해야 했던 온실가스가 배출되지 않는다. 그러나 미국 노동자들이 집에서 머물 때는, 사업장에서 사용하던 만큼의 전기를 집으로 장소를 옮겨 사용할 뿐이다. 사무실이나 집이나 전기 사용량은 크게 다르지 않기 때문이다. 전기 사용이 줄지 않으면 온실가스 배출량도 크게 줄지 않는다. 석유와 같은 직접적 화석연료 사용분만 감축될 뿐이다.

한편 비접촉 시대는 '플라스틱'이라는 새로운 환경의 적을 소환했다. 바이러스는 두 가지 점에서 플라스틱 사용을 크게 늘렸다. 온라인 쇼핑과 포장 판매가 급속하게 늘어 주류의 자리에 올라섰다는 점은 그중 하나다. 그런데 불황으로 석유 가격이 하락하면서, 플라스틱 생산 원가가 낮아져 플라스틱 사용 확대를 더욱 부추겼다. 생산 원가가 하락할수록 재활용의 매력은 떨어진다. 그런데 불황이 해소되기 전까지 석유 가격은 이전 수준보다 높아지기 어려울 것이다. 엎친 데 덮친 격으로 여러 나라의 재활용 시설이 노동자들의 감염 방지를 위해 문을 닫았다.

결과적으로 일회용 플라스틱 사용은 점점 값싸고 편리하면서 동시에 불가피한 일이 되고, 재활용은 비싸고 불편하면서 불가능한 일이 된다. 플라스틱을 대체할 수 있는 값싼 친환경 소재가 나오기 전까지, 플라스틱 문제를 낙관할 수 없는 이유다.

코로나19 사태는 이렇게 기후위기와 쓰레기 문제의 해결 불가능성을 확인해줬다. 이전에 이미 발견되어 증폭되고 있던 문제였지만, 이만큼 명징하게 해결이 불가능하다는 사실을 알려준 일은 없었다. 우리 삶의 구조적 전환 없이는 이런 문제들을 해결할 수 없다는 사실이 명확해졌다.

회복이라는 이름의
함정을 넘어서라

최영준 LAB2050 이사장 _ **이원재** LAB2050 대표

사람들은 위기 이전의 세상을 아름다운 추억으로 포장하곤 한다. 그리고 회복을 소리 높여 외친다. 코로나19 사태를 맞은 사람들은 '일상의 회복'을 간절히 소망한다. 직전의 세계로 돌아가고 싶다는 이야기다. 하지만 정말 회복은 가능할까? 회복은 바람직한 것일까? 우리에게 '회복할 만한 일상'이 있었을까?

나라가 망했다며 좌절했던 1997년 IMF 구제금융 당시를 떠올려보자. 당시 경제는 마이너스 성장을 기록했다. 정권이 바뀌었고 은행은 문을 닫고 거리에는 해고된 사람들이 쏟아져나왔다. 당시에도 위기를 우리 사회 근본적 변화의 계기로 삼아야 한다는 논의가 여러 곳에서 동시에 불거져나왔다.

한쪽에서는 박정희식 개발주의 국가와 재벌 중심 국가의 종언을 논의하고 있었다. 자유주의가 강하게 주류로 자리 잡는 시기가 되기도 했다. 과거 관료주의의 강력한 청산이 요구됐다. 다른 쪽에서는 분배의 악화와 삶의 불안정성 증가에 대한 지적도 많이 나왔다. 고용보험 확대나 대졸자 실

업 대책 등에 대한 요구가 커졌다. 저출생 문제도 지적되기 시작했다. 강력한 사회보장제도의 도입이 요구됐다.

그러나 당시 회복의 실제 핵심은 기업의 회생이었다. 빨리 기업을 살려 정부는 공적 자금 168조 원을 투입하고 정리해고를 도입했다. 기업의 구조조정과 재건을 도와 위기 이전으로 돌아가는 게 회복의 핵심 방향이었다.

결과적으로 지난 20년은 어땠을까? 마음 놓고 구조조정을 할 수 있었던 데다 낮아진 원화가치로 가격 경쟁력이 높아진 삼성전자와 현대자동차 같은 수출 대기업들은, 한 단계 도약해 글로벌 대기업으로 올라섰다. 하지만 소비자들은 높아진 물가와 사라진 일자리, 줄어든 소득 탓에 극심한 생활고를 겪어야 했다. 대기업 중심의 경제는 더욱 고착됐다. 중소기업과의 생산성 격차는 더 커졌다.

낯설던 '비정규직'이라는 이슈는 이제 우리 노동시장에서 가장 중요한 이슈가 됐다. 20세기형 정규직을 중심으로 하는 사회보험제도의 효과는 미미했다. 저출생은 더 빠르게 진행되고 고령화도 심화됐다.

지금 코로나19로부터 '회복'한다는 것은 무엇을 의미할까? 세계 최고의 자살 국가, 세계 최저의 출생 국가, 일자리는 불안정하고 소득은 불평등하고 환경은 불안한 국가로 돌아간다는 의미일까?

코로나19 바이러스가 가져온 사회문제들은 이미 우리 사회에 내재되어 있던 것들이다. 바이러스는 사회 각 분야에 퍼져 있던 다른 문제들을 표면에 드러나게 했다. 그들이 한순간에 급격하게 심화하고 확산되도록 만들었다.

위기 이전으로 단순히 돌아간다고 해서 문제가 해결될 수는 없다는 이야기다. 코로나19 이후 우리가 겪고 있는 문제들은 이전에도 우리 사회에 내포되어 있던 것들이기 때문이다. 우리는 코로나19가 주는 건강 위협으로부터 회복할 수 있을지 모른다. 그러나 그저 과거 시스템으로 돌아가는 방식으로는 바이러스가 가져온 사회적 위협으로부터는 회복할 수 없다.

역사를 살펴보면, 위기에 처했을 때 과거로 단순히 돌아가는 대신 전혀 다른 사회로 전환하는 계기로 삼는 사례를 찾아볼 수 있다. 미국이 1930년 대 대공황 이후 시작했던 뉴딜 정책이 그런 사례 중 하나다.

1929년 미국은 대공황을 맞는다. 사람들은 수십 년 동안 쌓아 올린 부가 주가 폭락으로 하루아침에 사라지는 광경을 목격한다. 투자자들이 돈을 빼가면서 자금 경색에 시달리게 된 기업들은 도산한다. 빚을 받지 못하게 된 은행들은 파산한다. 노동자들은 거리로 쏟아져나오고, 소비는 급감한다. 수요가 줄자 기업은 더욱 허리띠를 졸라매게 된다. 해고는 더 늘어나고, 주가는 더 떨어진다. 경제 전체가 패닉 상태에 빠진다. 불평등의 문제는 이제 광범위한 빈곤의 문제로 확장된다. 미국의 공황은 유럽으로 번졌고, 비슷한 혼란이 유럽 대륙 대부분을 휘감았다. 재건과 회복이 당연히 미국 사회의 화두가 됐다. 그 절정은 1932년 당선된 프랭클린 루스벨트 대통령의 '뉴딜 정책'이다.

그런데 대공황 이전이던 1920년대 미국은 이미 극심한 소득 불평등에 시달리던 사회였다. 대공황은 이런 문제를 더 심각하게 드러냈을 뿐이다. 1920년대 상위 1퍼센트 고소득층의 소득은 나라 전체 소득의 17.3퍼센트였다. 제2차 세계대전이 끝난 1945년부터 1970년대 사이에는 찾아볼 수 없을 만큼 높은 수준이었다. 또한 독점기업들이 거의 제약 없이 활동하던 사회였다.

그런데도 당시 미국 정부는 복지제도를 시행해야 한다는 생각을 하지 않았다. 저소득층 지원, 노인연금, 국민연금 등 사회보장제도는 전혀 시행되지 않았다. 건강보험도 실업 대책도 당연히 없었다.

뉴딜 정책은 어쩌면 대공황 이전부터 존재하던 미국의 각종 사회문제에 대한 종합적 대책이었다. 대공황으로부터의 회복을 외치며 도입한 정책이었지만, 대공황 이전으로 돌아가자는 정책은 전혀 아니었던 것이다.

뉴딜 정책은 보통 정부가 댐 건설 같은 대규모 공공사업을 벌여 고용을 인위적으로 창출해 경제를 되살리는 정책으로 알려져 있다. 하지만 실제 뉴딜 정책의 핵심은 불평등을 줄이기 위한 광범위한 경제 제도 개선과 사회복지의 제공이다. 고소득자 세금을 크게 올리고, 기업 법인세를 올리고, 사회보장제도를 도입하고, 저소득층에게 식비 지원을 하고, 건강보험을 도입하고, 노동조합의 단체교섭권을 인정하는 등의 정책이 이때 대부분 자리를 잡는다. 경제 분야에서는 금본위제를 폐기하고 중앙은행의 최후 대부자 기능 및 은행에 대한 건전성 감독을 강화했다. 상업은행과 투자은행을 분리하는 금융개혁도 이때 시작됐다.

뉴딜 정책으로 사회구조가 바뀐 미국은 새로운 번영의 시기를 맞는다. 대공황을 이겨낸 것은 물론, 질적으로 다른 사회로 도약했다. 중산층 중심의 강력한 경제 시스템이 자리를 잡는다. 정치는 화해와 협치 분위기로 들어선다. 붕괴 위기를 맞았던 미국 사회는, 대공황으로부터 회복하는 과정에서 질적으로 다른 사회로 변화했다. 1950년대 미국은 1920년대와 견주면 태평성대나 다름없는 시기가 됐다. 20세기 세계를 주름잡은 '팍스 아메리카나'는 이렇게 시작됐다. 1930년대 미국은 단순히 과거로 돌아가는 회복 대신, 구조를 전환하는 '초회복'을 선택했던 것이다.

역사가 우리에게 주는 교훈은 명확하다. 지금 같은 위기 국면에서, 현재를 지금까지 살아왔던 방식 그대로 진행되게 둔다면 유토피아보다는 디스토피아로 갈 가능성이 높다. 어쩌면 디스토피아는 그냥 가만히 있으면 도착하는 미래, 유토피아는 심히 몸부림치며 거대한 뱃머리를 돌리려는 노력을 하지 않으면 도착할 수 없는 미래일지도 모른다. 우리가 질적으로 다른 사회를 지향하는 '초회복' 전략을 이야기하는 이유다.

위기와 파국의 시기에는 체제와 제도에 변화의 창이 열린다. 사실 체제나 제도는 일상적 시기에는 딱딱한 돌과 같다. 무턱대고 변화시키려다가는 깨질 수도 있다. 하지만 위기가 시작되고 '정책의 창'이 열리게 되면 그렇게 딱딱하게 느껴졌던 돌이 점차 말랑말랑해진다. 찰흙과 같이 연약해지면 그때부터 중요해지는 것이 손의 역할이다. 어떤 손이 어떤 상을 그리느냐에 따라 동그랗던 찰흙을 네모로 만들 수도 있고, 세모로 만들 수도 있으며, 혹은 그냥 동그랗게 내버려둘 수도 있다.

우리는 지금 그런 시기를 보내고 있다. 이런 시기에 체제와 제도를 누가 어떠한 아이디어를 가지고 어떤 모양으로 만드는가에 따라 우리의 향후 30년이 바뀌게 된다. 어느 방향으로 가느냐에 따라 유리해지는 사람도 불리해지는 사람도 바뀔 수 있다.

정부와 정치의 역할이 다른 시기보다 중요해진다. 전체 전략을 정하고, 열린 창에 어떤 정책을 밀어 넣을지를 가려내는 역할은 결국 정부가 하게 될 것이고, 국민은 정치를 통해 정부에 의견을 전달하게 될 것이기 때문이다. 정부가 바로 찰흙을 네모로도 세모로도 만들 수 있는 '손'이다. 그래서 정책 논쟁도 뜨거워지게 된다.

2020년은 사실 세계 각국 정부에는 특별한 해일 수 있다. 전쟁이나 내란이 아닌 상황에서 정부가 이렇게까지 거대한 힘을 전면에 나서서 행사한 일은 역사상 흔치 않았다. 나라마다 대응은 조금씩 달랐지만, 많은 정부가 시장 원리를 초월했다. 여러 나라가 사람들의 통행을 막고 민간 경제활동을 전면 금지하는 봉쇄정책을 펼쳤다. 한국은 마스크 배급제를 실시했다. 전쟁 시기도 아닌데 특정 상품이 필수품이라는 이유로 국가가 나서서 일정한 개수를 배급하기로 한 것이다. 방역 과정에서 바이러스 감염자들의 동선은 철저하게 추적되어 상당 부분이 공개됐다. 평상시에 강조되던 사생활 보호에 대한 논의는 실종됐다.

1980년대 초반 이후 이른바 신자유주의 시대가 열렸다. 미국에서는 레이건 정부가, 영국에서는 대처 정부가 들어서면서 시장이 정부보다 우위에 있는 사회가 왔다고 선언했다. 정치적으로는 개인의 언론 자유와 사생활을 보장하는 민주주의가, 경제적으로는 기업이 사업 활동을 할 자유를 보장하는 시장주의가 정당성을 얻었다. 정부는 '보이지 않는 손'을 자임하면서 시야에서 사라졌다.

하지만 위기가 닥치자 이야기가 달라졌다. 정부는 '보이는 손'을 번쩍 들고 구원자를 자임하며 나섰다. 정부가 나서자 개인들의 자유로운 이동을 막을 수 있었고, 필수품은 시장 거래를 금지하고 공적으로만 배급하게 되었으며, 모든 사람의 위치를 파악해 공개할 수 있었다.

이 중 어느 것도 정부가 할 수 있으리라고 생각하지 않던 것들이다. 그럼에도 사람들은 정부의 이런 역할에 크게 반발하지 않았다. 오히려 공적 신뢰는 여러 영역에서 높아지고 있다. 어쩌면 원래 정부는 그런 존재였는지 모른다. 뒤에 숨어 있었을 뿐이다. 언제든지 상황이 닥치면 나설 준비를 하고 있었을 것이다.

앞에 나서는 정부, 큰 정부, 강한 정부는 코로나19 이후 필연이 됐다. 전면에 나서기도 했지만 위기 극복을 위한 막대한 재정지출을 하기도 한다. 문제는 구체적으로 어떤 역할을 하느냐다. 자칫 큰 정부가 지배하는 경직된 사회가 올 수도 있다. 모두의 문제를 해결하는 정부가 아니라 자신의 문제만 해결하려는 정부가 등장할 수도 있다. 공정한 시장의 규칙은 사라지고, 정부가 기업과 결탁한 정실 자본주의가 탄생할 수도 있다. 초회복을 위해서는 이 모든 우려를 넘어서는 정부가 절실하게 필요하다.

지금 열린 정책의 창 앞에서는 과거부터 내려오는 두 가지의 '보이는 손' 전략이 치열하게 토론을 벌이고 있다. 하나의 손은 보수 진영의 손이다. 이 손은 기업을 더 활성화해 경제성장률을 높이며 회복하자고 주장한다. 과감한 탈규제, 노동의 유연화, 기업에 대한 전폭적 지원을 이야기한다. 떠나간 기업들을 다시 데려와야 한다는 목소리도 그중 하나다. 국가는 대기업을 챙긴 뒤 국민들에게는 낙수효과가 떨어질 것을 기대하는 전략이다. 그러나 이 전략의 원조인 미국은 극심한 불평등과 갈등에 시달리고 있고, 꾸준히 이 전략을 채택한 영국도 생산성 정체와 불평등 확대를 겪어야 했다. 두 나라는 코로나19 바이러스의 가장 큰 피해국이기도 하다. 이는 1997년 IMF 구제금융 뒤 한국이 채택한 전략이기도 하다. 일부 대기업은 성장했지만 불평등은 커지고 출생아 수는 급격히 줄게 했던 전략이다.

다른 하나의 손은 진보 진영의 손이다. 환경을 보호하고 사람에 투자하자는 가치와 규범을 앞세우는 전략이다. 기존 산업을 유지하며 일자리를 지키고, 자영업을 보호하며, 정부가 투자하는 뉴딜로 일자리를 창출하자는 것이다. 그리고 실업자와 저소득층을 선별해 지원하는 복지를 통해 사람을 보호하자는 전략이다. 이 전략은 유럽이 20세기 초반 이후 채택했던 전략이고, 미국이 대공황 이후 뉴딜 정책 때 활용했던 전략이다. 이미 한 세기가 지나 유통기한이 지난 전략인 셈이다. 30년 뒤를 준비하면서 100년 전에 다른 나라에서 채택한 전략이 똑같이 통할 것이라고 믿는 것은 부자연스럽다.

가장 큰 문제는 두 가지 모두 지나간 과거로 되돌아가는 회복을 꾀하는 전략이라는 점이다. IMF 구제금융 시절과도, 미국 대공황 시절과도 다른 해법이 필요한 시기다. 새로운 패러다임을 담은 초회복을 지향하는 전략이 필요하다.

앞서 짚었던 다섯 가지 파국의 얼굴로 돌아가보자. 파국이 정말로 오지 않게 하려면 어떻게 해야 할까?

성곽도시의 시대는 이미 시작됐다. 경제 대국 사이 갈등이 심화하고 자유주의 국제 규범이 흔들리는 현실은 우리 힘만으로 바꾸기 어렵다. 국제 질서는 격동의 시간을 보낼 것이다. 우리는 이 와중에 균형을 잡으며 살아가야 하는 나라에서 살고 있다. 그러려면 누구도 버릴 수 없는 나라가 되어야 한다. 그런 매력이 힘이 되어 우리를 지켜줄 것이다. 창의적이고 혁신적인 것을 만들어낼 수 있는 경제적 힘이 그런 매력을 유지해줄 수 있을 것이다. 환경과 인권 같은 국제 규범을 지키며 만드는 명분의 힘도 보탬이 될 것이다.

마이너스 성장은 피할 수 없을 것이다. 그렇다면 숫자는 마이너스더라도 삶은 플러스가 되도록 만들어야 한다. 환경적, 사회적 가치를 찾아 그것을 중심으로 경쟁하고 성장하고 발전하는 사회를 만들면 가능하다. 거대 기업이 독점하는 시장은, 디지털 기술을 활용해 누구나 담장을 넘어 스며들며 경쟁할 수 있도록 구조를 바꿔야 한다. 그렇게 가치가 다양해지고 경계가 무너지면 사람들은 보람과 가치를 느끼는 새로운 형태의 일자리를 스스로 만들어낼 것이다. 그래야 각자도생의 행진을 멈출 마음도 생긴다. 물론 일자리가 불안정해져도 보람과 가치를 좇아 살아갈 수 있도록, 개인의 삶을 최대한 보장하는 국가는 이 모든 것의 전제조건이다. 이중사회는 이런 변화와 함께 극복될 수 있다.

환경을 생각한다면, 과거로의 회복은 인류에게 죽음의 가속화를 의미할 뿐이다. 후세대를 위해 재정적 지속가능성을 그렇게 걱정하면서 그들이 숨 쉬는 문제에 대해서는 우려하지 않았던 과거라는 점을 상기하면 더욱 그렇다. 천천히 내려가는 초회복의 방식이 필요한 이유이다.

이런 정도의 변화가 가능한 회복, 그게 바로 초회복이다. 그러면 무엇을 어떻게 해야 이런 초회복이 가능할까? 가장 먼저 논의해야 할 것은 비전이다. 캄캄한 사막에서 길을 잃었을 때, 아무리 멀더라도 북극성이 보인다면 올바른 한 걸음을 뗄 수 있다. 파국을 맞은 세계가 다시 일어서는 힘은, 비전이라는 이름의 북극성에서 나올 것이다.

비전은 여러 차원이 있다. 정부 정책 차원에서 추구해야 할 비전이 있다. 국가 전체를 어떤 패러다임으로 만들어갈 것인지에 대한 비전이다. 물론 개인의 삶 차원의 비전도 중요하다. 새로운 국가정책 패러다임 위에서 개인이 가져야 할 삶의 이상적 상태를 그리는 일이다. 시장 차원의 비전도 필수적이다. 플랫폼 경제 시대, 독식 시장 속에서도 누가 어떻게 생산해 분배할 것인지의 규칙을 새롭게 정비해야 경제생활이 지속될 수 있다. 사람들이 공동체를 이루고 살아가는 시민사회 차원의 비전도 필요하다. 사람들 사이의 관계를 어떻게 만들어가야 하는지에 대한 것이다.

다음 글에서는 초회복의 비전을 이렇게 정부, 개인, 시장, 사회의 네 가지 차원으로 살펴보자.

초회복의 미래를 만드는
4가지 비전

최영준 LAB2050 이사장 _ **이원재** LAB2050 대표

자유안정성과 기본소득 체제

먼저 역할을 해야 하는 쪽은 국가다. 정책을 어떤 방향으로 펼치느냐에 따라 사회도, 시장도, 개인도 깊은 영향을 받기 때문이다. 게다가 국가의 역할은 재정적으로나 정치적으로나 점점 더 거대해지는 추세다. 실은 사회와 시장과 개인 모두에게 영향을 끼칠 만한 결정을 할 수 있는 주체는 국가가 유일하다.

그래서 초회복의 첫 패러다임은 국가정책 운영 목표로서의 '자유안정성 (freecurity)'이다. 자유안정성은 개인의 실질적 자유(freedom)와 삶의 안정성(security)을 혼합한 개념이다. 개인의 자유안정성 확대를 국가정책 운영의 목표로 삼아야 한다는 이야기다.

자유안정성 국가는 가부장적이고 위계적이면서 불안정성이 가득한 과거 우리 사회로부터의 급격한 전환이다. 한편으로 덩치가 커진 정부가 권위주의적 지배자가 되어 국민을 을로 만들지 않도록 막는 원리이

기도 하다.

큰 정부는 두 개의 얼굴을 갖는다. 첫째는 개인의 삶을 강하게 규제하고 통제하는 정부의 얼굴이고, 둘째는 개인에게 안정을 제공하지만 최소한으로 간섭하며 자유를 부여하는 정부의 얼굴이다.

자유안정성은 큰 정부가 첫 번째 얼굴을 갖지 않고, 두 번째 얼굴을 갖도록 만든다. 더 큰 사회보장을 제공하고 개인에게 더 큰 자유를 부여하는 정부를 지향한다. 동시에 지나치게 통제하는 정부보다는 민간의 자율을 존중하는 정부를 지향한다. 그래야 민간의 자율성과 혁신이 함께 가는 자유안정성 국가가 가능해진다.

서구 복지국가에서는 '유연안정성 모델'이라는 말을 써왔다. 기업의 고용 유연성을 극대화하면서, 이를 보완하기 위해 삶의 안정성을 높이는 모델이다. 채용과 이직과 해고를 쉽게 하는 노동시장 유연화의 '유연'과 안정적 사회보장 시스템을 같이 운영하는 덴마크나 네덜란드 같은 나라의 시스템을 뜻한다. 그런데 여기서 유연과 안정이라는 두 개념은 상쇄 관계에 있다. 고용이 유연해지면 삶의 불안정성이 높아진다. 불안정성을 줄이기 위해 안정을 추구하는 모델이다.

반면 '자유안정성'에서 자유와 안정은 서로를 완성해주는 상보적 관계라고 할 수 있다. 자유와 안정은 개념적으로 분리할 수 없는 관계다. 폴란드 출신 사회학자 지그문트 바우만(Zygmunt Bauman)은 자유가 없는 안정은 노예와 같은 상태이며, 안정이 없는 자유는 완전한 혼돈 상태라고 하면서, 두 개념이 필요충분조건임을 밝히고 있다. 개인에게 안정성을 부여함으로써 생존의 걱정에서 벗어나 기본적 삶의 협상력을 가지게 하는 것, 그리고 개인에게 자유로운 활동을 보장하는 것이 자유안정성의 출발점이 될 것이다.

자유안정성을 실현할 구체적 사회경제 체제로 '기본소득 체제'를 제안한다. 조건 없는 기본소득이 모든 국민에게 지급되는 체제다. 기본소득 체제는 가족이 생계를 책임졌던 가족주의 사회와 고용과 기업을 통한 복지가 핵심이었던 발전주의를 해체하자는 지향을 담고 있다. 사람이 가족이나 고용주에게 의존하지 않아도 기본적 생계소득을 보장받도록 해주는 체제를 지향하기 때문에 그렇다.

지금 우리 사회경제 체제를 보자. 가족이 생계소득의 1층을 책임진다. 고용이 2층을 책임진다. 그럼에도 부족하면 복지가 3층으로 개입하는 체제다.

반면에 기본소득 체제에서는 기본소득이 0층을 책임진다. 이후 가족은 유대의 기초로, 고용은 자아실현의 기반으로, 복지는 장애 등 특수한 상황에 맞는 소득보장제도로 기능을 하는 사회다.

개인의 생계가 안정되면 그는 원하지 않는 일에 자신의 노동을 팔지 않아도 된다. 즉 노동의 '탈상품화'가 일어난다. 탈상품화는 일자리에서 자율성을 높이고, 창의성과 생산성을 높이는 기반이 될 것이다. 먹고살기 위해 하는 일에서보다는, 자유롭게 선택해서 하는 일에서 창의성이 더 발휘되기 마련이다. 디지털 경제에서는 창의성이 생산성의 핵심이다. 창의성은 감시나 성과에 따른 보상이 만드는 것이 아니다. 성과 압력으로부터 벗어나 자유로운 분위기가 형성될 때 만들어진다.

기본소득 체제는 불안정성이 극대화하면서 삶의 종속성이 커질 우리의 세계를 붙잡아 되돌릴 수 있는 방법이다. 가장 큰 정부의 시대, 개인이 기업이나 제도에 맞설 수 있는 최소한의 힘을 부여하는 체제이기도 하다.

기본소득 체제는 성벽이 높게 쌓인 이중사회를 서서히 와해시킨다. 모두에게 성 안으로 들어가라고 이야기하는 대신, 모두의 키를 높여 성벽 자체를 낮추는 전략을 채택한다. 아무리 기본소득 체제라도 그것만으로 모든 문제를 해결할 수는 없다. 개인, 시장, 사회 차원의 다른 해법들이 함께해 모두가 성벽을 넘나드는 수준까지 가야 할 것이다.

자아실현적 동기부여와 적극적 시민

그렇다면 개인은 어떤 비전을 가져야 할까? 스웨덴은 북유럽 몇몇 국가와 마찬가지로 안정성과 개인의 자율성이 매우 높은 국가다. 현존하는 자본주의 체제에서는 가장 높은 수준이다. 그런데 스웨덴 창업가들의 이야기에서는 특이한 점이 발견된다. '대박'을 얻기 위해서 사업을 하는 사람이 거의 없다. 대부분 하고 싶은 일을 하면서 자신의 삶을 자율적으로 살기 위해 창업을 했다고 한다. 또한 사업 실패에 대한 느낌이 다르다. 가족의 생계가 걱정된다거나 앞으로 살아갈 방법이 없어 죽을 만큼 고통스럽다고 느끼는 이는 거의 없다. 그저 자신의 사업 아이템이 잘못돼서 실패했다고 안타까워할 뿐이다.

스웨덴 창업가들과의 대화는 자유안정성이 구현된 사회에서 개인들이 어떤 방식으로 살아가게 될지에 대해 힌트를 준다. 자유안정성이 구현된 사회에서 초회복의 결실을 누리는 개인은 어떤 사람일까? 아마도 스스로 좋아서 공부하고 일하며 행복해하는 사람일 것이다. 즉 자신의 내면으로부터 동기부여를 하고 행동할 수 있는 사람이다.

이게 바로 초회복의 두 번째 비전이다. 개인 차원에서 초회복의 비전은 자아실현적 동기부여(eudaimonic motivation)이다. 코로나19 시대는 이런 비전의 필요성을 이미 보여주고 있다. 바이러스는 대면 교육과 근무를 줄이는 비접촉 사회를 강력하게 권고한다. 그런데 집 안에서 하루 종일 혼자 교육을 받고 일을 할 때 가장 어려운 점은 무엇일까?

바로 동기부여다. 모여 있을 때, 우리는 외부로부터 동기를 부여받는다. 교실에 모여 있는 동료 학생들과 자동으로 경쟁하고 한편 모방하며 학습하게 된다. 사무실의 동료 직원들과 보이지 않게 치열하게 경쟁하며, 힐끔힐끔 모방하며 일하게 된다. 교사와 교수의 감시와 회사와 상사의 관리감독 아래 이뤄지는 일이다.

교실과 사무실을 벗어나 사회 전체를 봐도, 동기부여 방식은 크게 다르지 않았다. 우리 사회는 학습의 성과를 점수로 측정한 뒤 점수에 따라 보상을 해주는 방식으로 학습동기를 부여했다. 공부 열심히 해서 좋은 점수 받으면 좋은 대학에 가게 하고, 좋은 대학에 가면 좋은 직장에 가게 하고, 좋은 직장에 들어가면 돈 많이 벌게 해주겠다는 식이다.

이렇게 주로 외부에서 부여된 보상과, 이를 획득하려는 동기를 중심으로 개인의 삶이 구성됐다. 그런데 이런 외적 동기부여의 출발점인 '한 장소에서의 집단 내 경쟁'이라는 패러다임이 코로나19 이후 깨졌다. 혼자 있으니 당장 새로운 동기부여 방법이 필요해졌다. 이 새로운 상황에 적응하는 것을 넘어서, 코로나19 이후 사회에 제대로 적응하기 위해서는 다른 방식의 동기부여가 필요하다.

외적 보상 중심의 과거 동기부여 체계는 단기적 쾌락과 계량화된 보상이 지배하는 삶을 양산했다. 많은 이들이 돈이나 승진 같은 보상을 목숨 걸고 좇으며 인생을 살아가지만, 결국 많은 이들이 행복해지지 못했다. 갈망한 것을 결국 얻지만 적응하고 나면 행복해지지 않는 쾌락적 행복의 덫에 빠지게 된 것이다. 외적 보상은 순간적인 충동으로 구입한 비싼 장난감과 같다. 타인과의 경쟁과 모방 속에 사회가 정한 '성취'를 얻지만, '진정한 나'는 사라지고 만다. 게다가 외적 보상은 한정된 자원이다. 아무리 많은 사람이 노력하고 능력을 발휘한다고 하더라도, 모두에게 주어질 수는 없다. 결국 제로섬 게임이 벌어지고, 각자도생의 전쟁이 펼쳐지게 된다.

이런 동기부여 체계는 개인적 차원을 넘어서서 사회문제로 이어진다. 원격근무와 원격교육의 시대, 디지털 사회경제 체제는 외적 보상만 좇는 인재를 요구하지 않는다. 스스로 내적 동기부여를 할 수 있는 개인들이 창의적이고 혁신적인 활동을 할 수 있다. 이들이 사회와 경제를 역동적으로 만들 수 있다. 그야말로 억지로 하는 사람들이 즐기는 사람을 이길 수 없는 장이 펼쳐지게 된 것이다.

그렇기 때문에 자신이 좋아하는 일을 하면서 자아실현적 행복을 얻을 수 있는 사람, 스스로 동기를 찾는 내적 동기부여를 할 수 있는 사람이 자유안정성 시대를 만들고, 이끌고, 그 속에서 잘 살아갈 수 있는 사람이다. 자신을 끊임없이 남들과 비교하면서 더 가지려 하는 개인에서 탈피하는 것이 그 첫걸음이다.

개인의 삶의 안정성은 자아실현적 동기부여의 기반이 된다. 삶의 자율성과 동시에 자신이 속한 사회에서의 영향력도 중요하다. 다양한 영역에서 구조적인 변화가 필요하다. 자율성을 높이고 영향력을 모두에게 주는 방향으로 일터 문화를 바꿔나가야 개인의 능력을 충분히 끌어낼 수 있게 된다. 가족 안에서나 모임 안에서 다양한 구성원의 자율성과 영향력을 인정하는 작은 '민주주의들'이 일상화해야 이런 개인들이 힘을 얻을 것이다.

자아실현적 동기부여는 자유안정성이 주어진 기본소득 체제에서 개인 삶이 윤택해지기 위한 최적의 동기부여 방식이다. 공부 자체가 좋아서 공부하는 학생이, 일을 즐기며 일하는 직장인이 살아가기 좋은 세상을 만들어야 하며, 그런 세상을 만들기 위해서는 먼저 그런 사람들이 많아져야 한다. 억지로 살아가는 세상은 이제 지속가능하지도 않다.

또한 자아실현적 동기부여가 가능한 사람들은 '적극적 시민(active citizen)'으로 활동할 가능성이 높다. 자신의 행복을 추구하는 것을 넘어서서, 사회 변화를 위해 나설 수 있는 사람들이다.

우리 사회에서 개인은 사회의 부속품으로 여겨지는 일이 잦다. 개인은 가족에 종속되어 있고, 기업에 목숨을 걸고 있으며, 생계를 안정시키려 끊임없이 무리하게 경쟁하며 국가 경제를 밀어가고 있다. 산업재해나 성희롱을 감수하면서 참고 일하는 사람들, 의미 있는 일을 하고 있지만 끊임없이 경제적 불안정성에 시달리는 사람들, 자녀 때문에 자신의 삶을 희생하고 부모의 기대 때문에 자신의 꿈을 희생하는 사람들, 생계에 바빠 사랑하는 이들과 시간을 보내는 것이 쉽지 않은 삶을 사는 사람들이 여전히 많다.

이런 사람들이 각자 스스로의 질곡에서 벗어나 자유로운 개인으로 거듭나는 사회, 그것이 초회복이 달성된 사회다. 스스로 협상력을 갖고 자신의 삶을 통제하며 사회 변화에 참여할 수 있는 사람이 자유로운 개인이다. 안정되어 있고, 자율성을 가지면서도, 사회에 영향을 끼칠 수 있는 사람들이다. 그런 '적극적 시민'들이 더 많이 등장하고 활동하는 것이 초회복이다.

디지컬라이제이션

시장에서 기업이 가져야 할 초회복의 비전은 디지컬라이제이션(Digicalization)이다. 디지털화와 지역화를 이은 비전이다. 비접촉 시대의 시장에서는 디지털 전환이 가속화할 것이다. 독점이 강화되고 격차가 더욱 커지는 구조가 될 가능성이 높다. 중심에 있는 단 하나의 독점 행위자가 시장을 좌우할 가능성이 높다.

디지털화는 코로나19 이전부터 예고된 변화다. 다만 어떤 사회적 결과를 낳을지에 대해서는 논란이 있다. 사용하기에 따라 양극화의 도구가 될 수도 있고, 반대로 끊임없는 기회를 창출하는 수단이 될 수도 있을 것이다.

그런데 앞서 지적한 대로 플랫폼의 독점화가 이뤄진다면, 소수에게 부를 집중시켜 격차를 키울 것이다. 개인은 고립되고 사회적 네트워크는 약해질 것이다. 이중사회를 더 증폭시킨다는 이야기다. 사실 독점은 경제적으로도 비효율적이다. 독점은 대체로 시장을 획일화시키고 가격을 높여 소비자의 편익을 줄인다. 다양한 다른 사업자들이 설 자리를 없애 소비자의 선택의 폭을 줄이고 기업의 혁신 동기도 낮춘다.

한때 우리는 글로컬라이제이션(glocalization)을 이야기했었다. 세계가 모두 연결되는 세계화(globalization)와, 이 세계화의 문제점을 보완할 수 있는 지역화(localization)가 함께 가는 새로운 비전이었다. 기업은 글로벌 시장을 겨냥한 전략과 지역 맞춤형 전략을 동시에 요구받았다. '가장 지역적인 것이 가장 세계적인 것'이라는 구호 아래, 맥도날드는 인도인을 위해 고기 없는 햄버거를 내놓았고, 디즈니는 일본인을 위해 입이 작은 미키마우스를 그려냈다. 세계시장의 보편성을 추구하되, 각 지역의 특수성을 녹

여내는 가치를 뜻했다. 시장에서는 실제로 지역화를 잘 달성한 글로벌 기업들이 성공했다.

세계화는 그 빛을 잃어가고 있다. 성곽도시의 시대가 열리면서 더 빠른 후퇴 경향을 보일 것이다. 그럼에도 세계화보다 더 강력한 보편주의적 도구가 우리 주변을 뒤덮었다. 디지털화다.

코로나19 이후 디지털화는 더 가속화할 것이다. 제품과 서비스를 비접촉으로 제공하기 위한 다양한 기술이 이미 등장했다. 핵심은 디지털 전환이다. 일터도 학교도 시장조차도 디지털을 중심으로 재편된다. 이미 온라인 쇼핑은 전체 유통시장의 주류 자리를 굳혔다.

하지만 디지털화가 가져오는 보편성 역시 한계가 명확하다. 인도인은 여전히 소고기 햄버거를 선호하지 않으며, 일본 어린이는 여전히 입이 작은 외모를 더 좋아할 것이다. 이런 특수성은 디지털 시대에도 마찬가지로 남아 있을 것이다. 이를 보완할 수 있는 방법은, 세계화 당시에 그랬듯 여전히 지역화다.

어쩌면 디지털은 지역이 중심을 넘어설 수 있는 가능성도 보여준다. 영국 켄트에 사는 벤 마시(Ben Marsh)는 뮤지컬 〈레미제라블〉의 노래 '원 데이 모어(One Day More)'를 개사한 뒤 가족과 함께 부른 영상을 페이스북에 올렸다. 코로나19로 집에 봉쇄되어 있는 자기 가족의 삶을 풍자한 내용이었다. 그런데 이 영상은 순식간에 1000만 뷰를 기록했고, 전 세계 텔레비전 방송국이 이 공연(?)을 녹화 중계했다.

중심에서 지역으로 일방적으로 내려보내는 글로컬라이제이션 시대의 방식이 뒤집힌 모양새다. 빗대어 말하자면 맥도날드가 인도인에게 맞춘 새로운 버거를 만들어 파는 방식의 지역화가 아니라, 인도인이 자기 지역에서 만든 버거가 맥도날드처럼 전 세계로 확산되는 것 같은 모습이다. 이런 사례는 차고 넘친다.

디지털 전환을 통해 지역과 중심 사이의 거리는 크게 좁혀졌다. 그런데 더 중요한 점은 지역과 지역 사이의 거리도 좁혀졌다는 점이다. 누구든지 매력 있는 상품을 내놓을 수 있다면, 자신의 지역이 중심이 되어 세계로 진출할 수 있도록 만들어주는 게 디지털 기술이다.

물론 걸림돌도 많을 것이다. 아무리 지역에서 매력을 얻어도 플랫폼의 손아귀에서 벗어날 수는 없을 것이다. 독점 플랫폼의 의도와 다른 무언가를 시도하기는 어려워진다. 인구구조 변동과 독점화 경향의 강화로 당분간은 지역에 남아 있는 자원이 점점 더 줄어들 수 있다. 이런 한계에도 디지컬라이제이션은 성공할 수 있을까?

지역화는 최소한 디지털화가 선한 얼굴을 하기 위한 필수 조건이다. 디지털 전환이 가진 다양한 사회적 약점을 지역이 보완해줄 수 있기 때문에 그렇다. 지역이라는 공간은 신뢰와 같은 사회자본을 생산하는 공간이며, 작은 민주주의를 실현하는 공간이다. 작은 민주주의와 네트워크가 있는 공간 속에서 개인은 자신의 효능감을 확인하고 영향력을 확인한다. 디지털화된 경제는, 독점화가 일어나고 플랫폼에서 일하는 개인을 도구화하며 참여와 민주주의 대신 중앙의 알고리즘을 일방적으로 강요한다는 비판을 받는다. 그 모든 것을 뒤집을 수 있는 장소가 바로 지역이다. 정반대의 패러다임으로 움직이는 곳이기 때문에 그렇다.

그래서 디지털화와 지역화가 만난 디지컬라이제이션은 시장의 새로운 비전이 될 수 있다. 디지털 기술은 지역에서 개인을 보호하고, 개인과 조직을 이으며, 공동체가 효과적으로 작동하는 데 핵심 수단이 될 수 있다.

지역은 또한 디지털을 활용하여 사회적 난제(wicked problems)를 풀어나가는 핵심 공간이 될 수 있다. 가장 큰 난제인 환경이 그러하다. 지역을 통한 직접 생산과 소비는 이미 유럽에서 친환경 전략으로 사용되고 있으며, 사회 혁신을 통해서 사회문제를 해결하고 개인의 역량을 증진시키는 공간이 되고 있다. 사람과 물건의 이동이 현저하게 줄어들 코로나19 시대에, 디지털화는 지역 간 격차를 줄일 도구로 활용될 수 있다. 그러면서도 지역화 자체가 가진 친환경적 속성을 강화하면서 기후위기 대응에 기여할 수 있다.

이런 모든 가치를 받아안은 뒤에야 디지털화는 코로나19 이후의 시장에서 선한 주인공으로 올라설 수 있을 것이다. 그래서 디지컬라이제이션은 시장의 비전이지만 동시에 사회의 초회복 비전이기도 하다. 상품을 팔아야 하는 기업이 시장에서 구현해야 하는 전략이면서, 동시에 가치를 확산해야 할 지역의 시민사회가 구현해야 하는 전략이기도 하기 때문이다.

연대적 공존

초회복의 사회적 비전은 연대적 공존(solid-existence)이다. 사람들이 사회에서 맺고 살아가는 관계를 규정하는 시민사회 비전이다. 지금까지 사회적 관계는 학연, 지연, 혈연에 따라 맺어졌고, 이를 기반으로 각자도생의 원리가 작동했다. 초회복의 연대는 독립적 개인들의 연대이다. 공존(co-existence) 자체가 함께 존재하는 것인데 여기에 연대(solidarity)를 더한 것은 더 적극적인 공존, 실천하는 공존이 필요한 시기가 왔기 때문이다.

이때 강력한 역할을 할 수 있는 주체가 다양한 공동체 조직들이다. 즉 자발적으로 만들어진 비영리 조직들의 활동 비전이 이렇게 독립적 개인들의 연대적 공존 활동을 만들어내는 것이 되어야 한다. 독립적 개인의 활동 비전을 넘어서는 시민사회 비전인 이유다.

코로나19 바이러스는 우리가 얼마나 상호 의존적이고 연결된 존재인지를 절실히 깨닫게 하고 있다. 고립되는 순간 사회는 멈춘다. 이윤만 이야기하는 시장과 효율성만 따지는 공공부문으로는 이 위기를 견뎌내기 어렵다는 사실도 알게 됐다. 갑작스럽게 닥친 어려운 사정을 이해하는 너그러운 시장과, 정해지지 않은 문제를 해결할 여력을 넉넉히 갖춘 공공부문이 경제와 건강 방역의 성공 조건이기 때문에 그렇다.

역설적으로 연대하고 공존해야 하는 합리적 이유를 찾기는 점점 더 어려워지고 있다. 함께 모여 일하던 기업 고용구조가 와해되고 필요할 때만 플랫폼에서 만나 같이 일하는 시스템이 주류가 된다면 공존은 더 어려워질 것이다. 이중사회가 심화되어 성 안과 성 바깥의 사람들이 전혀 다른 기회를 갖게 된다면 그 두 부류 사이의 연대는 거의 불가능해질 것이다. 연대의 기반이 사라진 사회에서 연대의 실천을 기대하기는 어렵다.

그래서 연대적 공존이 가능해지려면 더욱 강력한 제도적 뒷받침이 필요하다. 기본소득 체제를 기반으로 하는 자유안정성이 필수적이다. 기본소득 등이 제공하는 보편적 안정성은 사람들에게 모두 함께 납세하고 모두 함께 혜택을 받는다는 연대 의식을 갖게 해준다. 또한 생계를 위해 보내던 시간의 일부를 연대와 공존을 위한 실천에 쓸 수 있도록 여유를 부여한다. 자발적 시민사회 단체들을 활성화하는 것도 필수적이다.

이렇게까지 연대적 공존이 중요한 이유는 물론 우리가 함께 풀어야 할 문제가 그만큼 절실하기 때문이다. 이대로 이중사회를 심화시키면 분열과 갈등의 지옥이 열리게 될지 모른다. 이대로 소비하며 살다가는 다음 세대가 지나가기 전에 기후위기로 인류가 절멸할 위험이 크다.

그래서 내일을 보기보다는 내년을 봐야 하며, 1년 후보다는 10년 후를 보면서 우리의 삶과 이 사회를 재구조화해야 한다. 먼저 나누고 연대하고 개인에게 자유와 안정을 주는 것은, 단기적으로는 천천히 내려가는 방법일지 모른다. 하지만 결국 우리가 다시 올라갈 초회복의 전략이기도 하다.

파국과 절망을 향해 달려가고 있는 이 세계를 멈추고, 그런 초회복을 어떻게 가능하게 만들 수 있을까? 지금부터는 구체적 전략의 영역이다. 더 세밀한 현미경으로 진단하고, 더 구체적인 실천 방안을 찾아야 한다. 지금부터 이 내용을 노동, 공간과 건강, 배움, 경제, 사회의 다섯 가지 영역에 걸쳐 살펴본다.

2장

산업 시대의 노동은
더 이상 유효하지 않다

단기근속 사회,
짧아도 좋은 노동을 위한 혁신

황세원 일in연구소 대표

한국은 단기근속 사회다. 한 직장에서 10년 이상 일하는 사람들의 비중은 낮고, 1~3년 정도의 짧은 기간 안에 직장을 그만두는 사람은 많은 사회라는 뜻이다. 그 짧은 정도는 다른 나라들과 비교할 때 두드러지게 심하고, 단기근속자의 비중도 매우 높다. 그런데 우리는 그 사실을 인식하지 못하고, 마치 단기근속 사회가 아닌 것처럼 살고 있다. 그래서 단기근속자들은 더 힘들다.

코로나19 이후, 이제야 그 착각에서 벗어날 가능성이 보인다. 단기근속 경향이 여기서 더 심해지면 심해졌지, 덜해질 리는 없기 때문이다. 따라서 지금은 단기근속 사회에 맞게 사회제도의 틀을 크게 바꿔야 할 때다. 비중으로만 보면 이미 이 사회 주류라고 해도 무방한 단기근속자들이 스스로를 비정상이라고 여기지 않고, 당당하고 행복하게 일하고 살아갈 수 있도록 말이다.

OECD 통계로 한국의 단기근속 경향을 다른 나라와 비교해보자. 2018년 기준으로 한국의 1년 미만 근속자 비율은 30.4퍼센트다. 전체 일하는 사

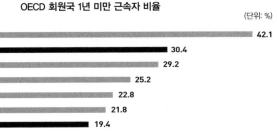

OECD 회원국 1년 미만 근속자 비율

(단위: %)

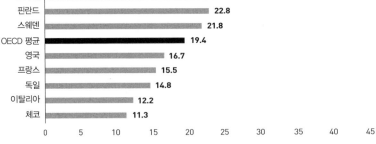

국가	비율
콜롬비아	42.1
한국	30.4
칠레	29.2
브라질	25.2
핀란드	22.8
스웨덴	21.8
OECD 평균	19.4
영국	16.7
프랑스	15.5
독일	14.8
이탈리아	12.2
체코	11.3

OECD 회원국 10년 이상 근속자 비율

(단위: %)

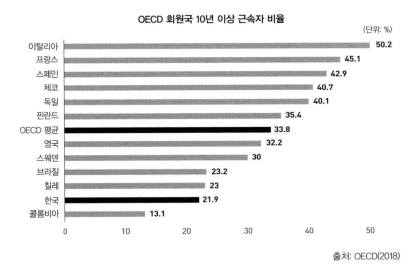

국가	비율
이탈리아	50.2
프랑스	45.1
스페인	42.9
체코	40.7
독일	40.1
핀란드	35.4
OECD 평균	33.8
영국	32.2
스웨덴	30
브라질	23.2
칠레	23
한국	21.9
콜롬비아	13.1

출처: OECD(2018)

람(임금 노동자) 열 명 중에서 세 명이 1년을 채우지 못하고 직장을 그만둔

다는 뜻이다. OECD 회원국 평균(19.4%)보다 상당히 높은 수준이다.

　같은 통계에서 한국의 10년 이상 장기근속자 비율은 21.9퍼센트로 최

하위권이다. OECD 회원국 평균은 33.8퍼센트이며, 이 비율이 가장 높은

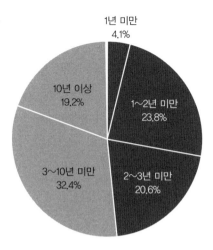

국내 지속일자리의 근속기간

1년 미만
4.1%

1~2년 미만
23.8%

2~3년 미만
20.6%

3~10년 미만
32.4%

10년 이상
19.2%

출처: 통계청 일자리행정통계(2018)

이탈리아는 50.2퍼센트에 달한다. 쉽게 말해 이탈리아에서는 일하는 사람 중 절반이 10년 이상 같은 직장에서 일하는 반면, 한국에서는 그런 사람이 다섯 명 중 한 명 정도밖에 되지 않는다는 것이다.

다만 이 지표로는 한국의 단기근속 경향이 과도하게 해석될 위험은 있다. 일자리 체험의 성격을 가진 3~6개월 단위의 인턴 제도라든지, 공공부문의 단기 일자리 등의 영향이 있기 때문이다. 그래서 통계청 데이터 중에서 전년도에서부터 계속 유지된 일자리(지속일자리)의 근속기간 (2018년 기준)을 살펴봤다. 여기서는 1년 미만 일자리는 4.1퍼센트로 비중이 크지 않다. 그러나 전체 일자리 중에서 가장 큰 비중을 차지하는 것이 근속기간 1년에서 2년 미만(23.8%)과 2년에서 3년 미만(20.6%) 그룹이다. 이 두 그룹을 합치면 44.4퍼센트로, 전체의 절반에 육박한다(3년 미만 일자리의 총합은 48.5%). 10년 이상(20년 이상 포함) 근속자는 전체의 19.2퍼센트 정도다. 일하는 사람 중 절반이 3년 미만의 단기근속 중에 있는 사회, 단기근속 사회라고 하지 않을 수 없다.

장기근속 일자리를 늘릴 수 있나?

이렇게 단기근속 비중이 높다는 지표들은 지금까지 연구 및 언론을 통해서 우리나라에 불안정한 일자리가 많고, 노동의 질이 낮다는 점을 드러내는 데 주로 사용됐다. 그러므로 이를 개선해야 한다는 취지다. 그런데 단기근속 비중이 높은 것과 노동의 질이 낮다는 것은 같은 말일까?

적어도 한국에서는 같은 의미가 맞다. 정부 기관, 규모가 큰 조직, 임금 수준이 높은 기업들에서는 장기근속자가 많고, 회사 법인이 아닌 개인기업, 규모가 작은 조직, 임금 수준이 낮은 기업들을 보면 단기근속자 비율이 상대적으로 높다. 한국 노동시장의 이중화(Dualization)가 그대로 보이는 현상이다.

다만 그렇기 때문에 '노동의 질을 높여야 한다'는 말이 곧 '장기근속 일자리를 늘려야 한다'는 뜻이 되는 것은 아니다. 장기근속 일자리를 늘리려는 노력을 그동안 정부가 안 한 것도 아니다. 공공기관이나 대기업, 임금과 처우 수준이 높은 금융기관과 같은 조직들이 채용을 더 많이 하도록 권유하고 유도하는 시도는 계속 있어왔다. 그러나 이와 함께 존재해온 것이 '노동생산성을 높여야 한다'는 압력이다.

IMF 외환위기 이후로 '불필요한 노동력을 줄이는' 식의 구조조정이 기업 체질을 고치고 경쟁력을 높이는 데 필수적이라는 인식이 지금까지 이어져오고 있다. 정부 및 공공기관조차도 필수 인력을 최대한 적게 잡고,

가능하면 외주화하거나 임시계약직으로 채용하는 것을 당연하게 여기고 있다. 이런 상황에서 기업 및 조직들이 스스로의 판단에 의해서가 아니라 외부의 개입으로 장기근속(지속고용) 일자리들을 늘리게 하는 데는 한계가 있다. 그런 데다가 공기업, 대기업, 금융기관과 같은 조직들일수록 '공채' 문화가 강하기 때문에 인위적으로 채용 규모를 늘린다고 해도 이와 구분되는 직군이거나 임시 계약직일 가능성이 높다.

즉, 장기근속이 가능한 안정적인 일자리를 늘린다는 것은 듣기는 좋지만 실제로는 실현하기 어려운 이상적 목표다. 이런 목표에 매달리는 사이에 단기 일자리에서 일하는 사람들은 별로 주목받지 못했다. 계속 그 자리에서 일해왔고 앞으로도 그렇게 일할 사람들인데 마치 정부 정책 등 어떤 노력이 있으면 곧 그 자리를 떠날 사람들로 인식돼왔다. 말하자면 자기 동네에 사는 사람이 여행객으로 취급돼온 셈이다.

코로나19 시대, 단기근속자는 더 많아진다

코로나19 사태는 우리가 현실에 제대로 눈뜰 수 있게 해주는 변곡점이 될 수 있다. 그 현실이란 더 이상 성장이 지속되거나 모든 것이 팽창하지 않는다는 것, 마이너스 성장과 축소를 당연하게 받아들여야 한다는 것이다. 안 그래도 자동화, 무인화의 바람을 타고 고용을 줄여오던 자동차, 조선, 기계 등 생산직 위주 업종들은 이제 수출 전망까지 불확실해졌으므로 고용을 더 줄이려 할 것이다. 행여 신규 채용을 하더라도 기존의 정규직, 즉 정년이 보장된 공채 직군의 채용은 최소화할 것이고 계약직, 파견직만 뽑으려 할 것이다. 또한 이번 사태를 계기로 항공, 관광, 여행 등의 업종, 그리고 비행기 조종사, 승무원, 호텔리어 등 전문적인 고임금 직업들에 대해서도 '언제든 흔들릴 수 있다'는 인식이 생겨났다.

사실은 이런 식으로 어떤 업종이 더 위험한가를 따진다면 코로나19 사태를 제대로 이해했다고 할 수 없다. 이번 일이 준 교훈은 '어떤 일자리도 완전하게 안전할 수 없다'는 것이다. 이런 교훈을 제대로 이해한 사회일수록 '정년을 보장하는' 식의 채용은 기피할 수밖에 없다.

이번 국면에서 안정적인 일자리에 있다가 단기 일자리로 넘어가거나, 또는 일하다 쉬다가 다시 일하는 패턴을 반복하는 사람들도 많을 것이다. 이 점은 시사하는 바가 크다. 왜냐하면 그동안 우리는 장기근속 일자리에 있는 사람들은 나름대로의 '자격'이 있고, 그렇기 때문에 높은 안정성과 임금, 부가 혜택, 상대적으로 안정된 노후까지 모두 누릴 수 있는 것이라고 생각해왔기 때문이다.

어찌 보면 이는 좀 이상한 현상이다. IMF 때 이미 우리는 '대마불사'의 법칙이 깨지는 것을, 즉 아무리 튼튼해 보이던 대기업도 하루아침에 망할 수 있다는 것을 목도했다. 그런데도 우리 사회는 '그러니까 대기업의 안정성을 과대평가하지 말자'는 교훈이 아니라, '남들보다 더 노력해서 더 안정적인 직업(의사, 교사 등)을 가져야 한다' 또는 'IMF 이후로 안정적인 일자리는 더 희소해졌으므로 더 일찍부터 준비해서 높은 경쟁률을 뚫고 들어가야 한다'는 식의 교훈을 얻었을 뿐이다. 그 결과로 대학 입시 경쟁은 더 심해졌고, 안정적인 직장에 들어갈 수 있을 때까지 취업을 유예하는 취준생 및 공시족 증가 현상이 나타났다.

동시에 한국 사회에는 열악한 일자리에서 힘겨워하는 사람들, 심지어 안전이 보장되지 않은 일자리에서 목숨을 잃는 사람들을 보면서도 '진작 노력해서 안정적이고 좋은 일자리에 들어갔어야지' 하는 식으로 개인 탓을 하는 경향이 있다. 정부의 '공공부문 비정규직의 정규직화' 정책에 부정적인 사람들은 대체로 '어떤 사람들은 죽도록 노력해서 정규직이 되는데, 비정규직들이 아무 노력 없이 그 희소한 자리를 차지하는 것은 부당하다'는 논리에 기반하고 있다.

한국에서 임금 수준이 높은 일자리와 장기근속 일자리가 대체로 일치하는 것은 한국 특유의 직장 문화와도 관련이 있다. 한 직장에 근속한다는 것은 한 직업을 길게 유지한다는 것과는 다른 의미다. 같은 업종 안에서라면 직장은 옮기더라도 경력은 유지되는 것이 바람직하고 합리적이다. 그러나 한국에는 공채 입사자에 비해서 경력직 이직자를 차별하는 문화가 있기 때문에 한 직장을 오래 다닌 사람만 지속적인 임금 인상 및 승진의 대상이 된다. 그러다 보니 평가도 왜곡된다. 업무 자체에 대한 숙련도 및 전문성보다는 한 직장 내에서 얼마나 조직문화에 잘 적응했는지에 따라 평가받게 되는 것이다.

종합하면 한국에서 장기근속 일자리는 안정성뿐 아니라 임금과 기타 근무 조건까지 좋은 '질 높은 일자리'이고, 이 일자리에 들어갈 기회는 사회 초년기에 이미 '자격'을 획득한 사람들에게 '공채'라는 형식으로 살짝 열리며, 그 외의 경우에는 거의 주어지지 않는다. 장기근속 일자리에 있다가 단기근속 일자리 쪽으로 넘어가기는 해도 그 반대는 지극히 어렵다. 단기근속 일자리의 질은 대체로 낮은데도 이를 개선하기 위한 사회적 노력은 별로 없었고, '자격을 획득하지 못한 사람들의 일자리이므로 어쩔 수 없다.'는 보편적 인식이 그 주된 이유로 작용해왔다.

다시 말하지만 이미 단기근속자들(3년 미만 근속자를 이렇게 지칭하겠다)이 일하는 사람 중의 다수를 점하고 있다. 그런데도 사회의 시스템은 마치 장기근속이 일반적인 것처럼 짜여 있다. 시스템이 그대로인 상태에서, 코로나19 이후의 흐름으로 인해서 단기근속자들이 더 많아지게 된다면 어떻게 될까? 일하는 사람 대부분이 질 낮은 노동을 하는 사회가 된다. 따라서 지금 우리가 해야 할 일은 단기근속 사회에 걸맞은 새로운 시스템을 짜는 것이다. 바로 '단기근속 일자리의 질이 높은 사회'를 위한 시스템이다.

이미 단기근속 사회를 지향하는 사람들

주목해야 할 것은, 이미 한 조직 내에서 인정받는 것보다는 개인 차원의 전문성을 더 중시하는 경향이 나타나고 있다는 것이다. 필자가 2016년 희망제작소에서 진행한 연구 중의 한 설문 조사에서 "'개인의 발전' 측면에서 볼 때 '좋은 일'의 필수 요건"을 묻는 질문에 대해서 응답자(1만 5399명) 중 65퍼센트가 '전문성 확보, 숙련도 증진 등 업무상 발전이 있는 일'을 택했고, '승진, 직장 내 권한 확대의 기회가 주어지는 일'을 택한 응답자는 13퍼센트에 불과했다. 설문 참여자 중 82퍼센트가 20~30대였으므로 이는 청년층의 성향이 반영된 결과라고도 볼 수 있다.

2019년 LAB2050의 김현아 연구원이 프리랜서 또는 1인 사업자, 또는 '포트폴리오 워커(다양한 형태의 일을 동시에 한다는 의미)' 총 아홉 명을 인터뷰한 결과에서도 이런 경향을 읽을 수 있다. 언론사, 홍보, 게임, 광고, 금융, 유통 등 기업에서 전문적인 일을 했던 이들은 조직에서 일할 때보다 자유롭게 일하는 지금 개인의 역량을 더 펼칠 수 있고, 일의 결과에 걸맞은 인정과 보상을 받을 수 있으며 전문성을 키울 기회도 더 많다고 했다.

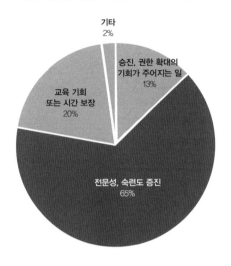

'개인의 발전' 측면에서 본 '좋은 일'의 필수조건

기타
2%

승진, 권한 확대의
기회가 주어지는 일
13%

교육 기회
또는 시간 보장
20%

전문성, 숙련도 증진
65%

출처: 황세원(2016)[1]

이 연구는 이처럼 능동적으로 선택된 자유로운 형태의 일을 '자유노동'이라고 지칭함으로써 플랫폼 노동, 프레카리아트(신분이 불안정한 비정규직 노동자), 긱 노동 등 불안정성에 초점을 둔 표현들과 달리 긍정적인 측면을 강조했다.

　사회 전체적으로 볼 때는 개인들이 이렇게 각자 중시하는 요건에 따라 다양한 형태의 일을 지향하는 것이 바람직하다. 그래야 산업과 기술의 변화로 인해 고용 상황이 달라져도 빠르게 적응할 수 있고, 사회초년생들이 경력을 쌓아가면서 성장하는 것도, 중도 퇴사자나 은퇴자들이 새로운 일을 찾아 활력 있게 일하는 것도 가능하다. 우리 사회의 고질적 문제인 취업 유예 현상이나, 출산과 육아로 인한 경력단절 문제도 줄어들 것이다. 단, 어떤 형태로 일하든 수입이나 안정성, 노후 생활에 큰 차이가 없어야 한다. 지금 우리나라처럼 장기근속자의 일자리의 질만 독보적으로 높다면 개개인의 일자리 지향이 다르더라도 어쩔 수 없이 장기근속 일자리로의 쏠림 현상이 나타날 수밖에 없기 때문이다.

단기근속 사회를 위해 필요한 변화

그렇다면 단기근속 사회를 위해서는 어떤 변화가 필요할까? 첫째는 모든 일하는 사람들을 똑같은 시각으로 보고 동일한 보호를 해주는 사회보험 체계로의 개편이다. 사회보험이란 고용보험, 산업재해보상보험, 건강보험, 국민연금의 4대보험을 일컫는데, 우리나라는 이 사회보험 체계를 통해 근로소득에 의존해 살아가는 사람들을 보호하고 있다.

그런데 현재는 전통적인 '고용 관계', 즉 고용자(사용자)와 피고용자의 관계가 명확하고 일정 기간 이상 관계가 유지되는 경우에만 이 체계에 온전히 들어갈 수 있도록 돼 있다. 고용보험만 보더라도 일하는 사람(취업자) 중에서 절반(51.9%, 2020년 4월 기준) 정도만 가입돼 있다. 가입되지 않은 절반은 주로 비정규직, 프리랜서, 특수형태근로종사자 등 안정성이 낮은 일자리에 있는 사람들이나 자영업자들이다. 모순적이게도 불안정하게 일하는 사람들이 오히려 보장을 받지 못하는 구조인 것이다.

코로나19 사태 이후 이와 같은 사각지대 문제가 대두됐고, '전 국민 고용보험'이라는 정책 목표가 만들어졌다. 문재인 대통령이 2020년 5월 10일 취임 3주년 연설에서 추진 의사를 밝혔고 고용노동부장관이 곧바로 실행 로드맵을 밝히기도 했다. 그러나 현재의 방향대로라면 사각지대 문제를 다 해결할 수는 없을 것으로 보인다. 여전히 전통적 고용 관계를 중심에 놓고 있기 때문이다. 그 시각이 나타나는 대표 사례가 2020년 5월 20일 국회

2장 산업 시대의 노동은 더 이상 유효하지 않다

를 통과한, 예술인을 적용 대상에 편입시킨 고용보험법 개정안이다. 예술인 중에서 전통적 고용 관계에 가깝게 일하는 사람들에 대해서만 적용 범위를 확대한 것이기 때문이다. 정부는 프리랜서, 개인사업자 등 다양한 형태로 일하는 특수고용형태 노동자들을 고용보험에 곧 포함시키겠다고 밝혔지만, 이 역시 비슷한 형태가 될 가능성이 높다. 특수고용노동자들 중에서 어떻게든 고용 관계를 확인할 수 있는 경우에만 적용 범위에 포함하는 방식으로 말이다.

진정한 의미의 '전 국민 고용보험'이 되기 위해서는 원칙부터 다시 세워야 한다. 어떤 형태로건 일을 하는 모든 사람들 중에서 갑자기 소득이 끊겨서 어려움을 겪을 때 정부가 떠받쳐준다는 식의 원칙이 필요하다. 나아가 고용보험뿐 아니라 4대보험 전체를 고용 관계에 상관없이 동일하게 적용해야 한다.

사실 이는 그리 어려운 일도 아니다. '소득'을 기준으로 사회보험 체계를 개편하면 된다. 소득이 발생할 때마다 파악해서 사회보험료를 징수하면 되는 것이다. 이를 위해서는 소득 파악이 가능한 국세청이 중심이 되도록 사회보험 체계 전반을 개편해야 하기 때문에 어려움도 예상된다. 그러나 꼭 필요한 일이라면 할 수 있어야 한다. 메르스 때만 해도 엉망이었던 질병관리 시스템을 개편해놓은 결과, 전 세계가 코로나19 앞에서 속수무책일 때 'K-방역' 시스템으로 극찬을 받은 한국 정부라면 이만한 일도 못 할 이유가 없다.

단기근속 사회를 위해 필요한 두 번째 변화는 장기근속을 권하는 방향으로 짜인 법과 제도를 바꾸는 것이다. 근로기준법에서 연차휴가가 근속연수에 따라 쌓이도록 한 60조 4항이 대표적이다. 왜 근속연수가 많을수록 연차가 늘어나야 할까? 신입사원은 연차가 적어도 되고 부장님은 연차를 많이 써도 된다고 누가 정했을까? 장기근속을 권하는 취지 이외의 근거는 찾기 어렵다. 심지어 이는 한 직장에 대한 근속이 조건이므로 동종 업계로 이직한 경우에도 연차가 '리셋(reset)' 되도록 만든다. 3년 안에 이직을 반복하는 경우라면 몇 십 년을 일해도 연차는 15일 언저리에 머물 뿐이다. 때문에 청년 세대에서는 한 달 정도의 장기 휴식을 갖고 싶다는 이유로 직장을 그만두는 사람들도 적지 않다. 장기근속을 권하는 법이 도리어 단기근속을 유도하고 있는 셈이다.

장기근속을 권하는 제도의 대표적인 예는 '청년내일채움공제'다. 청년들이 중소·중견 기업에 취업해 2~3년 근속하며 급여의 일부를 적립하면 사업주와 정부가 보태서 목돈을 만들어주는 제도인데, 이 설계의 바탕에는 '일단 취업해서 2~3년 버텨보면 다닐 만해질 텐데도 청년들이 그 고비를 넘지 못한다'는 생각이 깔려 있다. 실제로 필자가 이 제도에 대해서 20~30대들에게 물어봤을 때의 반응은 '그 돈을 받겠다고 자신과 맞지도 않는 기업에서 2~3년을 참고 다닐 사람이 어디 있겠느냐?', '어차피 좋은 직장에 들어가서 계속 다닐 생각이었던 사람들만 더 혜택을 보는 제도'라는 것이었다. 일에 대한 고정관념 때문에 진짜 도움이 필요한 사람들을 배제하고 있는 것이다. 단기근속 사회를 위해서는 이처럼 장기근속을 표준으로 삼고 단기근속을 비정상으로 보는 시각부터 완전히 바꿔야 한다.

세 번째로 필요한 것은 '동일(가치)노동 동일임금' 원칙의 엄격한 적용이다. 우리나라의 단기근속 성향이 강한 이유 중 하나는 지속고용 노동자로 직접 고용하는 것이 자연스러운 상황에서도 비용 절감을 명분으로 파견직, 임시계약직, 또는 개인사업자 및 프리랜서와의 계약을 택하는 기업들의 관행이다. 이 때문에 한 조직 내에서 비슷한 일을 하는데도 마치 신분이 다른 것과 같은 차별이 발생한다. 이 문제를 해결하기 위해서 요구되는 것이 '동일노동 동일임금' 원칙이고 문재인 대통령이 후보 시절 이 법제화를 공약으로 제시하기도 했다. 현재는 공공기관의 직무급 제도 도입 등의 방식으로 일부 시도가 이뤄지는 중이라고 할 수 있다. 그러나 앞에서도 설명한 것처럼 대기업 공채 정규직이 마치 '자격'을 획득한 다른 층위의 노동자들인 것처럼 여겨지는 사회구조에서는 진정한 의미로 이 원칙이 적용되기 어렵다.

이 문제의 핵심은 사실 '임금'이 아니다. 노동자로 일하고 싶은 사람은 노동자로, 프리랜서로 일하고 싶은 사람은 프리랜서로 일할 수 있는 자유와 권리가 있는지의 문제다. 일하는 사람 본인이 원치도 않고 실제 업무 내용과 맞지도 않는데 사용자가 편의에 따라, 혹은 고용에 따른 비용을 절감하기 위해서 프리랜서 또는 개인사업자 계약을 강제하고, 일하는 사람은 이에 대항할 힘이 없는 것이 진짜 문제다.

만일 앞에서 말한 '소득' 중심의 사회보험 체계가 만들어진다면 이 문제의 해결은 쉬워질 수 있다. 전통적 고용 관계의 노동자만 보호하는 시스템이 기형적인 일자리 현상을 만든 주된 원인이기 때문이다. 이에 더해서 이번에 긴급재난지원금을 통해서 전 국민이 살짝 경험한 것처럼, 임금 소득이 아니어도 최소한의 삶의 질을 유지할 만한 소득이 보편적으로 주어질 수 있다면(기본소득), 혹은 생계 및 주거, 의료, 교육 등에 들어가는 비용이 크지 않고 정부로부터 보편적 서비스를 받을 수 있는 사회(복지국가)가 된다면 자연히 '동일노동 동일임금' 원칙이 작동될 수 있다. 생계의 절박함 때문에 나쁜 일자리를 거절하지 못하는 점을 악용할 수 없게 될 것이기 때문이다.

마지막으로 강조하고 싶은 것은 '목소리(voices)'다. 이는 일하는 사람이 자기의 근로조건, 조직의 바람직한 방향을 위해서 의견을 내고 교섭할 수 있는 권리를 말한다. 경제학자 앨버트 허시먼은 저서 《떠날 것인가 남을 것인가》를 통해서 한 조직에서 오래 일한 장년층 직원들은 조직에서 잘못된 결정이 내려지면 적극적으로 '목소리'를 내지만 젊은 직원들은 잘못된 일을 참아내고, 이에 불편을 느끼면 조직을 위해 투쟁하기보다는 아예 그곳을 떠나버린다는 사실을 밝혔다. 이는 한국의 단기근속 성향을 설명해주는 또 다른 측면이기도 하다. 노조 조직률이 10퍼센트대인 한국에서 조직 내 문제를 투쟁해서 고쳐보려는 사람은 적고, 그만두는 선택을 하는 사람은 많을 수밖에 없다. 이런 분위기에서는 노동조합을 만들기도 어렵고 설사 노조가 있더라도 힘을 발휘할 수 없다.

따라서 단기근속이 정상이고 일반적인 사회를 지향한다면 일하는 사람의 '목소리'를 강화하기 위한 해법이 필요하다. 규모가 작은 조직들도 노동조합을 만들고 임금 단체협상을 해나갈 수 있도록 정부가 적극적으로 지원하거나, 산별노조(또는 현재의 청년유니온, 라이더유니온과 같이 노동자들이 필요에 따라 만드는 세대, 직종, 지역 단위 다양한 노조들)가 경영자 대표와 체결한 협상을 이행하도록 법률로 강제하는 식의 제도 개편이 필요하다. 이런 조치 없이는 앞으로 점점 더 다양해지고 파편화될 단기근속 일자리의 질적 수준을 높이는 것은 불가능하다. 앞에서 말한 것처럼 사용자의 일방적인 요구로 노동자인지, 개인사업자인지가 결정되는 일을 막기 위해서라도 일하는 사람들이 모여서 '목소리'를 낼 수 있는 사회가 되어야만 한다.

이 모든 변화들이 현실이 되기 위해 무엇보다 필요한 것은 '어떤 일은 질이 낮을 수도 있다'는 생각이 우리 사회에서 사라지는 일이다. 질 낮은 일자리의 책임을 '충분히 노력하지 않은 개인'에게 돌리는 생각부터 바뀌어야 한다. 사실 단기근속자들의 노동의 질이 높아지면 이런 생각들은 점차 사라지게 돼 있다. 어느 쪽이 먼저 시작되든 상호 영향 속에 상승작용이 일어나는 것이다. 그렇게 될 때 비로소 단기근속자가 자유롭고 당당한 사회가 될 수 있다. 장기근속자도 언제 단기근속자가 될지 몰라 불행한 사회가 아니라, 모두가 행복한 사회가 될 수 있다.

권력과 위계의 일터,
어떻게 뒤집을 것인가

반가운 한국직업능력개발원 연구위원

일터 A. "어이, 커피 한 잔 부탁해." 부장님의 한마디에 부장님 바로 앞에 앉은 과장은 옆 자리의 대리를 째려본다. 대리는 다시 옆 자리의 사원을 쳐다본다. 출입문 바로 옆의 맨 끝자리에 앉은 사원이 커피를 가지러 갔지만 커피머신이 오늘따라 고장이다. 결국 외부 커피숍에 테이크아웃 커피를 사러 간 사이, 사원이 작성할 품의서 초안을 기다리고 있던 대리와 과장과 부장의 기다림은 하염없이 길어진다. 오늘도 야근이 예상된다.

일터 B. 사원은 아침 일찍 커피를 내리고 자기 방에서 컴퓨터를 켠다. 팀원들이 모두 접속해 있는 시스템에 간단하게 로그인을 한 뒤, 시스템에 미리 올려둔 자신의 문서를 이어서 작성하기 시작한다. 모든 문서는 작성 즉시 팀원 모두가 볼 수 있어서, 직급을 가리지 않고 즉각 코멘트를 받는다. 최종 수정된 문서는 임원에게 바로 보고되고 실행 여부가 결정된다.

A는 극단적인 위계와 권력이 작동하는 일터의 모습이다. B는 이와 대조적으로, 자율과 재량이 작동하는 일터의 모습이다. 코로나19 시대, 우리의 일터는 A에서 B로 변화하게 되는 것일까? 비대면과 재택근무가 대세로

자리 잡고, 새로운 일하는 방식이 과거의 것을 몰아낼 수 있을까?

재택근무의 파도가 밀려드나

일터에 거대한 파도가 밀려들고 있다. 재택근무와 비대면 업무는 일상이 됐다. 기업마다 '오히려 이 방식이 더 효율적'이라고 평가한다는 소식이 들린다. 하루 두 시간 이상 걸리던 출퇴근이 사라지니 아침과 저녁이 여유로워졌다는 직장인들도 늘어났다. 무엇보다도, 불필요한 회의와 지루한 대화에 억지로 참석해야 하는 일이 사라져서 좋다는 반응이 압도적이다. 일터 안의 권위주의 때문에 발생했던 비효율이 사라지고, 업무에 집중해 효율적인 시간 사용이 가능해졌다는 이야기다.

　기업가들의 공명도 크다. 뉴질랜드의 최대 자산운용사 퍼페추얼 가디언(Perpetual Guardian)의 경우 생산성은 20퍼센트 증가하고 직원들의 스트레스 수준은 7퍼센트 정도 떨어졌다. 일본 마이크로소프트도 원격근무를 지난해 한 달간 도입한 결과 사원 1인당 매출이 오히려 늘었다고 한다.[2] 페이스북 CEO 마크 저커버그는 코로나19 이후에도 절반 정도 인력은 출근하지 않고 재택으로 근무하는 방식으로 회사를 운영하겠다고 말했다. 고용노동부도 지난 4월 코로나19 관련 '재택근무 가이드라인'을 마련하여 배포한 만큼, 한국도 원격근무에 대한 다양한 실험이 이루어질 기반이 마련된 것으로 보인다. SK와 NHN 같은 기업도 재택근무를 상시화하겠다고 밝혔다. 원격근무가 생각보다 생산성에 도움이 되고, 물리적 거리에 구애받지 않고 우수한 인력을 채용할 수 있기 때문이라고 한다.

　재택근무, 비대면 근무의 본질은 업무의 상당 부분을 일하는 사람의 자율과 재량에 맡긴다는 점이다. 줄줄이 늘어선 책상의 맨 끄트머리 창가에 앉아 있는 팀장이 팀원들의 일거수일투족을 감시하고 있는 사무실 풍경이 사라진다는 뜻이다. 언제 어떤 방식으로 일을 하는지를 본인이 정하는 것이다.

즉 재택근무의 확산은 단순히 집에서 일하는 사람이 늘어난다는 것을 넘어선다. 일하는 과정 자체를 훨씬 더 자율적이고 재량이 큰 활동으로 바꾼다. 감시와 통제 대신 자율과 재량이 작동하는 일터를 만드는 것이다.

코로나19 시대, 몇몇 기업에서 시작된 이런 흐름은 보편적인 변화로 이어질 수 있을까? 점점 비대면 근무가 늘어나면서, 우리는 자동적으로 자율과 재량이 훨씬 더 커진 일터에서 일할 수 있게 되는 것일까? 변화를 가로막는 요인은 없을까?

일터는 권력의 공간

소비와 달리 노동 공간은 권력의 공간이다. 통상 물건을 파는 생산자와 소비자의 관계는 '싫으면 그만'이다. 경제학자 앨버트 허시먼은《떠날 것인가 남을 것인가》에서, 저항의 두 가지 전략은 떠나는 것(exit)과 남아서 목소리를 내는 것(voice)이라고 했다. 둘 다 안 된다면 남아서 복종하는 것(loyalty)만 남는다.

소비자는 떠나는 전략(exit)을 쓸 수 있다. 마음에 들지 않는 물건은 사지 않으면 그만이기 때문이다. 하지만 노동자는 회사가 싫다고 해서 쉽게 떠날 수 없다. 침묵해서 복종하거나 목소리를 내서 바꾸어야 한다. 일터가 권력의 공간이라고 말한 이유가 바로 이것이다.

그래서 소비 공간에 비해 일터라는 권력의 공간은 쉽게 변하기 어렵다. 특히 한국의 기업은 하나의 작은 왕국이다. 자애롭든 포악스럽든 왕이 만든 그 공간에서 우리는 시민이라기보다 신민으로 살아간다. 조금 부드러운 언어로 이야기하면 위계 속에서 우리는 회사 생활을 한다. 대기업과 공공부문, 금융부문 등, 소위 말하는 좋은 일자리는 정말 소수이다. 결코 대한민국의 평균이 아니다. 우리가 대한민국 일터를 떠올릴 때는 소규모의 기업에서 왕과 신민이 살아가는 그곳을 떠올려야 한다.

어떤 조직이든 위계는 있다. 위계가 꼭 나쁜 것도 아니다. 위계는 우선순위를 정하게 하고, 자원을 보다 집중시킬 수 있게 한다.

자율과 재량이라는 방식 역시 위계를 아예 없앤다기보다는, 위계를 행사하는 주체가 남이 아니고 나라는 의미라고 보는 게 맞다. 자율에서 '율'은 방종이 아니라 질서를 의미한다. 다만 그 질서를 부여하는 주체가 남이 아닌 나인 것이다.

회사 조직에서 위계는 크게 보면 남이 권력을 행사하거나, 내가 하거나로 나뉜다. 그리고 남이 권력을 행사할 경우 그 권력을 어디에 배치할 것인가의 문제가 다음으로 제기된다. 한국이 전통적으로 고수해온 나이와 연공으로 할 것인가, 아니면 서구처럼 직무로 할 것인가, 혹은 능력과 성과로 할 것인가? 능력과 성과로 위계가 정해진다면 그 모습은 내가 권력을 행사하는 경우와 상당 부분 겹치게 된다.

비대면 업무는 일하는 사람에게 자율과 재량을 주는 업무 방식 중 하나다. 이는 스스로 문제를 해결하고 결과에 책임을 지는 것을 말하기도 한다. 그리고 일터에서 자율과 재량의 핵심은 경영이 노동에게 권력을 주는 의사 결정을 할 수 있느냐이다. 이것은 다시 경영과 노동 간에 신뢰가 얼마나 구축되어 있느냐의 문제와 직결된다.

재택근무는 기본적으로 노동자에게 보다 많은 시간 자율을 주는 것이다. 노사 간 권력 관계의 핵심은 노동의 시간 주권에 대한 경영권의 통제인데, 대면 상황에서는 비공식적 상호작용을 통해서 보다 많은 위계와 권력 관계가 작동하게 된다. 관리자가 자리만 비워도 해방감을 느끼는 경험을 직장인들은 다 해보았으리라. 이러한 상황에서 재택근무는 노동자가 보다 많은 권력을 갖는 것을 의미하고, 대면 상황에서 행했던 많은 감정노동을 더 이상 하지 않는 것을 의미한다. 우리는 이 감정노동이 사실상 월급에 포함된 것이라고 자조 섞인 목소리로 말하곤 하는데, 재택근무는 이 노동을 하지 않는 것을 의미한다.

지금까지 한국의 일터는 어땠을까? 89쪽의 표(25-44세 임금근로자 기준)를 보면 처참하다. 한국의 일터는 스스로 시간을 관리하는 관행도 약하고, 노동자 스스로 업무 처리 방식을 결정하지도 못하며, 자신이 직접 문제를 해결하기 위해 골몰하지도 않는다. 위계는 강하고, 자율과 재량은 부족하며, 고역량에 대한 요구 수준은 낮다. 어쩌면 재택근무의 원래 취지와는 가장 멀리 떨어진 조직문화를 갖고 있는 곳이 한국의 일터이다.

자율은 없고 재택만 있다면

어떤 공공기관에서 코로나19 사태로 재택근무를 시행하면서 30분마다 컴퓨터 자판의 엔터를 치게 하며 모니터 앞에 있는지를 감시했다고 한다. 한국 기업 사장님들의 속마음이 이와 비슷하다면 코로나19 이후에도 한국 기업의 조직문화는 크게 바뀌기 어려울 것이다.

일터 내 과업 재량 국제 비교

(단위: 표준점수)

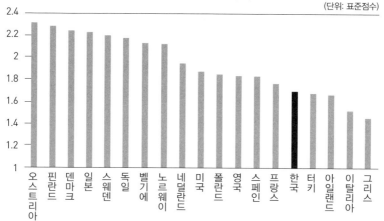

자료: 반가운 외(2019)[3]의 수치를 그림으로 재구성.

일터 내 시간 자율 국제 비교

(단위: %)

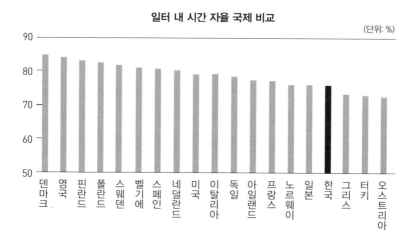

자료: 반가운 외(2019)의 수치를 그림으로 재구성.

물론 어쩔 수 없이 재택근무를 해야 하는 상황이 또 온다면 기업은 그렇게 할 수밖에 없을 것이다. 하지만 그것은 가짜 자율이고 가짜 재량이다. 일터에서 역량에 대한 요구 수준이 낮고, 성과를 제대로 평가하지 않는다면 말이다. 시키는 일이나 잘하고, 인간관계를 잘 맺고, 튀지 않는 것이 조직에서 살아남고 승진하는 비결인 조직문화에서라면 더욱 그렇다.

이러한 한국의 조직문화 속에서 과연 재택근무는 제대로 그 성과를 발휘하며 작동할 수 있을까?

사실 우리에게 익숙한 위계 조직의 뿌리는 일본 막번 시대의 제도이다. 총무팀과 인사팀이라는 말 속에 있는 '총무'와 '인사'는 일본식 한자이고, '팀'은 영어이다. 묘한 비동시성의 동시성이 우리 조직문화에 묻어 있다. 공무원 조직에서 의사를 결정하는 방식인 품의제 역시 마찬가지다. 성과 중심으로 하겠다는 명분은 내세우지만, 실제로는 진정한 의미의 역할과 책임(role and responsibility)이 작동할 수 없는 제도다. 품의제 아래서 여전히 모든 의사 결정은 위로만 올라간다.

조금 다른 각도에서 보자. 앞서 제시한 표 외에도 자료를 살펴보면, 한국 노동자의 경우 문제 해결 활동 수준 역시 최하위권이다. 이는 한국의 조직에서 역량과 성과보다는 사실상 근태가 중요하다는 의미다. 또한 정작 최종 성과가 창출되는 과정에서 노동자 개개인이 얼마나 기여하고 역량을 발휘한 것인지 평가할 역량이 경영진에게 부족하다는 것을 의미한다.

한국의 일터에서는 지나친 미시 권력의 작동, 사내 정치, 위계적인 업무 처리 방식 등으로 인해 개개인의 역량과 성과에 대한 평가를 정확히 하고 보상할 유인이 부족하다. 이런 상황에서 일반 사원과 관리자는 일종의 공모를 하는 셈인데, 조직의 집합적 최종 성과에 대해서는 누구도 책임지지 않는 상황(성과 관리는 회피함)이 되고, 일반 사원은 일하는 척을 하고(업무 과정에 대한 관리는 받음), 관리자는 과정 관리에서 오는 자신의 권력을 향유한다.

시장이 정상적으로 작동한다면 이런 생산성이 낮은 기업은 퇴출될 것이고, 그래서 이러한 경영 관행이 사라지겠지만, 한국의 재벌 경제, 혹은 원·하청 관계는 이러한 위계의 관계를 기업 밖으로까지 확대 재생산하며 시장의 작동을 방해한다. 하청 중소기업의 경쟁력이 직원들의 역량 관리인지, 재벌 대기업과의 좋은 관계 맺기인지는 중소기업 사장님들이 어디에 더 많은 에너지와 시간을 쏟는지를 보면 알 수 있다.

최종 성과에 대한 책임이 관리자에게 있는 경우도 문제는 이어진다. 이 경우 관리자들은 소위 '쪼는' 방식으로 노동을 강제하지만 진정으로 최선을 다하게 할 수는 없다. 노예 노동이 얼마나 생산성이 낮은지는 많은 문화인류학 서적들이 생생하게 기록하고 있다. 자율과 재량이 없이 시키는 일을 억지로 하기만 한다면, 노예 노동과 크게 다르지 않을 수도 있다.

한국의 노동자는 감정노동의 대가로 생산적 노동의 질을 떨어뜨리고, 관리자는 권력의 달콤함을 누리는 이상한 게임을 하고 있는 것이다. 그렇게 오래 일하고 열심히 일하는 듯 보이지만, 사실상 한국의 조직은 노동 역량을 제대로 활용하지 않는 방식으로 일터를 유지해오고 있었다.

다가올 미래는 과거로부터 완전히 자유로울 수 없다. 이런 조직문화가 유지된다면, 재택근무를 비롯한 원격근무로의 변화는 여전히 우리에게 요원한 일이다. 어쩔 수 없이 도입되더라도 노동자를 신뢰하지 않는 경영자는 또 다른 통제 기제를 도입할 것이다. 기술이 인간을 해방시키는 변화는, 최소한 일터의 영역에서는 '당분간'은 쉽게 벌어지지 않고, 오히려 그 반대 방향의 변화가 나타날 가능성도 있다.

　노동과 자본의 관계는 마치 물건을 사고팔듯이 완전한 계약서를 작성하여 거래가 이루어지는 공간이 아니다. 얼마나 열심히 일할지는 계약서로 작성할 수 없기에 노사 관계는 근본적으로 불완전한 계약의 영역이다. 이것을 해소하는 방법은 기술적 도움을 받아 이 불완전성을 최소화하거나, 아니면 이 불완전성을 인정하고 상호 간 신뢰를 통해 이것을 극복해나가거나 둘 중에 하나다. 작금에 많아지고 있는 플랫폼 노동은 전자를 지향한다. IT 기술의 도움으로 노사 관계의 불완전 계약으로 이루어지던 일을 사업자 간의 거래로 이루어지도록 한 것이다. 하지만 아직까지는 많은 노동이 기업과 조직 속에서 상업적 거래가 아닌 노동계약의 방식으로 이루어지고 있다. 이 경우 불완전한 계약이 발생하는 다른 모든 영역에서 그렇듯이 이를 극복하는 유일한 길은 통제가 아닌 신뢰이다.

　신뢰는 유능하지만 약하다. 일단은 코로나19로 자율과 재량의 근무 방식이 일시적으로 강제되더라도, 경영자들은 스스로 배신당했다고 느끼게 되면 기꺼이 기술적 도구를 이용한 통제의 경영으로 회귀할 것이다. 즉, 분업의 과정을 조직하는 방식이 인간 간의 신뢰가 아닌 기술적 도움을 통한 통제가 될 가능성이 한국 기업에서는 다른 어떤 나라보다 높다. 신뢰는 큰 이득이 있지만 배신의 위험도 높기 때문이다. 애매한 A^+ 경영 전략보다 확실한 B^- 경영 전략으로 회귀할 가능성이 큰 것이다.

　이것은 경영자에게 단기적으로는 이득일 수 있지만 장기적으로 노동과 자본 모두 공멸하는 길이다.

초회복의 일터, 과거로의 회귀인가? 전환으로의 기회인가?

앞서 한국의 일터는 자율과 재량이 부족하고, 스스로 문제를 해결하려는 활동 역시 부족한 상황이라고 했다. 그래서 재택근무 등의 자율과 재량의 경영 관행이 제대로 정착되기도 어렵고, 그러한 요구를 외부에서 받더라도 경영은 저신뢰의 비용을 지불하는 방식으로 또 다른 통제 기제를 도입할 가능성이 높다고 했다.

이러한 일들이 벌어지는 근본 원인은 무엇일까? 그리고 코로나19로 '초회복'이 될 때, 단순히 과거의 일터로 다시 돌아가는 것이 아니라 더 나은 일터로 돌아가기 위해서는 어떠한 노력을 해야 할까?

앞서 기술이 인간을 해방시키는 것이 '당분간'은 벌어지지 않을 것이라고 했다. 그렇다면 장기적으로는 가능할 것인가? 가능하다. 아니 최소한 공멸하는 길로 가지 않기 위해서는 가능해야만 한다.

현재의 위계 조직은 사실상 산업혁명기의 기술 수준을 반영한 것이다. 쉽게 상상해본다면 1000명을 조직해야 하는데, 의사소통 수단이 전화밖에 없다면 이 조직은 위로 길쭉한(tall) 조직이 될 수밖에 없다. 하지만 지금은 다양한 메신저로 의사소통을 할 수 있다. 1000명을 조직하는 방식은 이제 보다 평평해지고(flat), 같이 일할 사람을 반드시 한 회사 내에 둘 필요도 없다. 이러한 기술 변화는 장기적으로 조직 내 위계의 비용은 증대시키고 자율과 재량의 이득은 크게 할 것이다.

또 새롭게 진입하는 청년 세대들은 과거 어느 세대보다 민주적 가치를 체득한 세대이다. 우리 선배 세대들이 후진국, 혹은 중진국에서 교육받은 세대라면 다가올 세대는 최초로 선진국 시민으로 교육받은 세대이다. 이들을 동기부여시키기 위해서 경영은 민주적 의사 결정이 지배하는 조직을 만들어야 한다.

이번 코로나19 사태는 분명 한 번의 큰 충격이다. 재택근무와 비대면 업무 과정을 경험한 노동자들은 또 한 번 변화할 것이고, 이런 변화는 다시 새로운 조직문화를 만들어내는 압력이 될 수 있다. 위계의 비용은 좀 더 커지고, 자율과 재량의 이득 역시 더 커졌을 것이다.

여전히 변화의 과정은 점진적일 것이다. 조직문화의 변화는 한판의 승부가 아니기 때문이다. 코로나19가 지속적으로 창궐한다면 변화의 속도는 더 빨라지겠지만, 한번에 방향타를 돌리기는 쉽지 않다. 회사는 재무적 손익계산이 작동하는 공간인 동시에 권력이 작동하는 공간이기 때문에, 소비의 공간과 달리 변화의 속도가 매우 느린 곳이다.

How가 아니라 Why가 문제

새로운 변화는 인식 전환(why)과 그것을 수행할 방법(how)이 충족될 때 가능하다. 이때 더 중요한 것은 why이다. 최고경영자가 이것을 진짜 왜 해야 하는지 인식하지 못하고, 최고경영자가 의사 결정을 하더라도 중간 관리자가 진정으로 받아들이지 못한다면 변화는 왜곡되어 조직에 적용된다. 이런 분위기에서는 일선 직원 역시 변화에 적극적으로 참여하기 어렵다. 지금까지 잘 지내고 있었는데 왜 굳이 원격근무와 재택근무를 도입해야 하나? 출퇴근 시간이 줄고, 생산성도 오르고, 삶의 질 향상에도 도움이 되고, 환경에도 좋다고 해도 과연 그게 사실일까? 이것이 바로 why의 문제이다. 인식의 전환은 한 번의 큰 충격보다는 조금씩 지속적인 충격을 통

2장 산업 시대의 노동은 더 이상 유효하지 않다

해 서서히 바뀌고, 일부의 경험보다 전체가 공유하는 경험이 중요하다.

코로나19는 우리에게 어떤 경험일까? 사회 구성원 전체가 공유하는 경험이라는 측면에서는 확실히 과거의 충격과 달리 우리 사회에 미치는 영향은 더 크다. 즉, 사회적으로 이런 'why'를 한 번이라도 함께 생각하게 해주는 거대한 경험이 발생한 것이다.

하지만 기업과 경영자에게는 어떨까? 코로나19가 큰 경험이기는 하지만, 이 경험 한 번으로 'why'를 뒤집기는 어려울 것이다. 변화는 조직 안팎에서의 끊임없는 노력과 또 다른 다양한 충격을 통해서만 일어날 수 있다.

how의 문제는 어떨까. 사실 why가 해결되면 인간은 반드시 그 해결책을 찾아왔다. 재택근무가 왜 필요한지에 대한 공감만 확실해지면, 원격업무를 가능하게 하는 온라인 업무 공간을 기술적으로 매끄럽게 구현하는 것은 결국 시간문제이다. 더 나은 화상회의 시스템이 도입될 것이고, 원격회의에서 오는 피로도를 줄이는 기술은 경쟁적으로 개발될 것이다. 또 회의 참가자의 발언 시차 발생이나 울림이 커지는 현상 역시 급속도로 개선되어 오히려 대면회의에 비해 더 큰 장점을 발견할지도 모른다.

온라인으로 대화하면서 채팅을 하는 다중 의사소통은 이미 여러 장점을 보이고 있다. 면대면으로 발언하는 것에 소극적인 누군가는 이 채팅 기능이 보다 편리하다고 느끼며 더 적극적으로 의견을 개진하게 될 것이다. 또 회사 컴퓨터에 깔려 있는 소프트웨어를 집에서도 원격으로 접근할 수 있는 기술이 이미 개발되어 활발하게 이용되고 있다. 더 나아가 온라인 채팅 환경은 점차 고독감을 줄이고 소속감을 높이는 인간 친화적 방향으로 바뀔 것이다. 이러한 how의 작은 변화들은 역으로 why의 변화를 이끌면서 점진적인 발전의 나선형을 보일 것이다. 인식의 전환만 이룬다면 일터 문화를 근본적으로 바꾸는 더 큰 도약도 충분히 가능하다.

브리지워터 어소시에이츠(Bridgewater Associates)라는 세계적인 투자 회사에서는 온라인으로 회의 참가자 간에 실시간으로 상대방 발언을 평가한다. 그리고 그 평가 결과는 모두에게 실시간으로 공개된다. 사장이라도 앞뒤가 안 맞는 소리를 하거나 위계적으로 굴면 바로 낮은 점수를 받고 붉은색으로 경고가 뜬다.

이들은 이 회의 결과를 이후 중요한 의사 결정의 도구로 사용한다. 이 회의에서 개개인이 민주적으로 평가되고, 이 평가 결과는 이후 비슷한 의사 결정에 있어서 개인의 발언권에 가중치를 부여하는 데 이용된다. 사장이 모든 의사 결정권을 가지는 것도 아니고, 그렇다고 해서 개개인 간 해당 전문 영역의 역량 차이를 무시하고 1/n의 의사 결정권을 갖는 것도 아니다. 자신이 잘한다고 평가받은 영역에서 더 많은 의사 결정권을 가진다. 이러한 의사 결정은 브리지워터의 성공 비결로 평가받고 있다.

자사의 성공은 기발한 아이디어에 기반한 혁신에서 비롯된 것이 아니라고 최고경영자인 레이 달리오(Ray Dalio)는 평가한다. 대신 앞서 언급한 회의 방식이 아주 나쁜 의사 결정을 막게 하는 데 탁월한 효과를 발휘했다고 한다. 독단적인 의사 결정은 항상 큰 위험을 초래하고 민주적인 의사 결정은 그런 위험을 막는다. 그리고 이 민주성에 투명성과 역량이 첨가된다면 그 조직은 장기적으로 살아남아 경쟁에서 승리하게 된다.

즉 기술적으로 온라인 회의를 하는 것에 더해, 근본적으로 의사 결정 방식을 수평적이면서도 능력 중심으로 변화시킴으로써 의사 결정의 질을 높인 사례라고 할 수 있다. 온라인 회의 자체만으로도 좀 더 수평적으로 의

2장 산업 시대의 노동은 더 이상 유효하지 않다

견 교환을 할 수 있게 만드는 효과는 있을 것이다. 하지만 궁극적 변화는 의사 결정 방식의 변화로부터 나온다는 교훈을 이 사례가 보여준다.

일터에서의 세대 전환이 열쇠

브리지워터의 시스템이 과연 한국에도 도입될 수 있을까? 이 시스템은 완전한 투명성과 능력주의, 수평적 조직문화를 결합한 모형이다. 한국 기업의 경영자는 불편함 없이 이 모델을 받아들일 수 있을까? 위의 시스템에서 사장님만 빠져서 나머지 직원들을 관찰하는 것은 아닐까? 혹은 평가 결과가 사장님에게만 공개되는 것은 아닐까?

이 질문에 대한 답은 열려 있다. 우리 하기 나름이다!

당분간은 부정적인 대답이 나올 수도 있지만, 시간은 우리 편이다. 민주주의로 무장한 새로운 세대들은 분명히 새로운 기술을 보다 수평적인 조직을 운영하기 위해 사용하도록 요구할 것이다. 일터에서 세대가 전환되면 새 시대가 온다. 그것이 일터에서의 '초회복'이다.

세상이 엄청나게 바뀔 것 같지만 사실상 지나고 보면 별것 아닌 경우가 꽤 많다. 어떤 큰 변화란 사실상 점진적인 작은 변화의 누적인 경우가 많다. 큰 충격은 기존의 저항으로 언제 그랬냐는 듯이 다시 과거로 돌아가고, 오히려 별것 아닌 것처럼 보였던 작은 변화가 누적되어 시간이 지나고 보면 우리는 어느새 다른 곳에 와 있는 그런 경험을 수많은 역사들이 보여주고 있다.

한국이 넘어야 할 전환의 계곡은 그 어느 나라보다 깊다. 예컨대 여성 노동자가 재택근무 환경에서 온라인 수업을 하는 아이를 돌봐야 하고, 같이 재택근무를 하는 남편을 위해 가사노동을 해야 한다면 여성 노동자의 생산성은 기존 연구와 달리 떨어질 수밖에 없다. 그리고 이는 사업주에게 여성 노동자를 차별해야 할 또 다른 빌미를 제공한다. 한국의 경우 다른 나라들보다 이러한 우려가 실제로 벌어질 가능성이 더 크다. 하지만 깊은 전환의 계곡은 역설적이게도 그 계곡을 넘고 나면 전환의 과실이 다른 어떤 나라보다 더 클 것이라는 희망이 되기도 한다. 지금 코로나19는 우리에게 강제로 전환의 비용을 지불할 것을 요구하고 있다. 권력의 공간인 일터는 사회 어느 분야보다 기득권의 저항이 크다. 하지만 경제학자 존 케인즈도 갈파했듯이 기득권의 저항이라는 것은 사실상 아이디어의 점진적인 침투에 비하면 과장된 것이다. 보다 중요한 것은 생각의 전환이다.

이제 새로운 세대, 새로운 시대가 오기를 기다리며 기득권의 저항을 줄이고 생각의 전환을 촉진하는 여러 정책적 노력도 함께 해나가야 한다. 핵심은 노동의 교섭력을 강화하고 일터를 자율과 재량의 수평적 조직으로 바꾸는 것이다. 그리고 기업은 더 이상 성역이 아니라는 생각의 전환이 필요하다. 기업 역시 공동체를 구성하는 시민으로서 보다 많은 사회적 책임을 감당해야 하며, 일터 역시 민주주의가 숨 쉬는 공간이 되어야 한다.

기회의 창은 열려 있다. 초회복. 과거로의 회귀인가? 전환으로의 기회인가?

직주일체의 시대가
몰고 오는 변화들

이명호 재단법인 여시재 기획위원

백신과 치료제가 없는 상태에서 전 세계 국가가 실시한 감염병에 대한 대책은 '사회적 거리두기'였다. 지역과 국경의 봉쇄, 이동제한, 자택 대기령 등으로 기업들은 직원들이 집에서 원격으로 근무하는 재택근무를 실시하였다. 전 세계적으로 출퇴근하지 않고 집에서 근무하는 사회 실험이 실시된 것이었다. 급속한 재택근무로의 전환에는 많은 우여곡절이 있었고, 직원들은 여러 불편을 경험하였다. 그러나 많은 직원들이 출퇴근에 따른 시간과 에너지 낭비, 피로가 줄어들고, 가족과 같이 보내는 시간이 늘어나자 업무 집중과 만족도가 높아지는 것을 경험했다. 기업들도 큰 우려 없이 회사가 그럭저럭 운영되는 것을 경험하였고, 일부 회사들은 오히려 생산성이 높아지고 비용이 줄어들면서 재택근무를 계속 실시하겠다는 계획을 내놓기도 하였다. 회사에 출근해서 일하는 관행이 깨지기 시작한 것이다.

봉쇄와 더불어 출퇴근 등 사람들의 이동이 줄어들자 의외의 현상이 나타나기 시작했다. 지구가 맑아진 것이다. 30년 만에 인도에서는 200킬로미터 떨어진 히말라야 산의 모습을 볼 수 있었다. NASA는 중국 우한과 유럽의 대기가 관측 이래 가장 좋다고 발표했다. 이탈리아의 관광지에는 사슴 등 야생동물이 나타났다. 우리가 덜 움직이면 그만큼 지구가 건강해지고, 도시의 공기와 환경이 개선된다는 것을 느낀 것이다. 재택근무를 해도 생산성이 저하되지 않고 오히려 높아진다면, 군이 출퇴근을 해야 하는가에 대한 의문이 커지고 있다. 출퇴근하지 않고 일하는 것이 관행으로 일상화될 수 있을까? 재택근무가 늘어나기 위해서는 무엇이 필요할까? 집과 도시의 공간은 어떻게 변할까? 집이 가족의 안식 공간이면서 동시에 일터이고 학교인 시대가 올 것인가? 일과 도시의 변천을 살펴보면서 일과 집이 일체가 되는 초회복 사회의 가능성을 탐색해보기로 한다.

우리는 얼마나 긴 시간을 출퇴근에 낭비하고 있나?

우리나라 직장인들이 평균 출근에 쓰는 시간은 34.2분, 퇴근 시간은 11분 더 길어 45.1분이다. 전체 출퇴근 시간은 79.3분에 달한다. 지역별로는 서울 96.4분, 인천 92.0분, 경기 91.7분, 대구 88.1분 순으로 길다. 가장 짧은 지역은 전라남도로 66.6분이다.[4] 2019년 국토교통부에서 교통카드 사용 자료를 토대로 분석한 통계에 따르면, 수도권(서울, 경기, 인천 지역)에서 대중교통을 이용해 통근하는 사람은 무려 하루 평균 719만 명에 달한다. 매일 출퇴근을 반복하고 있다 보니 우리가 얼마나 긴 시간을 출퇴근으로 낭비하는지 실감나지 않을 수 있다. 2016년 조사에 따르면 한국인의 통근 시간은 40분으로 38분인 일본보다 길었다. 대부분의 유럽 국가들은 20분 대 초반이고, 핀란드가 16분, 뉴질랜드가 15분으로 가장 짧은 것으로 나타났다. 우리나라가 대부분의 OECD 국가들보다 두 배 더 긴 통근 시간을

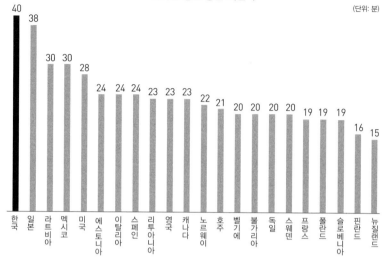

국가별 평균 통근 시간

(단위: 분)

한국	일본	라트비아	멕시코	미국	에스토니아	이탈리아	스페인	리투아니아	영국	캐나다	노르웨이	호주	벨기에	불가리아	독일	스웨덴	프랑스	폴란드	슬로베니아	핀란드	뉴질랜드
40	38	30	30	28	24	24	24	23	23	23	22	21	20	20	20	20	19	19	19	16	15

출처: KTDB Newseletter Vol 31(2016. 9. 1)

보이고 있다.[5]

긴 출퇴근은 시간만 낭비되는 것이 아니다. 직장인이 한 시간 통근으로 상실하는 행복의 경제적 가치는 한 달에 94만 원에 달한다고 한다.[6] 장거리 출퇴근은 건강과 가정생활도 해치는 것으로 나타났다. 미국의 한 의학저널에 따르면, 24킬로미터 이상 통근하는 사람들은 비만일 확률이 높고, 15킬로미터 이상 통근하는 사람들은 고혈압에 걸릴 가능성이 높은 것으로 나타났다. 미국 브라운대학교에서는 출근 시간이 10분 늘어날 때마다 운동 시간은 0.257분, 수면 시간은 2.205분이 줄어든다는 연구 결과를 발표했다. 하버드대학교 로버트 퍼트넘(Robert Putnam) 교수의 연구에 따르면, 통근하는 데 10분이 더 걸릴 때마다 통근자의 사회관계가 10퍼센트 감소한다고 한다. 스웨덴에서 이뤄진 조사 결과를 보면, 출근에 40분 이상 걸리는 사람은 통근하지 않는 사람보다 이혼율이 40퍼센트 더 높은 것으로 나타났다. 결국 통근 시간이 늘어날 때마다 직장과 개인 모두의 만족도가 떨어지고, 스트레스가 늘어 신체 및 정신 건강이 악화되고, 가정생활에까지 악영향을 미치는 것으로 많은 연구들이 보고하고 있다.

장거리 출퇴근은 시간과 에너지만 낭비하는 것만이 아니라, 교통 체증, 사고, 온실가스 배출, 환경오염이라는 사회비용도 유발하고 있다. 특히 전체 온실가스 배출량 중에서 에너지가 차지하는 비중이 87.1퍼센트로 가장 높은데, 에너지 부문에서 교통이 차지하는 비중은 13.6퍼센트에 달하고, 교통 중에서 도로의 자동차가 배출하는 비중은 95.5퍼센트에 달한다. 즉, 자동차가 교통에서 나오는 온실가스의 대부분을 배출하고 있는 것이다. 온실가스는 지구온난화는 물론 미세먼지를 발생시켜 건강을 위협하고 있다.[7]

왜 우리는 장거리 출퇴근을 하고 있나?

그럼 장거리 출퇴근이 나쁜 것을 알면서도 왜 우리는 장거리 출퇴근을 할 수밖에 없는 것일까? 대부분의 회사가 서울(수도권)에 몰려 있기 때문에 지방에서 일거리를 찾기 쉽지가 않고, 직장이 몰려 있는 수도권의 도심은 주거 공간이 부족해 집값이 비싸기 때문이다. 서울(수도권)의 높은 보증금, 월세, 대출금 부담으로 직장인들이 장거리 출퇴근을 감수하고라도 비교적 집값이 저렴한 외곽 지역이나 지방에 거주할 수밖에 없다.

또한 서울(수도권) 도심의 주거지는 집값이 계속 상승하여 부동산 자산 양극화가 나타나면서 집을 사려는 수요가 몰려 다시 집값이 오르는 상승 작용이 일어나고 있다. 결국 서울 도심의 주거 공급이 한계에 달해 수

2장 산업 시대의 노동은 더 이상 유효하지 않다

도권 외곽에 주거 단지(베드타운) 위성도시를 건설하여 도시가 확장되고 (sprawl), 다시 직장인들의 출퇴근 거리가 길어지는 악순환이 나타나고 있다. 즉, 주거지와 고용지의 공간적인 분리 현상이 심화되는 순환 루프에 빠진 것이 한국의 부동산 시장과 좋은 일터, 장거리 출퇴근의 관계라고 할 수 있다. 결국 경기도와 인천에 거주하면서 서울로 통근하는 사람이 하루 133만 명에 달하고, 경기도와 인천에서 발생한 하루 평균 이용량의 24.2 퍼센트를 차지하고 있다.[8] 즉 경기도와 인천에 거주하는 직장인 네 명 중에 한 명은 직장이 서울에 있다고 할 수 있다.

최근에는 직장이 없는 위성도시와 베드타운의 문제점을 해결하기 위하여 새롭게 주거 단지를 조성할 때 자족 기능으로서 기업 단지를 조성하고 있다. 그러나 기업이 여러 가지 여건이 불리한 새로 조성된 도시로 이전하는 것에 대한 인센티브가 크지 않기 때문에 자족 기능이 발전하지 못하고 있다. 토지 비용은 싸지만, 다시 건물을 지어야 하는 건축비, 시설 이전비, 직원들의 이사 등 여러 비용이 크기 때문에 기존 기업의 이전은 쉽지 않다. 그래서 신생 기업, 스타트업이 들어설 수 있는 공유 업무 공간이나 임대 공간 등을 개발하고 있지만, 부동산 개발 업체의 입장에서는 기업 수요가 적은 상태에서 건물을 먼저 지어야 하는 부담이 있다.

주거지와 고용지의 공간적 분리를 극복하는 새로운 시도

이미 도심에 업무 단지가 형성되어 있고, 업무 단지 인근에 주거 단지는 한정되어 있는 상태에서 도시 외곽에서 장거리 출퇴근을 감내할 수밖에 없는 것인가를 고민하던 선각자가 있었다. 재택근무(telework) 또는 원격근무(remote work)라는 개념이 최초로 등장한 것은 1975년이다. 1970년대에 미국 LA로 출근하던 로켓 과학자 잭 닐스(Jack Nilles)는 러시아워로 길에서 시간과 비용을 낭비하는 출퇴근을 하지 않아도 되는 방법이 없을까를 생각했다. 긴 차량 통근은 교통 정체와 환경오염을 일으키고, 낭비적인 주거지의 교외 확산을 야기하며, 비효율적이다. 미국국립과학재단(NSF)의 지원을 받아 닐스는 LA의 한 보험회사가 재택근무(telecommuting이라는 용어를 사용)를 시행하는 것이 가능할지 알아보는 연구를 진행했다. 닐스는 재택근무 시행이 가능하다는 결론을 내렸고, 그 회사는 재택근무를 시도하였다. 그러나 재택근무는 시행되자마자 폐기됐다. 경영자들이 재택근무를 하는 직원들을 전과 같은 방식으로 통제할 수 없었기 때문이다. 상사는 직원을 통제할 수 없었고, 직원들은 사무실 생활에서 오는 사회 분위기를 잃을 것이라는 우려를 극복하지 못했다.[9]

재택근무의 개념을 더욱 발전시킨 선구자는 앨빈 토플러였다. 토플러는 《제3의 물결》에서 "지식 근로자들이 전자 오두막(Electronic cottage, 자기 집에서 통신 장비를 마련해 일하는 공간)에서 일하게 된다. 퍼스널 컴퓨터와 영상 장치, 통신 장비 등을 이용해 새 유형의 네트워크를 만들 수 있다"고 전망하였다. 닐스가 출퇴근의 문제에 주로 주목했다면 토플러는 '일하는 방식'의 변화, 네트워크로 연결된 컴퓨터로 일하는 시대가 되면 사무실이 아닌 재택근무가 가능해질 것으로 보았다. 이후 10년이 지나 1990년대에 접어들며 ICT 기술이 발달하면서 재택근무와 원격근무를 검토하고 도입하는 기업들이 나타나게 된다.

기업이 재택근무를 도입하는 동기는 조직 구성원에게 일과 삶의 균형 유지, 일-가정 충실화(work-family enrichment)에 도움을 주어 우수 인력

유치와 유지(이직 의지 감소), 직무 성과 및 생산성 향상, 사기 진작, 직무 만족도 증가, 자율성 증가, 조직 몰입, 무단결근 감소, 스트레스 감소 등의 긍정적 효과를 얻고자 한 것이었다. 그리고 재택근무의 효과는 수많은 연구들을 통하여 입증되었으나, 많은 기업들은 개인이 느끼는 재택근무의 효능이 조직과 기업의 성과로 이어지는 관계가 불명확하고, 혁신과 창의성을 증진시키지는 못한다는 비판 때문에 도입을 주저하게 되었다.

코로나19에 의해 강제된 실험, 재택근무

재택·원격근무는 코로나19로 인하여 전 세계적으로 동시에 진행된 사회적 실험이라고 할 수 있다. 한국의 경우 코로나19 이전에는 재택근무의 비중이 매우 적었으며(0.1% 미만으로 추정), 가장 높은 재택근무 비율을 보여주는 네덜란드도 13.7퍼센트에 불과하였다. 그러나 취업 알선 사이트 '잡코리아'의 조사에 의하면 코로나19 기간 동안 대략적으로 60퍼센트 정도가 재택근무를 경험했고, 대기업이 중소기업보다 재택근무 비율이 높았던 것으로 조사됐다. 재택근무에 대한 만족도도 68퍼센트로 높았고, 71퍼센트 정도가 계속해서 재택근무를 할 수 있었으면 좋겠다고 응답했다. 재택근무는 ICT 기업이 활발하게 채택하였으며 기간도 길었던 것으로 추정되나, 전반적으로 1개월 이내였다. 일반적으로 원격근무제(재택근무)란 조직의 근무자들이 적어도 주 1회 이상 집, 위성 사무실, 원격근무 센터 등 기존의 사무실 중심 근무 현장 이외의 장소에서 정보통신 장비를 사용하여 일하는 대안 근무를 의미한다.

미국의 경우 코로나19 이전에는 재택근무 비중이 3.2퍼센트였으나, 코

국내 주요 ICT 기업의 코로나19 확산 방지를 위한 대응

기업명	기간	근무형태	SW/인프라
네이버	2020.2.26~3.20	재택근무 및 원격근무	라인웍스
카카오	2020.2.26~무기한	재택근무 및 원격근무	아지트 카카오톡 그룹콜
SK텔레콤	2020.2.25~3.22	재택근무 및 원격근무	팀즈(Teams) T통화 및 그룹통화 마이데스크(Mydesk)
KT	2020.2.26~3.20	재택근무(순환제)	KT화상회의 2.0
엔씨소프트	2020.3.9~3.22	재택근무(순환2부제)	-

자료: KISDI 내부자료, 〈아주경제〉(2020. 3.13.)에서 발췌 수정.

로나19 기간 중 63퍼센트 정도가 재택근무를 하고 있고(2020년 4월 말 갤럽 조사), 직원의 80퍼센트 이상이 재택근무를 했다는 응답율도 68퍼센트 (MIT 조사)에 달했다. 또 다른 조사에 따르면 직원의 25퍼센트 이상이 전일 재택근무, 부분 재택근무를 한 직원도 30퍼센트에 달하는 것으로 보고 되고 있다(Global Workplace Analytics, 2020). 영국 등 유럽의 국가들도 50 퍼센트 이상이 재택근무를 하고 있는 것으로 보고되고 있다. 한 조사에 따르면 미국 인력의 56퍼센트가 원격 작업과 호환되는 작업을 보유하고 있고, 직원의 43퍼센트가 적어도 일부 시간 동안 집에서 일한 경험이 있기 때문에, 코로나19 상황에서 재택근무가 가능한 대부분의 일은 재택근무로 전환되었다고 볼 수 있다.

미국의 경우 2020년 6월 기준 세 달 넘게 재택근무를 지속하고 있는 가운데(일부 미국 기업들은 회사 복귀를 준비하고 있고, 일부 기업들은 연말까지 재택근무가 계속될 것으로 보고 있음), 전 세계에 사무실과 직원을 두고 있는 페이스북(직원 4만 8000명), 트위터(직원 4000명) 등의 디지털 기업들은 원하는 직원들은 '영구적인' 재택근무를 할 수 있도록 하겠다는 방침을 밝혔다. 앞으로 재택근무와 원격근무는 일상적인 근무 형태로 자리 잡을 수 있을 것인가?

디지털 시대의 일, 일하는 방식은 온라인으로 진화 중

일과 일하는 방식의 변화를 보기 위해서는 일의 결과물(생산물), 일하는 도구, 일하는 조직, 일하는 사람, 일하는 공간 등에서 어떤 변화가 일어나고 있는지를 봐야 한다. 산업 시대와 디지털 시대로 구분해서 검토해보기로 하자. 산업 시대의 범용기술(생산 및 경제활동의 기반이 되는 기술)은 엔진이었고, 디지털 시대에는 컴퓨터(인터넷)로 변하였다. 산업 시대에는 동일한 기계가 여러 대 모여 있는 공장에서 엔진으로 동력을 얻는 기계를 작동하여 유형의 제품을 생산하는 육체노동자들이 대규모의 수직적인 기업 조직에 속해서 동시에 일하는 경제활동 방식이 주를 이루었다. 이 시대의 재택근무란 공장 생산과 관련된 서류 작업을 집에 가서 하는 것이었다고 할 수 있다. 재택근무는 공장제 근무의 종속된 형태에서 벗어날 수 없었다.

디지털 시대에는 일하는 방식에 근본적인 변화가 일어났다. 범용기술은 컴퓨터(인터넷, 모바일)로 변하였다. 기계 또는 도구에 엔진과 동시에 컴퓨터(IoT)가 들어가는 것이 일반화되었다. 일의 형태는 컴퓨터라는 도구를 이용하여 무형의 콘텐츠(알고리즘)를 만드는 정신노동으로 바뀌었고, 직원들은 소규모의 수평적 조직(팀)으로 구성되어 사무실이라는 공간(실제는 가상의 공간)에서 서로 다른 연관된 업무를 비동시적으로 일하는 방식으로 바뀌었다. 노트북 하나면 어떤 정보든지 입수 가능하고, 어떤 업무 프로세스

산업 시대와 디지털 시대의 일의 변화

구분	산업 시대	디지털 시대
범용기술	증기기관(엔진)	컴퓨터(인터넷, 모바일)
생산물	유형의 제품	무형의 콘텐츠(알고리즘)
도구	기계	컴퓨터
직원	육체노동자	정신노동자
조직	대규모 수직적 조직	소규모 수평적 조직
공간	공장	사무실, 가상공간
시간	동시적 작업	비동시적 작업

도 접근할 수 있고, 통합적으로 업무를 처리할 수 있게 되었다. 이는 디지털 시대의 일을 공간적 귀속성, 시간적 귀속성을 완화시키고 유연화시키고 있다. 한마디로 일의 디지털 전환이라고 할 수 있다. 일의 디지털 전환은 일하는 도구의 디지털화 단계에서 일 자체의 디지털화로 넘어가고 있다. 일의 결과물, 일 자체가 디지털이 되고 있다. 초기 단계의 업무 전산화는 일(사무)의 일부분을 컴퓨터로 처리하는 수준이었다. 그러나 지금은 업무 자체가 디지털화되는 단계로 나아가고 있다. 회사 조직이 클라우드 플랫폼 위에서 움직이고 모든 업무가 디지털 도구에 의하여 처리되고, 협업과 업무의 연계도 디지털에 의해 이뤄지고, 결과물도 디지털로 나오는 업무 형태가 등장한 것이다. 이제 일은 사무실을 떠나서 언제 어디서나 노트북만 있으면 할 수 있는 시대가 되었다.

이러한 재택근무에 앞장서고 있는 기업들은 디지털 기업들이고, 100퍼센트 재택·원격근무를 하는 기업들도 늘어나고 있다. 오토매틱 CEO 맷 멀런웨그(Matt Mullenweg)는 "사람마다 집중이 잘 되는 시간, 휴식을 취하는 시간이 다르다. 언제, 어디서 일하느냐보다 똑똑하게 일하는 것이 중요

2장 산업 시대의 노동은 더 이상 유효하지 않다

한 시대다"라고 재택근무 도입의 이유를 밝히고 있다. 이는 표준 근무시간(9 to 6)의 경계가 붕괴되는 결과도 가져오고 있다.

결국 디지털 전환이 근무의 유연성을 높이고 공간(사무실)에 대한 종속성을 완화(해방)시키고, 집이나 어느 공간에서도 네트워크로 연결된 노트북만 있으면 업무를 볼 수 있는 환경이 되면서 재택근무, 원격근무가 기본적인 업무 형태로 자리를 잡아가고 있다고 봐야 할 것이다. 한편 디지털 시대의 업무 방식의 변화는 프리랜서, 긱 노동, 플랫폼 노동 등 독립적인 노동자 또는 1인 기업인의 증가로 이어지고 있다.

오피스 빌딩, 역사의 유물이 될 것인가?

코로나19 기간 동안 빌딩의 사무실은 텅 비었으나 기업은 유지되는 경험을 하면서 기업들은 사무실에 대한 생각을 재고하고 있다. 영국계 글로벌 금융 서비스 기업 바클레이스(Barclays)의 CEO는 "7000명의 사람을 한 빌딩에 넣는다는 생각은 과거의 것이 됐다", 모건 스탠리(Morgan Stanley) 사장은 "은행들은 훨씬 더 적은 건물(부동산)을 소유하게 될 것이다", 한 사업가는 "고가의 사무실에 3500만 파운드를 투자하는 대신 사람에 투자하겠다", 심지어 "현재 전 세계에 있는 모든 사무실이 필요하지 않을 수도 있다"는 주장까지 나오고 있다. PwC(Price waterhouse Coopers) 조사에 따르면, CFO(최고재무책임자)의 4분의 1은 이미 부동산 감축을 고려하고 있다고 한다.

기업들은 오래전부터 공동 업무 공간, 고정 자리 없는 사무실 등으로 임대료를 절약하려고 노력해왔다. 오피스 공유 서비스 기업 위워크

(WeWork)는 기업에 유연한 공간을 제공해주면서 급성장하였다. 사실 가장 확실한 임대료 등 사무 공간 비용 절감 방법은 재택근무였다. 직원이 전체 업무의 50퍼센트를 재택근무로 수행하면 회사는 직원당 연간 약 1만 1000달러를 절약할 수 있고, 직원도 교통비 등으로 연간 2500~4000달러를 절약할 수 있다. 그동안 기업들은 사무실 근무 관행과 변화에 따른 불확실성 때문에 재택근무로 넘어가는 데는 주저했었다. 그러나 코로나19로 급속하게 재택근무로 전환하면서 "매일 수천 명이 방문하던 미디어 회사 건물에 지난 8주 동안 수십 명밖에 방문하지 않았지만, 미디어 서비스는 계속"되는 것을 경험하면서 사무실 유지에 대해서 다시 생각하게 된 것이다.

사람들이 대도시의 사무실에 출근하지 않기 시작하면, 도심의 상권도 침체되는 연쇄 현상이 예상된다. 도심의 상권, 식당과 술집, 식료품점들은 지하철이나 버스, 기차 등으로 출근하는 사람들에 전적으로 의존하고 있다. 시카고대학교 베커 프리드먼 연구소는 원격근무가 일상화되면 올해 4월까지 사라진 일자리의 약 42퍼센트가 영구히 사라질 것으로 전망하고 있다. 이에 따라 상업용 부동산 가치가 30퍼센트 떨어질 것이라는 전망도 나오고 있다. 한국도 재택근무가 확대되고 도심으로 몰리는 출퇴근과 교통량이 감소하면 서울(수도권) 도심의 부동산과 집값이 떨어질 것으로 보인다.

출퇴근이 필요 없는 직주일체의 시대를 준비해야

그동안 사무실은 업무의 공간 이외에 의사소통, 창조, 회의, 숙고 및 사교를 위한 공간이었다. 이러한 사무실의 공간은 여전히(한동안) 지속될 것으로 보인다. 집중된 개별 업무의 공간은 집이 될 것이고 사무실은 회의, 브레인스토밍, 워크숍, 문화 및 교육 허브 등 집단적인 교류 및 상호작용을 위한 다양한 용도의 공간으로 변화될 것으로 전망된다. 사무실은 회사의 중추적 역할을 하는 공간으로 남아 있겠지만, 그 규모는 대폭 축소될 것이다. 워크숍과 소셜의 공간으로서 교외 지역으로 이전하는 사무실(빌딩)도 늘어날 것으로 전망된다. 대규모 회사들은 직원들이 주로 거주하는 주거 단지 인근에 분산 사무실을 운영하게 될 것이다.

재택근무, 원격근무는 직장인들이 출퇴근하거나 도심에 모여들게 할 이유를 없애고 있다. 오히려 도심의 많은 인구가 감염병에 위험한 요인으로 작용하면서 도시 외곽으로 이주하는 흐름이 나타날 것이다. 언제 어디서나 원격으로 일하는 것이 가능한데 번잡한 도심에 있을 필요성이 없기 때문이다. 주거지가 일터인(직주일체) 시대가 열린 것이다.

재택근무가 늘어날수록 점점 더 거주지, 커뮤니티가 중요해지고, 로컬에 사람들이 몰리고 로컬이 일상의 중요 지역으로 등장할 것으로 보인다. 회사(사무실)가 일상의 주요 공간이었을 때는 회사가 있는 도심지가 중요하였으나, 재택근무가 일상이 되면 거주지 중심으로 일상 활동이 늘어나고 커뮤니티가 활성화될 것으로 전망된다. 새로운 사람을 만나고, 사회생활의 경험을 배우고, 주민들과 함께 지역의 발전을 모색하고, 문화와 여가 활동을 즐기는 공간으로서 커뮤니티가 재조명받게 될 것이다. 생활, 학습 및 업무와 같은 모든 종류의 기능을 결합하고 혼합한 비즈니스 커뮤니티의 등장도 예상된다. 이는 산업사회, 회사인간의 시대에서 해방되어 비로소 인간이 시민(커뮤니티의 주민)으로 재탄생하는 계기가 될 것이다.

재택근무, 직주일체의 시대를 앞당기기 위해서는 어떤 정책이 필요할까? 첫째는 주거지 인근에 공유 사무실 공간을 만들어 제공하는 것이다. 집에서 일하는 것이 어려운 사람들이 저렴한 비용으로 공유 사무실에서 일할 수 있도록 해줘야 한다. 신규 아파트를 건축할 때 단지 내에 업무 등을 볼 수 있는 복합적인 용도의 공간을 만들도록 해야 한다. 정부와 지방자치단체는 주거지 인근에 업무도 볼 수 있는 공간을 많이 건설해야 한다. 두 번째는 재택근무 실시 기업에 대한 지원이다. 재택근무는 교통 혼잡(수요)을 줄이고, 온실가스 감축으로 이어지기 때문에 재택근무를 실시하는 기업에는 조세 감면 혜택을 줄 수 있다. 세 번째는 재택근무를 처음 실시하는 직장인이나 1인 기업에 1회에 한해 재택근무에 필요한 장비(노트북, 책상, 의자 등) 구입을 지원하는 방안이다. 네 번째는 직원이 기업에게 재택근무 등을 포함한 유연근무를 청구할 수 있는 권리를 부여하는 방안이다. 기업은 업무 특성상 재택근무가 가능할 경우 직원이 재택근무를 요구하면 허락하도록 하는 방안이다. 기업이 허락하지 않으면 노동위원회에 심판을 청구할 수 있도록 한다.

청년 일자리 멸종 시대, 디스토피아를 넘어서는 새로운 노동윤리

변금선 서울연구원 부연구위원

혹성탈출 : 코로나19 이후, 우리가 돌아갈 미래

1968년 개봉된 영화 〈혹성탈출〉의 결말은 영화사상 가장 충격적 반전으로 유명하다. 유인원이 지배하는 행성에 불시착한 주인공은 안간힘을 다해 탈출하려 애쓰지만, 영화의 마지막 유인원 행성의 끝에서 그가 마주한 것은 황량한 모래에 덮인 '자유의 여신상'이었다. 그가 탈출하려고 안간힘을 쓰던 그 행성은 그가 돌아가려던 지구의 '멸망한 미래'였다. 코로나 19 이후 일상으로의 복귀, 혹은 코로나19 이전의 '정상' 사회로의 회복이 활발하게 논의되고 있다. 그러나 우리가 돌아가려는 과거의 그 사회는 과연 '정상' 사회였나? 안간힘을 써서 코로나19 이전으로 되돌아갔을 때, 우리는 어쩌면 영화 〈혹성탈출〉처럼 멸망한 지구의 미래와 마주할지도 모른다.

코로나19 시대의 투명인간, 청년

코로나19의 영향은 고용 충격으로 나타나고 있다. 경기도 고양시는 2020년 4월 240명의 아르바이트 인력을 모집하기로 했다. 코로나19 영향으로 아르바이트 일자리가 급격하게 줄자 급히 벌인 지원 사업이었다. 시급 9990원, 하루 4시간 일당 3만 9960원의 일자리였다. 그런데 240명을 모집하는 자리에 6497명이 신청서를 내 시 당국은 깜짝 놀랐다. 그리 좋은 조건이 아니었는데도 27대 1이라는 높은 경쟁률을 보였다. 그만큼 고용 상황이 바닥이었던 것이다.[10]

실은 놀랄 만한 일도 아니다. 일자리 상황이 나빠지면서, 어디서든 단기 일자리 경쟁률은 엄청나게 높아졌다. 동네 카페 서빙 일자리의 경쟁률도 수십, 수백 대 일로 치솟는 형편이다. 사회적 거리두기로 인해 매출이 줄어든 업종의 사업장이 폐업하고, 임시, 일용직, 아르바이트생들은 해고됐다. 무급휴직으로 소득이 줄어든 노동자들도 늘어났다. 이런 상황에서 가장 곤란한 상황에 처한 사람들은 누구보다 청년이다. 이들은 아직 노동시장에 본격적으로 진입조차 하지 못한 사람들이기 때문이다. 코로나19로 인한 고용 충격으로 일자리 155만 개가 사라진 것으로 집계된 가운데, 특히 이 충격은 청년층, 여성 고령자 등 고용 취약 계층을 강타한 것으로 나타났다. 30대 일자리(40만 개)가 가장 많이 감소했고, 감소율은 29세 이하(8.1%)에서 가장 컸다.[11]

미국 UC 버클리 정책대학원 로버트 라이시(Robert Reich) 교수는 코로나19로 인해 새로운 네 가지 노동계급―원격근무 노동자(The Remotes), 필수적인 일을 하는 노동자(The Essentials), 임금을 못 받는 노동자(The

Unpaid), 잊힌 노동자(The Forgotten)—이 출현했다고 설명했다.[12] 청년은 신규 채용 감소로 일자리를 얻지 못하고 노동시장 주변을 배회하거나, 사회초년생이란 이유로 해고 위험에 가장 먼저 노출된다. 즉 코로나19 사태로 임금을 받지 못하는 노동자(the Unpaid)와 잊힌 노동자(the Forgotten)에 속한다. 코로나19는 청년들이 꿈꿔오던 '사회생활'을 할 기회를 빼앗고, 일자리에서 쫓겨나게 만들고 있다.

코로나19로 인한 일자리 문제가 더욱 심각한 것은, 누구의 자녀가 아니라 독립된 개인으로 첫출발을 하는 청년에게 가장 중요한 것은 '자립'할 수 있는 기반인 일자리이기 때문이다. 이 시기 청년은 역량을 키워 진로를 탐색해 직업을 갖고 부모(혹은 원가구)로부터 자립해 새로운 가구를 형성한다. 또한 청년기는 부모 세대에서 자녀 세대로 이어지는 계층이동 사다리가 작동하는 결정적 시기이다. 청년기에 갖는 일자리는 개인의 사회경제적 지위를 결정하고, 우리 사회의 불평등 구조를 형성한다. 코로나19가 청년 일자리에 미치는 영향을 확인하는 것은 미래 세대의 일, 그리고 미래 사회의 불평등 수준을 예측하게 해주는 가늠자가 될 수 있다.

청년 일자리 멸종 시대의 서막

지난 2월부터 본격화된 코로나19 확산은 이미 많은 청년을 절벽 끝으로 내몰고 있다. 고용노동부가 발표한 고용 동향 자료에 따르면, 코로나19가 본격화된 이후인 2020년 3월 15~29세 청년 취업자 수는 전년동월 대비 22만 9000명 감소했고, 4월에는 이보다 더 늘어난 24만 5000명 감소하였다.[13] 청년 비경제활동 인구는 2020년 4월 전년 같은 달 대비 23만 명 증가하였다. 또한 취업자나 비경제활동 인구(구직하지 않고 일하지 않는 사람) 중 취업을 희망하는 사람을 포함한 확장 실업률은 2020년 3월 26.6퍼센트로, 이는 통계청에서 확장 실업률을 발표하기 시작한 2015년 이후 가장 높은 수치이다.

코로나19는 불안정한 일자리나 서비스업 일자리를 가장 먼저 소멸시키고 있다. 2020년 4월 기준으로 전년 같은 달 대비 사라진 일자리는 대면 서비스와 임시·일용직에 집중됐다. 숙박 및 음식점업(-21만 2000명, -9.2%), 교육 서비스업(-13만 명, -6.9%), 도매 및 소매업(-12만 3000명, -3.4%) 순으로 일자리 수 감소폭이 컸다. 청년 대다수가 학교를 졸업한 후 경험하는 첫 일자리가 사업·개인·공공 서비스업(40.7%), 도소매·음식 숙박업(29.4%), 광업·제조업(15.8%)이라는 점을 고려할 때 코로나19로 인한 일자리 감소는 청년에게 더 큰 위협이다(통계청, 경제활동 인구조사). 한편 종사상 지위별로는 임금 근로자 중 상용 근로자는 40만 명 증가하였으나 증가 추세가 둔화되었고, 임시 근로자는 58만 7000명, 일용 근로자는 19만 5000명 감소하였다. 임시·일용직 근로자 감소폭은 외환위기 이후 최대치를 기록하였다.

코로나19로 신규 채용도 급감하고 있다. 고용노동부의 〈4월 사업체 노동력 조사 결과〉에 따르면 기업들이 채용을 연기하거나 취소하면서 3월 기준 신규 채용은 1년 전보다 11만 2000명(13.3%) 감소했다. 상용직(30만 명, 17.0%), 임시·일용직(43만 1000명, 10.6%) 모두 크게 줄었다. 반면 무급휴직, 전출, 육아휴직 등 이직자는 10만 명(174.0%)으로 폭증했다. 이는 노동시장 진입 대기자인 졸업예정자가 일을 구할 가능성이 더 줄어들었음을 보여준다. 교육 통계에 따르면 고등학교를 졸업한 뒤 군입대, 취업, 진학을 하지 않은 미상자는 2018년도 기준 전체 고교 졸업자의 20.9퍼센트, 11만 8000명이었고, 대학교 및 대학원 졸업 후 미상자는 졸업자의 28.5퍼센트, 15만 8000명에 이른다. 신규 채용이 감소하는 상황에서 이 같은 졸업 후 미상자의 수는 더 증가할 것으로 예상된다.

1997년 외환위기가 남긴 것 : 일자리 감소의 결과

코로나19 이후 청년 노동시장은 어떻게 변화할 것인가? 코로나19에 비견되는 경제적 충격을 몰고 온 1997년 외환위기 이후 노동시장 변화 사례에 비추어 볼 때 청년 일자리의 미래는 암울하다.

1997년 외환위기 이후 일자리 감소는 일자리 질의 하락, 나아가 일자리 간의 격차로 이어졌다. 적정 수준의 월급을 받고, 생활과 일을 함께 누릴 수 있는 '좋은 일자리'가 감소하고, 일자리 간의 격차가 커졌다. 노동시장은 중소기업과 대기업, 정규직과 비정규직으로 분절되었으며, 이러한 분절은 임금, 사내 복지 등 근로 조건, 일 · 생활 양립, 그리고 사회보험 등 공적 사회보장의 격차[14]로 나타났다.

2008년 글로벌 금융위기 이후 장기적 경기 침체는 이러한 일자리 격차 확대에 쐐기를 박았다. 고용노동부 직종별 사업체 노동력 조사에 따르면 2009년 이후 기업체 일자리의 수는 점차 감소하고 있다. 대기업 일자리는 비슷한 수준을 유지하는 반면 300인 미만 기업 일자리는 급격히 줄었다. 전체 일자리 기회가 줄어들고 있고, 줄어든 일자리가 괜찮은 일자리로 채워지지 않고 있음을 보여준다.

'한때 청년이었던' 중장년 세대는 20대에 경험하는 첫출발의 불안정성이 사회초년생이라면 누구나 겪는 통과의례라고 이야기한다. 그러나 '요즘 청년'이 경험하는 통과의례는 전례 없이 더 아프고 힘들다. 세대별 중간 수준 이상 임금의 상용직 일자리를 통해 노동시장에 진입하는 비율은 12.2퍼센트(1962~68년생)에서 10.8퍼센트(1974~80년생), 6.8퍼센트(1981~85년생)까지 감소했다.[15] 첫 직장이 저임금 일자리인 비율은 1962~68년생 27.5퍼센트에서 1981~85년생 41.5퍼센트로 크게 증가했다. 60년대생이 20대일 때 10명 중 3명이 저임금 일자리에 취업했지만, 80년대생은 10명 중 4명이 저임금 일자리에 취업하고 좋은 일자리에 취업하는 경우는 1명도 안 된다. 20대에 경험하는 일자리의 세대 간 격차가 커졌고, 현세대가 경험하는 20대 일자리의 불안정성이 커졌음을 보여준다.

더 우려되는 것은 청년기 일자리가 개인의 능력이 아닌, 출신 배경에 따라 결정되는 '계층화' 현상에 따른 세대 내 격차도 확인된다는 점이다. 아버지 교육 수준이 저학력인 청년이 불안정한 입직 과정을 경험할 가능성이 높고, 그러한 경향은 최근으로 갈수록 더 두드러진다. 아버지 교육 수준이 중학교 졸업 이하인 경우 저임금 일자리를 통해 노동시장에 진입하는 비율은 23.9퍼센트(1962~68년생)에서 41.7퍼센트(1981~85년생)로 증가하였다. 한편 아버지 교육 수준이 전문대학 이상 고학력인 경우, 노동시장 진입을 미루고 좋은 일자리로 이동하는 경우가 23.8퍼센트(1962~68년생)에서 51.4퍼센트(1981~85년생)로 크게 증가했다. 이는 최근 청년의 일자리가 출신 배경에 의해 결정될 가능성이 높아졌음을 보여준다. 상위 계층은 지위를 유지하고, 하위 계층은 상층으로 이동하지 못하는 '끈적한 천장과 바닥'이 최근 청년 세대에게서 더욱 뚜렷하게 나타나고 있다.[16]

코로나19 시대의 청년 일자리 : 디스토피아를 넘어서

인간의 노동과 일자리가 소멸하는 사회는 누구나 예견하던 미래였다. 사람들은 코로나19가 그 미래를 코앞으로 앞당겼다고 말한다. 특히 코로나19는 청년 일자리를 소멸시키고, 나아가 청년 일자리의 질을 급격히 악화시키고 일자리 세습 사회를 더욱 견고히 만들 수 있다. 코로나19는 대기업, 공무원을 직업으로 택한 사람들이 거대한 사회 재난으로부터 조금 더 안전하다는 것을 체득하게 했다. 사회적 거리두기를 할 수 없는 택배, 물류센터, 대면 서비스 종사자들은 전염 위험에도 불구하고 일터로 나가야 했다. 일자리 격차는 임금, 일·생활 균형, 나아가 생명까지 위협하는 수준으로 확대되었고, 코로나19에서 더 좁아진 취업의 문은 취업을 미루지 못하고 일터에 나가야 하는 중하층 청년에게 더 잔인한 디스토피아가 될 수 있다.

2017년 구의역, 2018년 태안 화력발전소, 2020년 5월 22일 광주 하남산단 파쇄기 사고의 희생자는 모두 청년이었다. 예측할 수 없는 위험이 도사리고 있는 오늘, 우리는 '내 아이'를 보호하기 위해 '계층이동 사다리'를 부러뜨리고 보호막 없는 청년을 희생시키면서 일자리 세습 사회를 묵과하고 있다. 이런 흐름은 코로나19로 더욱 강화될 가능성이 크다.

4차 산업혁명, 코로나19로 일자리 감소가 자명한 상황에서 청년 일자리의 소멸은 가속화할 것이다. 일자리가 줄어든다면 줄어든 일자리를 대신할 '일'을 만들고, 줄어든 일자리 기회를 박탈당한 청년에게 일할 기회, 선택할 기회를 주어야 한다.

이를 위해서는 첫째, 사회적 일자리를 만들어야 한다. 코로나19 시대, 시장에서 청년을 위한 신규 일자리를 기대하기는 어렵다. 코로나19 시대의 새로운 일은 시장 밖의 활동에 대해 사회적 가치를 인정하는 것에서 시작될 필요가 있다. 새로운 역량을 키우는 활동, 타인을 돌보는 활동, 지역 사회에 기여하는 활동을 하는 청년에게 사회임금을 주어, '비경제활동 인구', '일할 의무를 다하지 않은 쓸모없는 사람'으로 치부되던 청년에게 일할 권리를 부여해야 한다. 최근 정부는 비대면 · 디지털 일자리, 청년 디지털 일자리, 특별채용 보조금 일자리 등 긴급 일자리 총 55만 개(약 3.6조 원)를 공급하겠다고 밝혔다. 이러한 재정 지원 일자리는 단기적인 해법은 될 수 있으나, 장기적으로 지속되기는 어렵다. 소득을 지원하기 위한 도구로서의 일이 아니라, 그 일 자체로 가치를 인정받고 생활할 수 있는 일을 만들어야 한다.

둘째, 일자리 격차를 완화해야 한다. 코로나19 시대에 살아남은 일자리의 임금, 근로복지, 일 · 생활 균형, 안전의 격차를 좁혀야 한다. 코로나19로 인해 일자리 형태는 더욱 분화되고 있으며, 그 격차는 더 커질 수 있다. 지금까지 정부는 비정형 노동자들을 산재보험, 고용보험의 테두리에 넣는 데 힘을 쏟아왔다. 이는 발생한 위험에 대처하기 위한 안전망의 사각지대를 없애는 사후적인 조치이다. 사람이 일하는 모든 곳에서 다차원적 위험(신체적, 심리적, 경제적, 관계적 차원의 위험)이 발생하지 않도록 하기 위한 정부의 선제적이고 적극적인 조치가 필요하다.

셋째, 다른 일을 선택할 수 있는 자유를 실현할 수 있게 해야 한다. 당장 생활비가 모자라 위험한 일을 강요당하는 청년이 그 일을 거부하고 다른 일을 할 수 있도록 해야 한다. 이를 위해서는 일을 그만두더라도 기본적인 생활이 가능한, 조건 없는 최저소득보장이 필요하다. 조건 없는 최저소득보장은 코로나19 시대에 맞는 노동윤리(work ethic)를 마련해야 함을 의미

한다. 현재의 소득보장제도는 게으른 빈자를 만들지 않겠다는 노동윤리를 근거로, 경제적 소득이 있어서 세금을 내는 '자격 있는' 시민이나 일할 능력이 없는 시민만 선택적으로 보호한다. 그러나 일이 없는 시대에 자격 있는 시민과 자격 없는 시민을 나누는 것은 시대착오적이다. 인구 감소로 단 한 명의 청년도 소중한 지금, 모든 청년에게 각자의 삶을 살 수 있는 기본 토대를 보장해야 한다.

30년 전 아이들의 장래희망은 과학자, 선생님, 예술인이었다. 2019년 아이들의 장래희망은 운동선수, 선생님, 크리에이터(유튜버)로 변했다. 30년 뒤, 아이들이 꿈꾸는 미래는 무엇일까? 장래희망란에 적을 일자리는 앞으로 계속 줄어들고, '안정적'이지 않은 새로운 일자리로 대체될 것이다. 높은 소득과 정년을 보장하는 좋은 일자리는 소수만이 누리는 특권이 될 가능성이 높다.

지금도 좋은 직업을 갖게 하기 위해 많은 부모들이 아이를 영어유치원에 보내고 있다. 대학생도 취업 스펙 과외를 받고 있다. 일자리 소멸 시대에 청년 일자리 바늘구멍은 더 작아질 것이고, 능력이나 노력보다 재산이나 배경에 따라 자신의 꿈을 이루는 사회가 될 것이다

다수가 패자가 되고 '게으른 사람'으로 낙인찍힐 것이 자명한 상황에서 우리가 할 수 있는 작은 행동은 바로 '노동윤리 신념'을 버리는 것이다. 어떤 꿈을 꾸더라도, 어떤 직업을 갖더라도 인간다운 삶을 살 수 있는 사회를 위해 '노동'의 의미, 직업의 가치에 대한 생각을 뒤집어야 한다. '인간을 위한 모든 일'의 가치를 인정하고, 직업의 의미를 새롭게 정의해야 한다. 오래된 신념을 바꾸는 주체는 정부도, 정치인도, 저명한 학자도 아니다. 지금 이 책을 읽고 있는 독자, 시민 한 사람 한 사람이 생각을 바꾸는 것이

암울한 미래로의 회귀를 막을 수 있는 유일한 방법이다. 생각의 변화라는 개개인의 실천이 중요하다.

지금 이 책을 읽고 있는 독자들에게 묻고 싶다. 개미와 베짱이 이야기에서 여름 내내 노래한 베짱이는 굶어 죽어 마땅한가? 할 수 있는 일이 노래뿐인 청년은, 노래로 돈을 벌 수 없는 미래 사회에서는 굶어 죽어 마땅한가?

3장

봉쇄와 거리두기의 시대,
돌아보는 삶의
공간과 건강

생산하는 대도시를 넘어
상생과 회복의 도시로

박숙현 지속가능시스템연구소장

영원한 도시는 없다. 지금 우리가 보는 세계의 대도시도 처음부터 가능했던 것이 아니었으며 영원히 이어질 것이라고 생각하는 사람도 많지 않을 것이다. 시대의 변화에 따라 도시의 기능은 늘 변하는 것이다. 거기 맞춰 형태도 변화한다.

도시의 승리 : 효율과 혁신의 생산 기지

산업화 시대 도시는 효율과 혁신의 상징이었다. 기술 혁신뿐 아니라 사회 관행의 혁신과 민주주의 확대 등 정치 혁신도 도시를 중심으로 일어났다. 도시가 늘 역사의 중심에 있었다. 가장 효율적인 생산의 거점이었기 때문이다.

대표적인 시기가 미국의 혁신기(Progressive Era)이다. 19세기 말부터 20세기 초 도시화와 산업화로 급진적인 변화를 겪었던 시기이다. 당시 미국 농민들은 대거 도시로 몰려들었고, 도시화율이 40퍼센트까지 상승했다.[1]

규제가 없던 시절이라, 기업은 감독과 감시 없는 자유로운 자본의 힘을 끝도 없이 행사할 수 있었다. 기업은 덩치가 커지고 경제 규모는 빠르게 성장했다.

물론 그늘도 있었다. 당시 도시로 몰려든 노동자들을 보호하는 장치는 거의 없었다. 기업의 독점은 심화하고 노동자들은 대거 도시 빈민층으로 전락할 위기를 맞았다. 그러면서 개혁 조처가 나오기도 했다. 미국이 소수 기업의 독과점을 강력하게 막는 법률을 만들고, 국영사업을 통해 기업을 규제하고, 강력한 국가 체계를 갖추기 시작한 때이기도 했다. 노동자의 권익을 대표하던 노동조합이나 19세기 말부터 도시의 중산층을 중심으로 시작되었던 결사체들이 탄생하면서, 도시는 사회 변화를 위한 운동의 공간이 되었다.

'도시의 승리'는 이렇게 점점 뚜렷해지며 현대로 이어진다. 생산의 혁신은 차차 재생산의 혁신으로 연결된다. 일자리가 있기 때문에 돌봄과 복지도 촘촘하게 자리를 잡기 시작한다. 젊고 똑똑한 노동력이 몰려들기 때문에 대중문화도 발달한다. 인구가 많기 때문에 최첨단의 교통과 주거 양식이 생겨난다. 정치에서도 시민운동에서도 가장 앞선 흐름이 도시로부터 나오게 된다.

우리는 왜 도시에 사는가? 이제 여기에 대한 답은 비교적 단순해졌다. 도시의 편의성, 안전성 등 도시의 서비스 때문이다. 직장에 대한 접근성이 좋고, 생활 편의성이 좋아서다.

즉 도시의 매력은 생산의 거점이라는 데서 그치지 않는다. 생산과 일자리는 도시가 매력을 갖게 된 원천이었지만, 교육, 교통, 문화, 상권, 의료 등 다양한 서비스가 도시의 매력을 더욱 확장시켰다. 여기에 더 고려해야 할 점도 있다.

눈에 보이는 일자리와 서비스까지는 도시를 계획하고 건설하는 사람들에 의해 만들어질 수 있다. 하지만 눈에 보이지 않는 도시의 작동 원리도 있다. 도시가 가진 복잡한 네트워크적 성질에 기반을 두는 원리다. 혁신적인 생각을 가진 사람들이 도시로 모여들면, 그들 사이의 교류와 상호작용에 의해 공동체가 형성되고 그 공동체의 힘으로 도시의 활력이 높아진다. 이런 활력이 다시 혁신의 원천이 된다. 도시는 결코 계획자들에 의해서만 만들어지지 않으며, 그 안의 모든 요소들, 즉 시민들과 시설 하나하나가 상호작용을 하면서 만들어진다. 성공한 현대의 도시는 여기까지 이뤄내고 생산으로부터 공동체의 혁신까지를 이뤄낸 곳이다. 그 원천은 시민들 사이의 접촉과 교류와 자발적 공동체 형성에 있다.

정부가 '국토 균형발전'이라는 이름으로 일자리와 학교를 지방으로 이전시켜 '혁신도시'를 만들었지만, 그것만으로 혁신이 일어나고 매력적인 도시가 만들어지지 않는 이유가 여기 있다. 일자리와 학교는 이식할 수 있지만, 접촉과 교류를 단기간에 이식할 수는 없다.

물론 도시의 혁신이 밝은 면만 가졌던 것은 아니다. 대도시가 가졌던 수많은 문제들도 어쩌면 이런 생산과 혁신의 과잉으로부터 온 문제들이었다. 사람이 몰리고 혁신이 일어나니 매력은 더 높아지고 사람이 더욱 많이 몰렸다. 부동산 값이 올랐고 원래 살던 사람, 원래 장사하던 사람은 쫓겨나는 젠트리피케이션 문제가 일어났다. 청년들은 도시에 살 자리를 마련하기가 너무 어려워졌다. 도시의 대기오염과 열섬현상과 같은 환경문제에도 불구하고 도시의 땅 몇 평을 확보해 후손에게 물려주는 것이 중산층이 가진 앙상한 삶의 목표가 됐다. 자산이 없는 저소득자들에게는 도시의 삶은 그 어느 때보다 팍팍해졌다.

비접촉 시대 : 멈춰버린 생산, 사라진 혁신

코로나19 사태는 이런 문제들을 뒤집었다. 2020년에 벌어진 대도시의 봉쇄(lockdown)는 도시가 가진 기본적인 기능과 가치를 뒤흔드는 초유의 사태였다. '접촉과 교류'라는 도시 혁신의 원천을 차단하는 조처였기 때문이다.

이탈리아 밀라노를 보자. 밀라노에서 매년 열리던 국제가구박람회(Salone del Mobile)가 취소됐다. 코로나19 확산을 우려해서다. 국제가구박람회는 2019년에 전 세계 181개국에서 38만 명이 참석했던 행사였다. 1961년부터 열린 이 세계 최대 가구박람회는 밀라노를 세계 가구 산업의 중심지이자, 가구 디자인 트렌드를 이끄는 도시로 만드는 핵심 요소였다.

이탈리아에 등록된 가구 디자이너 가운데 절반 이상이 밀라노에 스튜디오를 내고 있는데, 이들은 박람회와 같은 플랫폼을 통해 접촉하고 교류하고 경쟁하며 세계와 만나고 연결하면서 경쟁력을 키우고 전 세계 가구 디자인을 이끌었다. 그렇게 밀라노는 가구 산업 혁신의 첨병이 됐다. 밀라노 국제가구박람회는 처음에는 이탈리아 가구 회사가 선보이는 신제품을 알리기 위해 열렸다. 그러나 이제 가장 앞선 디자인 트렌드를 매해 봄에 볼 수 있는 장소가 됐다. 세계적인 디자이너들과 전 세계 가구 기업들이 이 박람회 참석을 위해 1년 계획을 세울 정도다.

그런데 '국제가구박람회'라는 플랫폼이 사라진다면, 밀라노라는 도시가 가구 산업에 끼치는 영향력은 유지될 수 있을까? 전 세계 최고의 가구 디자이너와 기업들이 접촉하며 교류하는 행사가 없어도, 밀라노는 계속해서 가구 디자인의 혁신을 이끄는 장소일 수 있을까?

미국 뉴욕시에서는 2020년 5월까지 840만 명의 인구 중 37만 명의 확진 자가 발생했다. 도시 봉쇄를 이어갈 수밖에 없었다. 미국 최초의 자동차박 람회인 뉴욕국제자동차전시회(New York International Auto Show)도 취소 됐다. 1900년 이후 120년 동안 매년 열리면서 세계 자동차 시장의 트렌드 를 이끌던 행사다. 이 밖에도 교통 기술혁신을 이끌던 지능형교통 시스템 세계회의(ITS World Congress), 기업 인사혁신 담론을 주도하던 인적자원 관리(SHRM) 학회 컨퍼런스 등이 취소됐다.

영국 런던이나 프랑스 파리처럼 혁신을 이끌던 대도시는 대부분 비슷한 형편이다. 예컨대 지식 교류 속에 새로운 사상의 원천이 되었던 파리의 카 페와 살롱은 바이러스 탓에 인적이 끊겼다.

도시가 혁신의 거점이 될 수 있는 원천인 '접촉과 교류'의 장이 사라지 고 만다면, 도시는 여전히 혁신의 첨병일 수 있을까? 더 나아가 도시가 여 전히 효율적인 생산 거점일 수 있을까? 효율적인 생산에 여전히 도시가 필요할까? 우리가 가진 도시, 활력이 넘치는 대도시의 이미지는 앞으로도 계속 유지될 수 있을까?

대면접촉이 줄어드는 세태는 그 자체로 도시의 존재 의미에 의문을 제 기한다. 비접촉, 비대면의 일상화로 재택근무와 온라인 교육이 뉴노멀이 된다면, 굳이 도시에 거주할 필요가 있을까? 도시 외곽이나 시골에 더 넓 은 면적으로 주택을 마련하는 것이 합리적인 선택일 것이다. 혁신이 없는 도시, 인구가 외곽으로 빠져나가는 도시는 어떤 일을 겪게 될까?

도로, 상가 등 도시를 이루고 있는 수많은 인프라가 필요 없어질 수도 있다. 실제로 코로나19로 인해 자발적인 자가격리 기간이 길어지면서 좁은 집 안에서 갈 곳을 잃은 시민들은 조금이라도 틈이 나면 무접촉으로 즐길 수 있는 공간을 찾아 새로운 공간을 발굴하고 있다. 음식점이나 술집과 같은 밀폐된 공간이 아닌 공원이나 야외 공간을 선호할 가능성이 높아지고 있다. 지난 수년간 우리 일상을 지배하던 미세먼지 공포가 사라진 도심의 맑은 공기는 이러한 발걸음을 더욱 재촉하기도 하였다.

물론 혁신이 없고 교류 환경이 열악한 상황에서도 그나마 재정적 여유가 되는 수도권 도시의 사회보장 시스템과 의료 시스템, 일자리의 희망을 뒤로하고 도시를 떠나는 선택은 쉽지 않다. 오히려 자신의 역량을 통해 협상력을 발휘할 수 있는 이들은 도시의 외곽이나 지방의 윤택한 삶을 선택할 가능성이 높아진다. 실업 및 불평등한 상황으로 인해 지방재정에 의존하는 도시민이 많아질수록 시민들의 소비 능력 저하로 이어질 가능성이 높아진다. 집을 포기하고 소소한 소비를 통한 행복을 추구하는 도시의 젊은이들로 인해 도시재생의 가능성이 열려 있긴 했지만 더 많은 사람들의 실직이나 이주, 출생률 저하로 인해 인구 자체가 축소되면 어쩔 수 없이 상권도 쇠퇴할 것이다.

재택근무로 인한 사무 공간의 공유로 도심의 빌딩은 공실률이 높아질 가능성도 있다. 온라인 교육이 강화되면서 학생들의 밀집도가 떨어지면 대학가의 낡은 소형 주택들부터 어려움을 겪게 될 것이다. 저소득층이 증가하면 정책 당국자들은 임대주택을 늘릴 수밖에 없게 된다. 그렇게 된다면 부동산을 통한 자산 증식은 차츰 한계에 도달할 수 있다.

물론 도시가 가진 매력은 일자리와 교육뿐만이 아니다. 상호작용을 통해 인간 본연의 특성을 발휘할 수 있도록 해주는 유기체라는 점이 어쩌면 더 큰 매력이다. 그러니 어떻게든 인간 사이의 '접촉'과 '상호작용'은 앞으로도 진화를 거듭할 것으로 예상된다. 하지만 그 진화가 현재의 대도시 모습을 그대로 유지한 상태로 일어난다고 보기는 어렵다. 새로운 패러다임이 필요하다.

제인 제이콥스(Jane Jacobs)는 근대 도시의 가치를 공간이 아닌 그 안에 살고 있는 사람의 시선으로 끌어내린 대표적인 도시이론가이자 사회운동가이다. 《미국 대도시의 죽음과 삶》이라는 책에서 그는 20세기 초 혁신기의 인간적인 도시와 달리 20세기 중반의 도시가 잘못된 재생 프로젝트를 거듭하면서 오히려 인간적인 매력을 잃어가고 있다고 비판하면서 도시계획 역사에 한 획을 그었다. 제이콥스는 지역 공동체를 파괴하는 방식의 도시재생 프로젝트에 반대하며 도시의 공동체 운동과 접촉하는 사람 중심의 도시재생 프로젝트를 시작했다. 그는 이러한 운동을 통해 사회운동가로 이름을 올리기도 하였는데, 우리나라에서도 도시재생이나 골목, 걷기 좋은 도시재생 프로젝트들이 그의 사상에 영향을 받았다.

제이콥스가 20세기 중반의 도시를 비판하며 접촉과 상호작용의 새로운 패러다임이 탄생했듯, 지금도 또 다른 패러다임이 필요한 시기다.

포스트 코로나 : 도시는 건강이다

인간은 어두운 전망을 보면서 대안을 만들곤 했다. 늘 위기 앞에서 경로를 바꿈으로써 결국 다른 미래를 만들어냈다. 따라서 어두운 예측은 대부분 그다지 어둡지 않은 결과를 만들곤 했다. 물론 코로나19 이후 경제위기 우려가 현실이 될 수 있다. 하지만 코로나19 이전에도 이미 저출생과 저성장은 예고된 미래였다. 그렇다면 우리는 저출생과 저성장, 감염병과 같은 위기 속에서 우리의 경로를 어떻게 바꿀 수 있을까? 1장에서 언급된 것과 같이 계속해서 더 약해진 조건의 원래 자리로 돌아가는 회복이 아니라 기능을 유지하면서 전혀 새로운 모습을 만들 수 있는 경로를 선택하는 것이 초회복이다.

도시에서 초회복의 길은 어떻게 열릴까? 우선 패러다임을 바꿀 필요가 있다. 산업혁명 이후 지금까지 가져온 '생산하는 도시' 패러다임을 과감히 버려야 한다. 회색 도시로 되돌아가기는 가능하지도 않고 바람직하지도 않다. 과거에서 벗어나, '건강한 도시'를 새로운 방향으로 설정해야 한다. 특히 '건강한 도시'로 초회복의 경로를 선택하기 위해 우리가 고려해야 하는 것은, 회복탄력성(resilience)의 강화와 협력을 통한 상생이다.

당장 도시들은 건강에 더 많이 투자하게 될 것이다. 코로나19 사태 때문이다. 방역과 백신 개발 시기가 시민들의 물리적 건강뿐 아니라 도시의 경제와 사회 전반에 대해 절대적인 영향을 끼칠 것이다. 앞으로 주기적으로 다시 다가올 감염병 대유행에도 마찬가지로 적용될 공식이다. 당연히 정부는 공공의료 시스템에 더 많은 투자를 하게 될 것이다.

초기 도시의 성공이 위생 시설의 확대와 맞물려 있었다는 점을 기억해보면, 이는 그리 새로운 일도 아니다. 유럽의 주요 근대 도시는 13세기 이후 수세기 동안 계속되었던 페스트나 수인성 감염병인 콜레라로 어려움을 겪었다. 그러면서 '도시 위생'이라는 개념이 생겨났다. 도시에 하수로를 건설하게 된 것이 그 시작이다. 그 뒤 병균으로부터 안전한 도시가 형성됨에 따라 지금과 같은 대규모 도시화가 진행되었다.

많은 사람들이 한정된 공간에서 접촉하고 교류하면서도 건강을 유지할 수 있다는 점은 도시로 몰려드는 사람들에게 매력적으로 작용했다. 안전한 도시일수록 더 많은 사람들이 모여들고, 사람들의 잦은 교류는 새로운 문화와 기술의 창조로 이어졌다. 농촌과 달리 다양한 배경의 사람들이 모여들기 때문에 다양한 아이디어들이나 새로운 시각이 존재하고, 언제나 활기가 넘쳐나게 됐다. 농촌의 장은 5일에 한 번 열렸지만 도시의 가게들은 연중 열렸다. 훨씬 더 넓고 깊은 범위의 접촉과 상호작용이 일어났다. 일자리가 창출되고 경제가 빠르게 돌아가면서 도시는 비로소 건강과 번영이라는 두 마리의 토끼를 잡을 수 있었다. 이 번영이 앞서 살펴본 산업화시대 도시의 승리를 가져온 발판이 됐다.

그러던 도시가 '감염병'이라는 새로운 도전을 만나 쇠퇴의 위기에 처했다. 아마도 위생이 중요해졌던 시기의 도시가 하수로를 만들었던 것과 같이 도시는 더 많은 재원을 방역과 감염병을 대처하기 위해 투입할 것이다. 특히 비교적 재정이 넉넉한 대도시는 더 촘촘한 방역망을 준비하고, 인력을 투입하고, 기존의 민간 대형 병원과의 네트워크를 강화하고 음압병실 등 공공의료 시스템과 의료진을 보강할 것이다.

다만 지금 도시가 맞닥뜨린 도전은 초기 도시가 해결해야 했던 위생 문제보다는 훨씬 복잡하다. 만일 기존의 '생산하는 도시'로 돌아가려는 시도와 맞물린다면, 문제를 해결하기는 어려울 것이다. 새롭게 등장한 문제들을 나열만 해봐도 알 수 있다. 기후변화로 인한 폭염과 한파, 인공지능 등 첨단기술이 자동화로 인간의 노동을 대체하며 생겨난 고용불안, 집중된 주거 형태와 땅값 상승으로 인한 불평등 확대… 대부분 현재의 대도시 인구밀도와 생산구조를 유지하면서는 해결하기 어려운 문제다.

따라서 지금은 '건강한 도시' 패러다임을 새로 구축하되, 단순히 개인의 생물학적 건강만을 챙기는 위생 도시로 돌아가서는 안 된다. 회복되어야 하는 것은 개인만이 아니고, 생물학적 건강만이 아니다. 공동체가 회복되어야 하고, 사회구조적 건강이 회복되어야 한다. 사회적 회복력을 구축하는 것이 바로 건강한 도시로 가는 초회복의 과제다. '사회적 회복력'이란 무엇일까? 현미경을 대고 좀 더 구체적으로 살펴보자.

초회복 도시의 4가지 조건

다양성의 회복

도시는 원래 생산의 거점에서 다양성의 공간으로 확대되면서 힘을 얻었지만, 모든 도시가 그랬던 것은 아니다. 울산은 자동차로, 거제는 조선으로, 포항은 철강으로 정리되는 한국의 산업도시를 보면 알 수 있다. 그리고 그렇게 특정한 산업에 지나치게 기댄 도시들은 사회적 회복의 국면에서는 어려움을 겪기 마련이다.

조선업이 위기를 겪던 시절 거제시의 모습은 하나의 산업이 그 지방의 특성 산업으로 자리 잡았을 때 일어날 수 있는 위기를 잘 드러내주었다. IMF 구제금융 위기도 겪지 않았다던 거제시는 인구의 40~50퍼센트가 조선소를 기반으로 살아가고 있었다. 그러나 2014년 시작되었던 조선업의 위기는 도시 전체를 위기로 몰아갔다. 산업도시인 거제시는 전국에서 출생률이 비교적 높게 유지되던 도시였다. 2015년까지도 출생률이 2.3명 정도로 타 지역보다 높았지만 산업도시의 위기는 출생률을 30퍼센트나 떨어뜨리면서 한국의 러스트벨트가 되었다.[2] 특히 하나의 산업을 주축으로 하청에 하청을 거듭하는 도시의 산업구조는 위험의 외주화 속에 취약성을 점점 더 높여왔다.

　최근 군산에서도 이와 비슷한 일이 벌어지고 있다. GM 군산공장 등 군산 경제를 지탱하던 자동차, 조선, 화학 산업의 동반 침체는 노동자의 삶만을 죄여온 것이 아니라 소규모 자영업자들의 몰락으로도 이어지고 있고, 이것은 경북에 이어 군산이 전국 최고의 공실률을 기록하는 결과로 나타나고 있다.[3] 도시의 성장은 경제활동으로 인한 활력에 기초한다. 따라서 도시가 하나의 산업에 의존하는 구조는 산업 침체와 함께 도시의 몰락으로 이어질 수 있어서 도시 자체의 회복탄력성을 저하시키는 요소이다. 울산이나 기타 산업도시뿐만이 아니라 관광산업에만 지나치게 기대는 도시 역시 취약성이 높아진다.

　도시가 초회복을 위해 가장 고민해야 할 부분은 도시의 다양성이다. 회복탄력성을 강화하기 위해 알려진 일반적인 원칙 중 하나인 다양성은 획일화된 도시계획이나 특성 산업의 육성과는 대치되는 개념이다.

　생태적으로도 단일종에 의한 경작이 외부 충격에 가장 취약하다. 퍼머컬처(Permaculture, 영속농업)나 혼합농이 지속가능한 농업이 될 수 있는 이유 역시 다양성과 모듈성이 지속가능성을 지켜주기 때문이다.

　브라이언 워커(Brian Walker)와 데이비드 솔트(David Salt)는 《Resilience Thinking》에서 사회의 회복탄력성을 만드는 요소로 다양성, 생태적 변동성, 모듈성, 느린 변수에 대한 이해, 확실하고 밀착된 되먹임 관계, 사회자본, 혁신, 협치의 다단계성, 그리고 화폐화되지 않은 생태계 서비스에 대한 가치의 이해를 꼽았다. 마이클 루이스(Michael Lewis)와 팻 코내티(Pat Conaty) 역시 《The Resilience Imperative》에서 다양성, 모듈성, 사회자본, 혁신, 중첩성, 밀착된 되먹임 관계, 생태계 서비스 등 일곱 가지가 사회생태 시스템의 회복탄력성을 결정짓는 주요 요소라고 보았다. 다양성과 함께 도시의 기능을 모듈화하거나 중첩할 수 있다면, 특정 기반이 약해질 때 보완할 수 있기 때문이다. 예를 들면 지하철이 가는 곳에 버스 노선도 유사하게 배치를 함으로써 지하철이 멈추어도 사람들이 버스를 통해 이동하게 해 다른 기능이 마비되지 않는 것과 같은 이치이다.

자동차 중심의 도시를 변화시켜야 할 이유도 바로 이것이다. 자전거나 개인 모빌리티와 같은 녹색교통이 환경을 개선하고 에너지 효율화로 인해 기후변화에 대응할 수 있어서 좋은 점도 있지만, 개인이 선택할 수 있는 인프라를 늘림으로써 접촉을 회피해야 하는 상황에서 환경을 해치지 않으면서 도시의 기능을 유지해줄 수 있기 때문에 회복탄력성을 강화시켜준다.

사회자본과 혁신

사회자본과 혁신은 일자리의 변화와 밀접한 관련을 가진다. 이미 하나의 직장에서 은퇴를 맞는 시대는 지나갔다. 정규직과 비정규직의 문제를 정치적으로 협상할 것이 아니라 누구도 정규직일 수 없는 미래를 어떻게 대비해야 할 것인지를 본격적으로 논의해야 한다. IT 업종에서 흔히 나타나듯이 기획자와 개발자, 디자이너가 함께 일하는 기회를 만들어야 하고, 이를 위해서는 단순 직업교육이 아닌 협동의 철학을 가르치는 시민교육과, 자립 능력을 갖추기 위한 역량 강화 교육이 동시에 이루어져야 한다.

네트워크를 중심으로 하는 사회자본은 협력의 기초가 되고, 그 결과물은 혁신이다. 온라인 교육의 가장 큰 단점은 네트워킹의 어려움이다. 도시는 이들이 협력할 수 있는 공간을 주어야 한다. 특히 좁은 공간에 많은 사람을 모으는 것이 아니라 동네마다 사람들이 소규모로 모일 수 있는 열린 공간을 기획해야 한다. 소수의 특혜 받은 사람들이 점유하는 마당이 아니라 공공이 제공하는 공원의 다양한 형태를 고려해야 한다.

이런 관점에서 보면, 작은 도서관이나 자치센터를 이용해 더 많은 공론의 장, 더 많은 교류의 기회를 어떻게 만들어갈 것인지가 도시 혁신의 핵심일 수 있다. 지금까지의 공유 사무 공간이나 공유 하우스는 구성원들의 실질적인 교류 기회를 높이지 않았음을 이해해야 한다. 단순히 공간을 공유하는 것을 떠나 협력할 수 있도록 매개하는 중간자의 역할이 중요하다. 사람과 사람을 엮어가는 코디네이터의 역할이 중요하며, 이는 공동체 활동을 경험한 사람들에 의해 주도될 가능성이 높다.

생태계서비스와 지역화

도시의 환경이 중요해지는 것은 접촉을 줄이면서도 답답한 거주 공간의 문제를 해결할 수 있기 때문이기도 하지만 환경의 질이 삶의 질과 밀접한 관계가 있기 때문이기도 하다. 새천년생태계평가보고서(Millennium Ecosystem Assessment, 2005)는 생태계가 제공하는 서비스가 삶의 질에 기여하는 바가 얼마나 큰지 평가한 바 있다. 그러나 지난 50년간 도시화와 산업화가 진행되면서 삶의 질에 기여하는 여러 가지 생태계서비스가 감소하고 있다. 수질이나 대기의 질을 개선하는 자연적 정화 능력이 점차 줄어들고 기후를 조절하는 능력도 감소하고 있다. 단순히 오염 부하가 증가하기 때문에 공해가 심해지는 것이 아니라 자원 개발이나 서식지 파괴 등 자연 자원 자체가 감소하고 있다. 이는 생태발자국의 적자 규모나 지구 생태 용량 초과의 날 등을 통해서도 이미 경고되던 바이다.

하지만 기후변화와 같이 우리가 그것을 제대로 인지하고 규명하기까지 시간이 오래 걸리거나 인과관계를 명확하게 알아내기 어려운 복잡한 문제가 발생할 경우 대처에 더 오랜 시간이 걸리기 마련이다. 즉 원인과 결과가 단순하고, 단기적인 영향으로 결과가 드러날수록 오류에 대처하기가 쉬워진다. 그런 의미에서 밀착한 되먹임 관계가 회복탄력성을 높이는 방법이 된다. 이미 복잡 다양한 거대도시에서 이러한 되먹임 관계를 만들어가기란 쉽지 않다. 그렇기 때문에 네트워크의 지역화가 중요하다.

도시와 농촌의 상생

코로나19 위기로부터 우리가 도시를 주목해야 하는 이유는 우리나라 인구의 90퍼센트 이상의 삶을 도시가 책임지고 있기 때문이다. 그러나 역설적으로 90퍼센트의 삶을 책임지는 것은 도시가 아니라 식량을 생산하는 농촌이다.

코로나19발 국가 간 봉쇄 조치로 무역이 큰 타격을 입었다. 많은 기업들이 부품 공급 및 수입에 차질이 생겨 생산이 중단되기도 하였다. 코로나19로 인해 일부 국가가 농산물 수출을 금지하면서 식량 안보가 취약한 국가들에겐 위협이 되고 있다. 곡물자급률이 25퍼센트를 밑도는 우리나라의 입장에서는 식량 안보에 대한 논의가 보다 진지하게 이루어져야 한다.

도시는 식량을 소비만 하는 곳이 아니고 농촌은 생산만 하는 곳이 아니다. 도시도 생산하는 곳이 되어야 하고 농촌도 소비하는 곳이 되어야 한다. 식량뿐 아니라 에너지 역시 없으면 생존할 수 없다. 그런데 원전과 화력발전소와 같은 집단 에너지를 생산하는 곳은 모두 지방이다. 그럴 이유가 없다. 도심에서 소규모 생산을 통해 에너지를 공급하는 마이크로그리드를 적극적으로 시도해야 한다.

　헬레나 노르베리 호지(Helena Norberg-Hodge)는 《로컬의 미래》에서 "글로벌화로 인한 손상을 만회하는 가장 전략적이고 효과적이며 상식적인 방법이 지역화"라고 한 바 있다. 그는 경제를 지역으로 가져오는 과정이 지역화라고 강조한다. 코로나19로 인해 긴급재난지원금이 지역화폐로 지급되면서 사람들의 의식에 분명하게 각인된 점은 지역 내 소비 원칙이다. 이것은 지역 경제에 대한 인식 제고로 이어질 가능성이 있다. 비대해진 대도시의 문제를 해결하기 위한 회복탄력성을 강화하는 과정에서 지역의 재발견을 가져올 수 있을 것으로 보인다. 그렇게만 된다면 코로나19는 우리에게 위기가 아닌 진정한 기회가 될 수 있을 것이다.

도시의 오래된 미래

1964년 영국 BBC의 한 프로그램에서 아서 클라크는 2000년대가 되면 세계 어디에서나 소통이 가능해지는 시대가 되어 출퇴근(Commute)이 아닌 소통(Communication)을 하게 될 것이므로, 사람들이 모이는 도시는 더 이상 그 기능을 수행하지 않을 것이라고 말한 바 있다. 특히 코로나19로 인해 비대면 소통이 주류가 되어버린 이 시점에 그의 예언은 '성지'가 될 수밖에 없을 것 같다.

　모이지 않고 소통할 수 있다면, 서울의 광화문과 강남으로, 뉴욕의 로어맨해튼으로, 런던의 뱅크 역으로 가장 화려한 건물과 가장 소득이 높은 사람들과 가장 좋은 음식점과 문화시설이 모두 모여 가장 비싼 땅값을 형성할 이유는 없다. 각자 흩어져서 자신의 지역공동체와 취미 공동체를 기반으로 살아가다가, 원거리 비대면 소통을 통해 혁신적인 아이디어를 논하고 대규모 거래를 만들어내면 그만이다. 아서 클라크의 말처럼, 중요한 것은 대면이 아니라 소통이기 때문이다.

초회복의 도시 전략에서 '지역화'가 빠질 수 없는 이유가 여기 있다.

멈추어버린 세계,
앞당겨진 이동의 미래

김건우 카카오모빌리티 수석이코노미스트

세계가 멈췄다. 쉴 새 없이 하늘을 날아다녔던 비행기는 각국의 봉쇄 조치로 땅으로 내려와 멈추어 섰다. 기차역과 버스터미널로 향하던 여행객들의 분주한 발길도 멈추었다. 회사와 학교로 향하던 사람들의 일상적인 발걸음도 멈추면서 혼잡하던 버스와 지하철에도 빈자리가 많아졌다. 봉쇄된 도시의 텅 빈 거리와 도로의 모습은 코로나19를 상징하는 소재가 되었다.

코로나19 팬데믹이 선언된 2020년 3월 이동 데이터는 전례 없는 수준으로 쪼그라들었다. 142쪽의 그림에서 보듯 이동 수단에 따라 정도의 차이는 있지만, 코로나19 이전 대비 최고 10분의 1 수준으로 이동량이 감소하였다. 국가와 국가 사이의 이동, 도시 사이의 이동, 도시 안에서의 이동 등 형태를 가리지 않고 모든 이동이 급감한 것이다.

이동은 우리 생활의 일부다. 이동의 감소는 곧 도시와 경제의 활력이 위축되었음을 의미한다. 오랜 세월 익숙해져 있던 이동은 신종 감염병 앞에서 무기력하게 멈추었다. 기존의 이동이 멈추자 인류에게 새로운 이동 방식에 대한 숙제가 던져졌다. 코로나19의 대유행은 전 세계 주요 도시를 빠

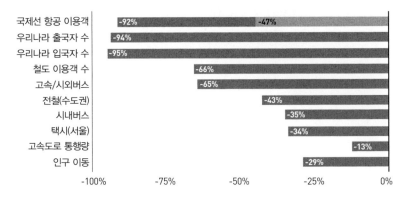

2020년 3월 기준 전년동월 대비 이동량 증감률

항목	증감률
국제선 항공 이용객	-92% / -47%
우리나라 출국자 수	-94%
우리나라 입국자 수	-95%
철도 이용객 수	-66%
고속/시외버스	-65%
전철(수도권)	-43%
시내버스	-35%
택시(서울)	-34%
고속도로 통행량	-13%
인구 이동	-29%

국제선 항공 이용객은 4월 기준, 연한색은 3월 기준
출처: 국제민간항공기구(ICAO), 한국관광공사, 한국철도공사, 국토교통부, 서울기술연구원, 통계청

르게 연결하는 비행기, 고속철도 등 이동의 혁신을 빼놓고 설명하기 힘들다. 사람의 물리적 한계를 극복해주던 이동 수단이 바이러스까지 빠르고 광범위하게 확산시킬 수 있다는 것은 외면하기 힘든 도전 과제가 되었다.

이동에 대한 사람들의 인식과 선호는 불과 몇 달 사이 빠르게 조정되고 있다. 사태가 머지않아 끝날 것이라는 기대가 사그라들면서 대안적 이동 방식을 찾는 사람들이 늘어나고 있고, 이동 혁신을 이끌었던 모빌리티 기업들도 새로운 환경에 적응하기 위해서 분주하게 움직이고 있다. 정부도 안전하고 지속가능한 이동을 위해서 고민하고 있다. 인류의 '슬기로운 이동 생활'은 어디를 향할 것인가?

사람의 이동만이 이동이 아니다

코로나19의 최대 화두라면 단연 비대면, 비접촉을 꼽을 수 있다. 감염 위험을 최소화하면서도 사람들의 니즈를 충족시킬 수 있는 방식에 대한 관심이 폭증한 결과다. 이동에 있어서도 비대면, 비접촉 트렌드는 예외가 아니다. 사람들의 선호와 행동이 비대면, 비접촉 트렌드에 적응하기 시작하면서 사람의 물리적 이동에 머물러 있던 우리의 인식은 '사람이 아닌 이동'까지 확장되고 있다.

코로나19 팬데믹은 전 세계에서 동시다발적으로 발생하면서 대응을 잘한 나라와 못한 나라를 뚜렷하게 드러내주었다. 특히 사재기의 유무는 코로나19에 대한 각국의 대응을 적나라하게 보여주는 대표적인 비교 항목이다. 미국, 유럽 등 주요 선진국에서 화장실 휴지를 비롯하여 생필품 사재기가 기승을 부릴 때 우리나라의 평온한 마트 모습이 외신과 유튜브 등을 통해서 전 세계로 퍼지면서 세계인의 이목을 끌었다.

우리나라에서도 사재기가 없었던 것은 아니다. 다만 급격히 증가한 생필품 수요를 세계 최고 수준의 생활 물류 시스템이 흡수할 수 있었기에 '온라인 사재기'가 오프라인 매장에서의 패닉으로까지 확대되지 않았다. 국내 택배 빅데이터 분석[4]에 따르면 코로나19 31번 확진자 발생 이후 국내에도 불안감이 급속히 커지던 시기인 2월 4주 차에 생수, 라면, 통조림 등 비상 물품 주문량은 전주 대비 세 배 가까이 늘었다. 하지만 해당 물품의 안정적 배송이 이루어지면서 '온라인 사재기' 현상은 곧바로 사그라들고 평시 수준으로 빠르게 회복되었다.

온라인 사재기 현상은 이동에 있어서 어떤 의미일까? 우리나라가 생필품 사재기 무풍지대가 될 수 있었던 것은 결국 생필품을 사러 매장에 갈 필요가 없었기 때문이다. 쿠팡, 마켓컬리 등 신생 유통 기업들이 경쟁한 결과 신선식품마저 반나절 만에 배송하는 세계 최고 수준의 생활 물류 시스템이 구축된 덕이 컸다. 더불어 그동안 빠르게 성장해왔던 음식 배달 서비스, 주택가 곳곳에 위치한 편의점도 코로나19 속에서도 안정적으로 영업을 지속하면서 사람들의 심리적 안전판이 되어주었다. 생필품, 식료품, 음식을 언제든지 살 수 있다는 믿음이 생기면서 집 안에 굳이 쟁여둘 필요가 없어졌다. 사물의 이동을 원활하게 해준 물류 혁신이 비상 물품을 사기 위해 분주하게 움직였을 사람들의 이동 수요를 크게 상쇄시킨 것이다. 나아가 유통과 물류를 통합하며 혁신을 주도한 기업들이 비대면 서비스도 오프라인처럼 생생하고 직관적으로 제공할 수 있는 모바일 앱을 제공해왔던 것도 주효했다. 정보의 이동을 통해서도 신뢰할 수 있는 사용자 경험이 제공되면서 온라인과 오프라인의 구분이 무색해졌고, 코로나19 속에서도 비교적 평온한 일상이 유지될 수 있었다.

일하는 방식의 변화로 일상의 이동이 바뀐다

비대면, 비접촉은 소비에서뿐만 아니라 일하는 방식에서도 중요한 트렌드가 되고 있다. 특히 원격근무, 온라인 수업 등이 급격히 확산되면서 일상의 이동을 대표하는 통근, 통학에도 중요한 변화를 예고하고 있다. 봉쇄조치를 단행한 국가나 도시에서는 원격근무와 온라인 수업이 선택이 아닌 필수가 되었다. 우리나라도 주요 기업들이 원격근무를 비롯한 유연근무제를 적극 도입하면서 코로나19로 인한 감염 위험을 낮추기 위해서 노력하고 있다. 전국의 초중고는 개학 연기가 4차까지 이어진 끝에 결국 온라인 개학이라는 초유의 방식으로 새 학기를 맞이했다.

원격근무와 온라인 수업의 확산은 대면 만남을 필수로 여겼던 일과 학습에 대한 사람들의 인식에 균열을 일으켰다. SF 작가 윌리엄 깁슨(William Gibson)은 "미래는 이미 와 있다. 단지 널리 퍼져 있지 않을 뿐이다"라고 말했다. 코로나19는 소수의 사람들과 기업들이 도입했었던 원격근무와 온라인 수업을 전 구성원에게 널리 퍼지게 하는 결과를 낳았다. 자의든 타의든 비대면 만남을 구성원 모두가 동시에 경험해본 것은 관습이나 관행을 바꿀 수 있는 강력한 사회적 동력이 될 수 있다.

일상의 작은 변화가 이동에 미치는 영향은 적지 않다. 예를 들어 하나의 기업이 감염 위험을 낮추기 위해서 평일 중 하루는 원격근무를 하거나, 혹은 구성원의 20퍼센트가 교대로 원격근무를 하면 기업 구성원의 출퇴근 이동은 한 주간 최대 20퍼센트 감소한다. 여기에 더해서 기업 구성원 출장을 20퍼센트 줄이면, 출장을 위해서 오가는 이동은 20퍼센트 감소하고, 외부 손님과의 회의를 20퍼센트 줄이면, 기업 방문객의 이동이 20퍼센트 감소한다. 특정 기업의 관행 변화는 결국 다른 기업의 관행 변화까지 가져오면서 이동의 감소가 배가된다. 결국 도시 전체에서 이동의 감소는 개별 기업의 이동 감소 폭보다 훨씬 더 크게 나타난다.

일하는 방식의 변화가 이동에 미치는 영향을 가장 상징적으로 보여주는 사례는 가장 보수적인 공직 사회에서 나오고 있다. 인사혁신처는 2020년 3월 12일 사상 최초로 공무원의 재택근무 의무화를 담고 있는 '유연근무 이행지침'을 시행하였다. 변화는 이동 데이터로 나타났다. 세종시 인근 오송역의 월별 KTX 이용자 수는 2020년 1월에는 전년도 평균보다 많은 33만 명(승하차 포함)이었으나, 코로나19 우려가 가장 높았던 3월에는 11만 명으로 1월 대비 67퍼센트가 감소하였다. 4월에도 15만 명에 그치며 1월의 절반에도 미치지 못하였다. 반면 행정기관과 공공기관의 비대면 업무 시스템의 활용율[5]은 2020년 4월 들어 1월 대비 최대 여덟 배까지 폭증한 것으로 나타났다.

일상적인 이동이 감소하는 대신 원격회의, 온라인 학습 등 정보의 이동이 증가하는 흐름은 한동안 계속될 것으로 보인다. 코로나19 종식이 가시화되기 전까지는 비대면 소통 방식이 유지될 것으로 예상되기 때문이다. 일부 기업들은 단순히 감염 위험을 낮추는 목적뿐만 아니라 업무 효율을 높이기 위해서 비대면 방식을 이전보다 더 많이 도입할 수도 있다. 그만큼 사람의 이동은 감소하고, 정보의 이동은 늘어날 것이다.

승차공유가 멈추자 배달이 뜬다

코로나19로 인한 일상적 이동의 감소는 이전까지 모빌리티 산업을 주도해왔던 승차공유(ride-sharing) 업체에는 날벼락이었다. 자택격리 조치에 따라 이동이 제한되는 도시들이 늘어나면서 타격을 받았다. 혹시나 모를 감염의 우려로 불특정 운전기사와의 대면을 기피하게 된 것도 승차공유에 대한 전망을 어둡게 한다. 미국 시카고는 승차공유 업계가 받고 있는 충격의 한 단면을 잘 보여준다. 시카고의 승차공유 이용 건수는 2019년 월평균 932만 건에 달했으나, 코로나19의 영향을 받은 2020년 3월에는 532만 건으로 43퍼센트 감소했다. 3월 중순 봉쇄령 시행 후 급감하기 시작한 일간 이용 건수는 3월 말까지 지속 하락하면서 예년에 비해서 최대 86퍼센트까지 떨어졌다.

모빌리티 기업들은 핵심 비즈니스였던 승차공유 수요가 급감하자 사업 포트폴리오 재편에 적극 나서고 있다. 배달 사업은 모든 모빌리티 기업들이 우선적으로 검토하고 있는 분야 중 하나다. 집에 머물러 있는 사람들이 늘어남에 따라 생필품, 음식, 의약품 등의 배달 수요가 급증하고 있기 때문이다. 이동 수요와 공급을 매칭하는 플랫폼으로 축적한 노하우와 사용자 기반을 배달 수요와 공급을 매칭하는 플랫폼으로 활용할 수 있는 장점도 있다.

코로나19로 가장 먼저 타격을 받은 중국의 디디추싱(滴滴出行)은 배달 사업을 빠르게 강화하고 있다. 코로나19로 승차공유 이용자가 급감하자 운전기사들이 생필품 구매 및 배송을 대행하는 서비스를 빠르게 출시하였다. 2020년 6월에는 화물 배송이 필요한 사람들에게 트럭이나 밴 차량의 운전자를 연결해주는 화물 배송 서비스 출시를 발표한 데 이어서 전자상거래 서비스까지 진출할 것이라고 발표하였다. 동남아시아 최대 모빌리티 기업 그랩(Grab)은 코로나19가 확산되자 자사의 앱에서 승차공유 등 이동 서비스를 일시적으로 중지하거나 앱의 하단에 배치하고, 배달 서비스를 전면에 내세웠다.

북미의 모빌리티 기업도 배달 강화 전략에 합류하고 있다. 우버(Uber)는 코로나19에서의 최우선 대응 전략으로 배달을 택했다. 우버의 2020년 1분기 실적 발표에 따르면 승차공유 이용 건수는 전년대비 8퍼센트 감소한 반면 음식 배달 서비스인 우버이츠(Uber eats)는 전년대비 53퍼센트 급성장하였다. 4월에는 생필품 배송 서비스인 우버 다이렉트, 택배 서비스인 우버 커넥트를 동시에 출시하였다. 미국 승차공유 서비스 2위 업체 리프트(Lyft)는 자사 플랫폼에 가입된 운전기사들을 통해서 생필품을 배송하는 '에센셜 딜리버리(Essential Delivery)' 서비스를 출시하여 배달 서비스 진입 움직임에 가세하였다.

모빌리티 경계가 허물어지다

모빌리티 기업들의 코로나19 대응 전략은 사람의 이동을 위한 플랫폼을 사물의 이동을 위한 플랫폼으로 확대하는 것으로 모아지고 있다. 모빌리티 산업의 초점이 사람의 이동에서 사물의 이동으로 전환되거나 확대된 것이다. 사람이 직접 이동하여 대면 만남을 통해서 욕구를 충족시켰던 일상의 많은 영역들이 사물이나 정보의 이동을 통해서도 충분히 충족될 수 있음을 다수가 경험하게 된 것이 크게 작용했다.

앞으로는 사람의 이동뿐만 아니라 사물 또는 정보의 이동을 고려하여 최적의 이동 조합을 찾는 것이 일반적인 현상이 될 것이다. 물리적 장벽을 극복하기 위해서 최적의 이동 수단(mode)을 선택하는 관점에서 한 발짝 더 나아간 것이다. 이미 동남아의 모빌리티 기업들이 운송뿐만 아니라 유통, 물류, 금융, 의료 등 다양한 생활 밀착 서비스를 하나의 슈퍼 앱으로 엮고 있는 것처럼 결과적으로 산업 간 경계는 더 모호해질 것이다.

오프라인 공간상에서 존재했던 경계선도 이동 수단의 혁신으로 새롭게 그어질 것이다. 주요 완성차 업체들이 미래 자동차로 개발하고 있는 PBV(Purpose Built Vehicle, 목적 기반 모빌리티)의 상용화는 현재 푸드트럭, 캠핑카 등 제한적으로 활용되고 있는 이동 수단과 서비스 제공 수단의 결합을 보편화할 것으로 보인다. 소비자가 방문했던 서비스 공간 자체가 소비자로 이동하는 환경이 마련되는 것이다. 이러한 흐름이 지속될 경우 사람과 공간의 관계가 재정의되면서 움직이지 않는 자산, 즉, 부동산 위에 자리 잡았던 도심, 상권의 개념에도 말 그대로 지각변동이 예상된다.

이동에 불어왔던 디지털 트랜스포메이션은 코로나19 이후 가속화할 것이다. 이동을 대표했던 교통(transportation) 산업은 모빌리티(mobility)라는 새로운 산업으로 재정의되고 있다. 교통 산업에서는 공급자가 정한 시간, 장소(노선, 역, 정류장 등), 운행 방식(배차 간격)에 사용자가 맞춰야만 이동이 가능한 것이 일반적이다. 반면 모빌리티 산업은 소비자가 원하는 이동 방식을 선택하는 것이 기본 방향이다. 그 중심에는 데이터가 있다. 더 많은 노선, 더 많은 역, 더 많은 정류장 등으로 이동 수요를 충족했던 것에서 데이터로 수요를 예측하고 적시에 소비자가 원하는 최적의 이동 수단을 공급하는 양상으로 바뀌는 것이다. 기존에는 부차적이었던 데이터, 인공지능 등 디지털 기술이 새로운 패러다임에서는 정보의 이동을 관장하는 핵심 기술로 부상하였다. 더불어 축적된 기술 역량은 사람과 사물에 관계없이 이동을 최적화하는 데 활용할 수 있다.

영국의 사회학자 존 어리(John Urry)는 90년대부터 사람의 물리적 이동을 넘어 사물과 정보의 이동까지 포괄한 이동 개념을 중심에 두고 사회현상을 분석해야 한다고 주장하였다. 그는 육체 이동, 사물 이동, 상상 이동(인쇄 및 시각 매체), 가상 이동(컴퓨터, 인터넷), 통신 이동(편지, 전신, 전화) 등을 하나의 패러다임에서 다루며 모빌리티 전환(mobility turn)이 필요함을 역설했다.[6] 모빌리티 전환은 현대사회 현상을 분석함에 있어서 사회를 정태적이고 구조적인 것으로 보는 것에서 벗어나 동태적이고 유동적인 것으로 봐야 한다는 인식의 전환을 의미한다. 코로나19 이후의 이동은 사람, 사물, 정보의 이동이 서로 긴밀하게 영향을 주고받는 가운데 자리를 잡아갈 것으로 보인다. 이 전환의 관점에서 모빌리티의 미래는 어떤 모습일까?

대중교통은 삼중고에 빠지고 있다

코로나19는 승차공유 업계 이상으로 대중교통에 혹독한 시련을 안기고 있다. 고밀도 이동 수단인 대중교통은 사회적 거리두기와 가장 거리가 먼 이동 수단이기 때문이다. 코로나19 앞에서 대중교통은 매출을 유지하기 힘들고, 방역 및 유지 비용을 줄이기도 어려운 상황이며, 가중되는 경영 악화를 완화해줄 정부의 지원 가능성도 줄어드는 삼중고에 빠지고 있다.

코로나19 백신처럼 근본적인 해결책이 나오기 전까지는 대중교통의 완전한 회복은 불투명해 보인다. 사태가 호전될 경우 대중교통 이용의 회복 조짐이 나타날 수도 있지만, 자칫 방심할 경우 방역 모범국으로 불렸던 싱가포르처럼 상황이 급격하게 악화될 수도 있다. 유럽과 미주 도시처럼 뒤늦게 강력한 사회적 거리두기가 시행되어 대중교통 이용이 사실상 중단되고, 회복에도 상당 기간이 소요될 수도 있다. 한편 한국교통연구원의 설문 조사[7]에 따르면 코로나19로 대중교통 이용자의 36퍼센트는 자가용으로 전환하였는데, 코로나19 이후에도 자가용을 계속 이용하겠다는 응답이 대중교통으로 복귀하겠다는 응답의 두 배가 넘게 나왔다. 임시로 선택했던 이동 방식으로 안착한 사람들이 늘어나며 대중교통 이용이 구조적으로 감소할 수 있음을 보여주는 결과다.

대중교통을 비대면, 비접촉 행동양식과 어떻게 조화해나갈지에 대한 고민이 시급하다. 우리나라 대중교통의 수송분담률은 2017년 기준 버스 23.9퍼센트, 철도 18.1퍼센트로 승용차의 53.9퍼센트에 이어 중요한 위치를 차지한다. 대중교통 시스템이 발달한 서울은 버스와 지하철의 수송분담률이 65퍼센트에 육박하고 있다. 서울을 중심으로 광역 생활권을 이루고 있는 수도권에서는 2019년 기준 하루 평균 719만 명의 이용객이 버스와 지하철을 평균 1.32회 환승하면서 이용하고 있다. 대중교통을 이용한 출근 시간은 평균 1시간 27분이 소요되는 것으로 나타났다. 대중교통은 장시간 밀폐된 차량 안에서 불특정 다수가 함께 이동해야 하고, 환승 과정에서도 사람 간 접촉 우려가 높다. 정부에서 대중교통 방역을 위해서 다방면으로 노력 중이지만, 현재의 대중교통 시스템으로 코로나19의 감염 우려를 불식시키기는 쉽지 않다.

경기가 부진한 가운데 닥쳐올 재정 압박도 부담이다. 정부의 지출 부담이 늘고 있는 상황에서 코로나19로 인한 운임 손실 누적이 계속될 경우 대중교통 지원이 축소될 가능성이 높다. 이미 대중교통의 경제성이 상대적으로 높다고 평가되는 수도권에서만 버스, 지하철 운영에 막대한 공공 재원이 투입되고 있다. 2019년 서울시는 2915억 원을 버스 재정지원금으로 지출하였고, 서울교통공사는 무임승차에 따른 운임 손실 등으로 2019년에만 5865억 원의 당기순손실을 기록하며 부채가 누증되고 있다. 장기간 누적된 대중교통 적자에 코로나19 사태까지 장기화된다면 대중교통의 지속가능성도 한계에 봉착할 수밖에 없다.

자동차로 쏠림이 심해진다

대중교통의 빈자리가 늘어날수록 도로의 승용차는 늘어나고 있다. 대부분의 이동 데이터들이 코로나19로 곤두박질치고 난 이후 회복이 지지부진한 것과 대조적으로 도로 통행량은 코로나19 확산 시기에도 소폭 하락하는 데 그쳤고, 5월에는 위기 이전 수준을 회복하였다. 출근이 불가피하다면 버스나 지하철보다 승용차로 출근하고, 출장이 불가피하다면 고속버스나 철도보다 승용차를 이용하는 사람들이 많다는 것을 보여준다. 사회적 거리두기가 가능한 이동 수단인 자동차로의 쏠림이 발생하고 있는 것이다.

자동차로의 쏠림은 휴가철, 명절 연휴 등 전 국민의 대규모 이동 시기에 더 심해질 것으로 보인다. 특히 기존 해외여행 수요가 국내 수요로 전환될 가능성이 높다. 우리나라 국민의 해외 출국자 수는 2019년 기준 2871만 명으로 월별 200~300만 명이 해외여행에 나서고 있었다. 소비자 조사 회사 컨슈머인사이트에 따르면 코로나19 이후 다수의 시민들이 해외여행 계획을 취소하거나 무기한 연기하고 있는 것으로 나타났다. 반면 국내 여행에 대한 계획은 코로나19 이전 수준으로 견고하게 유지되고 있는 것으로 나타나고 있는데, 충족되지 못한 해외여행 수요가 국내 여행으로 전환될 가능성이 높다는 것을 보여준다.

코로나 우울증(corona blue)이라는 신조어가 나올 정도로 사회적 거리두기 장기화에 심리적으로 지친 사람들도 많아지고 있다. 구글의 〈코로나19 이동 보고서〉에 따르면 한국에서는 대부분의 장소에서 방문이 감소한 데 반해서, 국립공원, 해수욕장, 광장, 공공 정원 등의 방문은 51퍼센트 급증한 것으로 나타났다[8]. 코로나19 이후 집 근처 공원에서 여가를 보내거나 물리적 거리두기가 가능한 바닷가, 산 등을 찾는 사람들이 많다는 것을 보여준다. 한편 통계청에서 통신사 빅데이터로 분석한 인구 이동은 코로나19 이후 첫 연휴였던 5월 첫째 주 주말에는 코로나19 발생 이전보다 주말 인구 이동량이 높게 나타나기도 했다. 코로나19로 억눌려 있고, 여가로 흡수되고 있는 여행 수요가 국내 여행으로 언제든지 폭발할 가능성은 열려 있다.

문제는 국내 여행의 이동 수단으로 승용차 쏠림이 더 심각해질 것에 있다. 문화체육관광부에서 발표한 2019년 국민여행조사에 따르면 국내 여행의 77퍼센트는 이미 자가용을 이용해 이루어진다. 코로나19가 무색하게 전국 곳곳의 도로가 마비될 가능성에 대비가 필요해 보인다.

지속가능한 이동의 자유가 필요하다

코로나19로 우리가 직면한 이동의 위기를 극복하기 위해서는 조금 더 과감한 상상력이 필요하다. 코로나19로 인하여 생활양식이 변하고, 사람-사물-정보 이동이 동일 선상에서 다루어지면서 교통은 물론 모빌리티 서비스의 경계가 무의미해지는 상황을 목도하고 있다. 도시의 든든한 발이었던 대중교통은 삼중고에 처했으며, 코로나19를 피해서 발생하는 이동 수요는 자동차로 쏠리고 있는 상황이다. 포스트 코로나 시대의 이동을 단순히 과거처럼 대중교통이 정상화되고, 해외여행이 재개되는 수준에 맞추면 또 다른 신종 바이러스의 등장에 다시 무기력하게 이동의 중단을 경험할 수도 있다. 지금의 위기를 이동의 오래된 틀을 과감하게 깨고, 새로운 이동 패러다임을 도입할 기회로 삼아야 한다. 기본 방향은 개인에게는 이동의 자유를 확대하면서도, 도시 전체로서는 지속가능한 이동이 가능한 패러다임으로의 전환이다.

우선 대중교통에 대한 정책 변화가 필요하다. 기존의 대중교통은 도시의 지속가능한 이동을 대표하는 정책 수단이었지만, 코로나19로 삼중고에 빠진 현재에는 정책의 유효성을 재검토해야 하는 상황이 되었다. 특히 대도시의 고밀도 대중교통은 언제 끝날지 모르고, 또 다른 감염병의 우려도 높은 지금과 같은 순간에 이동의 자유를 보장하기 힘들다.

현재의 대중교통은 몇 가지 문제를 드러내고 있다. 첫째, 공급자 중심이다. 개인들은 끊임없이 이동의 자유를 추구해왔는데, 대중교통은 언제나 공급자가 정한 시간, 장소, 방식에 사람들을 맞추도록 강요한다. 둘째, 현재의 고밀도 대중교통은 일정 수준 이상의 인구밀도에서만 작동한다. 우리나라 수도권의 도시철도 노선 수는 비수도권 광역시 전체에서 운행되는 도시철도 노선의 두 배 가까이 많다. 지방에는 버스 환승 시스템이 없는 도시는 물론 하루에 운행 빈도가 오전, 오후 각 한 대에 불과하거나 가까운 정류장이 걸어서 30분 이상 걸리는 지역도 존재한다. 셋째, 대규모 수송과 환승은 감염병 앞에서 무기력하다. 결국 현재의 대중교통은 지속가능한 이동의 자유를 보장하는 수단이 되기 힘들다.

대중교통은 수요응답형 교통(demand responsive transport) 체계로의 변화가 필요하다. 이미 기존 노선버스로 교통 불편 해소가 어려운 지역은 지자체 예산으로 운임을 보전하는 '100원 택시(공공형 콜택시)'나 소형 콜버스를 대안으로 활용하고 있다. 고정된 시간표와 노선에 따라 이동 서비스를 공급하는 것에서 이용자가 필요한 순간에 호출하면 노선이 실시간으로 조정되는 온디맨드 방식이 더 효율적이라는 것을 상징적으로 보여주는 사례다. 도시에서도 길에서 잡던 택시에서 앱으로 실시간으로 호출하는 택시 이용 문화가 확산되면서 수요응답형 교통 문화가 빠르게 자리 잡고 있다.

수요응답형 교통은 자율주행 기술의 성숙화와 맞물리면서 대중교통의 미래를 바꿀 것이다. 해외에 이어 국내에서도 자율주행차의 임시 운행이 허가되고 있고, 자율주행자동차법이 시행되면서 자율주행에 기반한 택시, 즉 로보택시(robo-taxi)의 상용화도 가시화되고 있다. 로보택시는 코로나19로 주춤했던 승차공유 업계의 포스트 코로나 대응 수단으로도 주목받으며 수요응답형 대중교통 시대를 본격적으로 열 것으로 보인다. 더불어 자율주행과 함께 발전하고 있는 군집주행 기술(자동차들이 열차처럼 동일한 간격을 두고 일렬로 주행하는 기술)을 이용하면 필요에 따라 고밀도 이동 수단으로 유연하게 전환하는 것도 가능하다. 감염의 위험을 효과적으로 차단하면서도 필요할 경우 지금의 고밀도 대중교통이 가진 장점도 흡수할 수 있다.

이동의 선택지를 늘려야 한다

자동차 쏠림에 대한 대응도 필요하다. 승용차는 개인 이동의 자유를 대표하지만, 이 모든 자유를 수용하기에는 도로, 환경 등 모든 면에서 한계에 이르고 있는 상황이다. 현대 도시는 1970년대 오스트리아 철학자 이반 일리치(Ivan Illich)가 말한 자동차의 '근본적 독점(radical monopoly)'에 의해서 지배되어온 경향이 강하다. 근본적 독점은 자동차의 자기 확장적인 특성에 기인한다. 자동차의 등장은 더 많은 포장도로와 고속도로 등 자동차 인프라 확대로 이어졌고, 주차장, 주유소, 휴게소 등 자동차 기반 라이프스타일에 맞춘 연관 산업의 확장으로 이어졌다. 도시의 형태가 자동차 중심으로 발달함에 따라 교통 체증, 교통사고도 더 자주 발생하게 되었다. 그러나 문제 해결의 방향이 더 많은 도로, 더 좋은 자동차로 귀결되면서 자동차의 입지는 더 강화되어왔다. 노면전차, 자전거 등 자동차를 제외한 다른 이동 수단은 도시에서 설 자리를 점점 더 잃었고, 급기야 보행자의 권리도 축소되었다.[9] 이런 가운데 찾아온 코로나19는 자동차 쏠림을 더 부추기고 있다.

자동차 쏠림은 우려스럽지만 당장 모든 자동차를 도로에서 몰아낼 수는 없는 노릇이다. 코로나19에서 가장 유용한 이동 수단이 개인들이 소유한 승용차임은 부인하기 힘들다. 다만 포스트 코로나 시대의 이동에서 자동차는 이전과는 완전히 다른 존재가 될 수 있다는 인식의 전환이 필요하다. 이반 일리치가 자동차의 근본적 독점을 주장한 1970년대와 지금은 많은 면에서 달라졌다. 사람-사물-정보의 이동 사이에 최적의 조합을 찾아 우리의 일상을 재구성할 수 있다. 오늘날 전 산업의 디지털 트랜스포메이션을 주도하고 있는 인터넷이 보편화되어 있고, 자동차 구동 방식, 자동차 소유 방식, 자동차 운전 방식이 달라질 수 있는 상황이다. 대중교통과 승용차 사이의 오래된 양자택일 구도를 극복하기 위해서 이동의 선택지를 과감하게 늘릴 필요가 있다.

이동의 선택지를 늘리는 데 가장 우선적으로 주목할 것은 세계 주요 도시에서 불고 있는 자전거와 킥보드 등 이른바 퍼스널 모빌리티(personal mobility, 개인 이동 수단) 열풍이다. 자동차에 밀려 오랜 기간 변방에 머물러 있던 자전거는 코로나19 이후 본래의 친환경적 특징에 더해 사회적 거리두기에 친화적인 이동 수단으로 재조명되고 있다. 자전거의 장점을 살리면서도 인력의 한계를 보완해줄 전기자전거, 전동킥보드 등의 인기도 덩달아 상승 중이다. 중국 우한에서는 코로나19 확산으로 봉쇄된 시기 자전거가 도시 내 이동의 절반 이상을 차지한 것으로 나타났으며, 봉쇄령을 시행한 미국, 유럽 등에서도 자전거 이용률이 급증했다.[10] 국내에서도 올해 2~3월 서울시 공공 자전거 따릉이 이용 건수가 총 230만 건으로 전년 대비 67퍼센트 급증하였고, 공유킥보드 이용자도 올해 4월 들어 21만 명을

돌파하며 1년 새 여섯 배나 급성장하였다.[11]

퍼스널 모빌리티의 지위 격상을 위해서는 물적, 법적 인프라의 뒷받침이 필요하다. 세계 주요 도시는 코로나19 이후 기존 자동차 도로를 자전거를 위한 공간으로 재구조화하고 있다. 대표적으로 영국 런던은 '런던 스트리트 스페이스' 프로그램을 발표하며 향후 자전거 도로를 열 배 이상 확충할 것이라고 발표하였으며, 프랑스 파리는 긴급 자전거 도로 개설에 이어 파리를 순환하는 650킬로미터에 달하는 자전거 도로를 신설할 것이라고 발표하였다. 유럽 주요 도시뿐만 아니라 북미에서도 자전거와 도보 이동을 위한 자동차 없는 거리가 확산되고 있으며, 서울시의 자전거 고속도로 정책에 영감을 준 콜롬비아 보고타는 코로나19 이후 117킬로미터에 달하는 새로운 자전거 도로를 신설하였다. 자전거, 킥보드 등 퍼스널 모빌리티를 수용할 수 있는 전용 도로의 확충은 이용자들의 안전을 담보하면서도 단거리 통행의 분산을 효과적으로 이끌어낼 것으로 보인다.

퍼스널 모빌리티 확산이 일시적으로 끝나지 않도록 제도화하려는 움직임도 나타나고 있다. 런던, 뉴욕 등 전기자전거, 전동킥보드에 부정적이었던 도시들도 합법화로 방향을 선회하고 있다. 프랑스는 봉쇄 기간 동안 호전된 대기 질을 유지하기 위해서 자전거를 전략적으로 지원하는 재원을 마련하였고, 이탈리아는 퍼스널 모빌리티를 구입할 경우 최대 500유로까지 환급해주는 정책을 실시하고 있다. 우리나라도 전동킥보드의 자전거도로 주행 허용 등 퍼스널 모빌리티에 우호적인 제도적 환경을 발전시켜서 새로운 이동 문화로 정착시킬 필요가 있다.

퍼스널 모빌리티를 위한 인프라와 제도의 확충은 자동차에 쏠린 사람들의 이동을 분산시키는 데 그치지 않을 것이다. '도로=자동차'라는 고정관

넘에 균열을 내기 시작하면서 도로를 누비는 이동 수단도 다양해질 것이다. 예컨대 코로나19의 여파로 배달이 급증하자 오토바이 사고와 사망자가 크게 증가한 상황이다. 퍼스널 모빌리티 전용도로는 배달 처리를 위한 딜리버리 로봇의 전용도로, 도심 드론의 저공 비행길 등으로 확장되면서 도로를 재구조화할 것이다. 도로의 터줏대감으로 군림했던 자동차의 길이 하나 둘 열리기 시작한다면 포스트 코로나 시대의 도로에서는 혁신적 이동 수단의 향연이 펼쳐질 것으로 보인다.

이동의 발자국도 따져야 한다

전 세계 자전거 열풍의 이면에는 친환경 이동 수단에 대한 시민들의 요구와 정부의 의지가 자리 잡고 있다. 〈네이처 기후변화(Nature Climate Change)〉의 최근 논문에 따르면 코로나19로 이동이 멈춘 3월 전 세계 이산화탄소 배출량은 전년 대비 17퍼센트 감소했다. 특히 교통수단에 의한 배출량은 전년 대비 36퍼센트가 감소하며 전체 배출량 감소에 가장 크게 영향을 미친 것으로 나타났다.[12] 제2차 세계대전 이후 가장 큰 대기 질 개선을 두고 일각에서는 코로나19로 전 세계가 의도치 않은 저탄소 실험[13]을 경험하고 있다고 표현할 정도로 이동의 위기는 역설적으로 환경에는 큰 축복이 되었다.

그러나 국내 교통량 감소는 일시적인 현상에 불과하다. 자동차 쏠림으로 교통량은 코로나19 이전보다 더 증가하고 있고, 택배 수요가 폭증하면서 경유를 사용하는 차량의 이동도 더 증가하고 있다.

늘어나는 교통량은 국내 대기 질을 악화시킬 것이다. 국내에서 이동을 위해서 소비하는 에너지의 절반은 경유(2019년 기준 46%)가 차지하고 있다. 승용차의 주 연료인 휘발유 22퍼센트의 두 배를 넘는 수준이다.[14] 경유 차량은 수도권 미세먼지 배출 원인 1위다.[15] 한편 고농도 미세먼지에 가려져 있지만 오존주의보 발령도 최근 들어 점점 빈번해지고 있다. 자동차 배기가스에서 기인한 오존의 위험성에 대해서 인류의 인식을 뒤바꿔놓은 'LA 스모그 사태'가 터진 지 반세기가 넘었지만, 여전히 우리나라는 오존의 위험에서 벗어나지 못하고 있다.

친환경적 이동을 유도할 수 있는 제도적 유인이 필요하다. 조세는 개인들의 선호 변화와 외부 효과의 내부화에 가장 효과적인 수단인데, 우리나라의 자동차 관련 세제 중에 환경 교정적 성격이 강조되는 조세는 빈약한 실정이다. 예를 들어 주요 선진국에서 도입한 탄소세는 여전히 국회에서 논의 중이고, 환경에 미치는 영향에 비해서 낮게 책정되어 있는 경유의 상대 가격은 화물차뿐만 아니라 SUV 등 경유 차량의 구매와 운행을 촉진한 측면이 있는 것도 사실이다. 사람 한 명의 출퇴근을 위해서 1톤 이상의 중형차가 도로를 메우고, 피자 한 판 배달을 위해서 0.1톤의 오토바이가 거리를 오가는 것에 대해서도 뚜렷한 대책이 없는 상황이다. 과거에 머물러 있는 인센티브 구조를 이동의 발자국을 꼼꼼히 따질 수 있는 방향으로 바꿔야 한다. 나아가 친환경차로 주목받고 있는 전기차도 지금처럼 석탄 발전으로 생산하는 전기에 의존할 경우 내연기관보다 친환경적이라고 말하기가 어렵다. 2019년 기준 우리나라의 석탄 발전은 전체 전기 생산의 40퍼센트를 차지하며 2010년대 들어서도 줄곧 압도적인 1위를 차지하고 있다. 자동차 연료의 구성 변화에 맞게 에너지 생산 방식도 친환경적으로 바꿔야 한다.

이동이 아닌 것으로 이동을 재구성해야 한다

무엇보다 이동 수요를 시공간적으로 분산하는 정책이 필요하다. 코로나19로 인한 비대면, 비접촉 트렌드의 부상은 사람의 이동을 통해서 달성했던 것을 사물의 이동, 정보의 이동으로도 가능하다는 것을 보여주고 있다. 앞서 설명한 바와 같이, 소비하는 방식과 일하는 방식의 변화는 곧바로 이동의 변화로 나타나고 있기도 하다. 자발적으로 시행되고 있는 원격근무, 시차 출근제 등을 이동 수요 분산에 적극 활용할 필요가 있다. 다수가 같은 시간에 출근하고 퇴근하는 과거의 일상을 반복할 필요는 없다. 정부나 지자체에서 주요 업무 지구별로 이동 수요 분산 계획을 세우고, 개인과 기업의 참여를 이끌 수 있는 인센티브를 도입하는 것도 고민할 필요가 있다.

정보의 이동도 사람의 이동에 적극 활용해야 한다. 특히 이동으로 생성되는 빅데이터는 효율적인 이동의 밑거름으로 사용할 수 있다. 예를 들어 이미 도입하고 있는 지하철, 버스 혼잡률 데이터를 실시간으로 공유하는 것은 정보를 통해서 사람의 이동에 대한 의사결정에 영향을 미치는 대표적인 수단이다. 삼중고에 빠진 대중교통을 위해서는 상상력이 가미된 정책도 필요하다. 중국은 코로나19 이후 QR코드 발급을 활용한 지하철 예약 제도를 시범적으로 도입하고 있다. 30분간 유효한 QR코드를 발급해 지하철 개찰구 통과를 관리하는 방식으로 혼잡 시간대에는 QR코드 발급을 조절해 탑승 인원을 제한할 수 있다.

한편 사람의 이동에서 발생하는 빅데이터를 활용하기 위해서는 정부에 대한 고도의 신뢰가 있어야 한다. 코로나19 이후 동선 추적으로 인한 프라이버시 침해 우려로 조지 오웰의 《1984》에서 등장하는 '빅브라더'가 다시 소환되고 있다. 이동 빅데이터는 양날의 칼처럼 시민들의 통제 수단으로도 활용될 수 있음을 항상 염두에 두어야 한다. 《모빌리티》에서 존 어리는 정보통신 기술과 자동차가 결합한 후기 자동차(post car)의 등장을 예견하였다. 자동차가 위성 위치 확인 시스템(GPS), 지능형 교통 시스템(ITS), 자율주행 기술 등과 결합하면서 정보 수집, 통제, 감시가 가능해짐으로써 오웰이 묘사한 미래로 이어질 것에 대한 경고였다. 개인의 이동에 대한 실시간 로그 기록에 가까운 빅데이터를 유토피아의 밑거름으로 활용하기 위해서는 이를 활용하는 과정에서의 투명성이 절대적으로 필요하다.

"모든 사람들이 동일한 현재에 존재하는 것은 아니다." 독일 철학자 에른스트 블로흐(Ernst Bloch)는 과거와 현재, 미래가 공존하는 1930년대 독일 사회를 '비동시성의 동시성(The Contemporaneity of the Uncontemporary)'이라는 형용모순으로 설명했다. 한국전쟁 이후 압축 성장을 거쳐 소위 '4차 산업혁명'을 맞이하고 있는 우리나라에서도 비동시성의 동시성으로 인한 갈등이 곳곳에서 관찰된다. 반세기 이상 자리를 잡은 택시와 신규 모빌리티와의 갈등은 빙산의 일각이다. 수요응답형 교통, 퍼스널 모빌리티, 자율주행차, 친환경차, 친환경 에너지 등 이동의 미래가 가는 길목마다 과거와 현재, 미래의 충돌은 불가피하다. 코로나19로 동시대의 모두가 동일한 경험을 한 것은 과거와 현재, 미래의 갈등을 봉합하고 더 나은 단계에서 동시성을 경험할 수 있는 기회다. 코로나19 이전으로의 정상화가 아닌 미래로 단숨에 이동할 수 있도록 지혜를 모아야 할 때다.

사람을 떠넘기지 않는 돌봄 시스템 만들기

김보영 영남대학교 새마을국제개발학과 부교수

떠넘기는 돌봄의 비극

코로나19 확산으로 곳곳에서 비극적인 상황들이 벌어지고 있는데, 이 중에서도 가장 처참한 비극은 요양원과 같은 보호시설에서 발생하는 대규모 집단감염일 것이다. 보도된 내용에 따르면, 미국 내 확산세가 가장 심각했던 뉴욕에서는 요양시설 내 확진자가 공식적으로 2만여 명이고 사망자는 4000명에 이르는 것으로 집계되었다. 또 뉴저지주의 한 요양원에서는 영안실에 층층이 쌓인 17구의 시신이 발견되기도 하였다. 스페인에서는 감염병이 손 쓸 수 없을 정도로 확산되자 요양원 직원들이 노인들을 버려둔 채 떠나 현장에 투입된 군부대가 이들을 발견하기도 했고, 그중 일부는 침대 위에서 숨진 상태였다. 캐나다, 이탈리아, 프랑스, 아일랜드, 벨기에 등의 나라에서도 요양시설 내의 사망자가 전체 사망자의 절반에 가까운 것으로 확인되고 있다. 이들 대부분은 고령자와 기저질환을 가지고 있는 고위험군인 데다가 집단생활을 했기 때문에 감염병에 무방비로 노출될 수밖에 없었고, 특히 상대적으로 고립된 시설의 특성상 보호에도 취약하였다. 코로나19가 걷잡을 수 없이 확산된 일부 지역에서는 음식도 제대로 공급받지 못하고, 배설물 처리도 이루어지지 않은 채 방치된 사람들의 사례들이 나오기도 했다.

우리나라에서 다행히 이러한 극단적인 상황들이 보고되지 않은 것은 외국에 비해 요양시설이 더 잘 되어 있기 때문이라기보다는 초기 방역이 성공적이었던 것이 이유로 분석된다. 그나마 서구에서는 휴양 시설에 가까울 정도의 고급 시설도 적지 않은 반면 우리나라의 요양시설이란 '현대판 고려장'이라는 말이 나올 정도로 평가가 좋지 못하다. 직접 요양보호사 자격을 취득하여 한 달 동안 요양원을 취재한 〈한겨레〉 기자의 표현에 따르면 요양시설은 "죽어야 나갈 수 있는 감옥"이었다.[16] 몇 분 만에 식사도, 배설물도 신속하게 '처치'되고, 목욕도 같은 방 노인들을 동시에 '처리'하는, 인간적인 삶과는 거리가 먼 공간이었던 것이다. 지난 2008년 노인장기요양보험제도가 도입된 이후 돌봄의 필요한 노인들은 집에서 요양 서비스를 받거나 요양시설에 입소할 수 있게 되었다. 하지만 종일 누워 있어야 하는 와상 노인을 위한 방문 요양 서비스는 하루 네 시간을 넘지 못하기 때문에 누군가 하루 종일 돌볼 수 있는 상황이 아니라면 시설입소를 피하기 어려워 많은 수의 노인들이 열악한 요양시설로 내몰리고 있다.

초기 집단감염의 사각지대로 떠올랐던 요양병원은 요양시설의 또 다른 형태이다. 우리나라 노인장기요양보험제도는 수혜자가 돌봄 서비스 이용이 가능한 등급을 받기 까다로워서 보다 쉽게 건강보험 혜택을 받아 들어갈 수 있는 요양병원이 그 대체수단이 되어버렸다. 그러다 보니 우리나라 장기요양보험에 연간 7조 원이 투입되고 있는데 장기요양보험에서 제외

된 사람들이 결국 몰리게 되는 요양병원에 건강보험 재정 중 거의 7조 원에 육박하는 돈이 들어간다. 사람들은 부모를 시설에 보내는 것보다 "병원에 모신다"는 명분 때문에 요양병원을 선호하기도 하지만 그렇다고 요양병원 사정이 더 나은 것은 아니다. 지난 2017년부터 이들 요양병원 병상 수를 한 병실당 6병상 이하로 법으로 제한하고 있지만 여전히 병실당 14개 병상 이상이 밀집된 요양병원은 400곳이 넘는다. 또한 변칙적으로 운영되는 사례도 만연하여 아예 손자녀나 보호자가 숙식을 해결하는 공간이 되기도 한다.

우리나라에서 코로나19 감염이 급격히 확산되던 초기, 의료기관 중에서 첫 대규모 집단 감염이 발발한 청도 대남병원에서만 전국 사망자 11명 중 7명이 나오면서 요양병원의 부실한 단면을 여실히 보여주었다. 폐쇄 병동으로 운영되던 5층의 정신병동에서는 환자 102명 중 101명이 확진되었다. 보통 8~9명이 기거하게 되어 있는 온돌 방식 입원실을 20명이 함께 사용하고 있었고, 첫 사망자였던 중년 남성은 몸무게가 42kg에 불과해 충격을 던져주었다. 그런데 이후 이 병원의 운영 법인의 전 이사장이 2011년 17억 원의 법인 자금을 횡령한 혐의 등으로 실형을 선고받아 물러났지만 당시 연루되었던 다른 핵심 간부들의 일부는 여전히 자리를 지키고 있고, 현 이사장은 전 이사장의 아들이며, 전 이사장의 모친도 이사로 재직 중인 것으로 확인되었다.[17] 이렇게 횡령으로 얼룩진 법인이 보건소와 한 건물에서 요양병원, 요양원, 정신병동에다가 수영장, 헬스장, 장례식장까지 수십 년간 운영해왔던 것이다. 이렇게 정부의 방조 아래 운영되었던 열악한 시설의 처참한 상황은 감염병 집단 발병이 일어나고 나서야 세상에 드러났다.

코로나19가 전례 없는 위기 상황을 만들고 있지만, 이러한 위기는 새로운 문제를 만들어내기보다는 이전부터 존재했던 우리 사회의 치부가 극적으로 드러나도록 만든다. 사실 이렇게 보호와 돌봄이 필요한 사람들이 고립된 공간에 버려지는 것은 우리나라의 역사만큼이나 오래된 사회적 관행이었다. 해방과 전쟁을 겪었던 시절부터 수많은 어린이와 여성들이 가족을 잃고 거리를 배회할 때 정부에서 가장 먼저 실행했던 조치는 '시설입소'였다. 당시 이러한 시설들은 대부분 해외 원조로 운영되다가 민간 운영자에게 넘겨졌다. 정부는 보호해야 할 사람들을 사회불안 요소로 보고 '눈앞에서 치워버리는 것'에 관심을 가질 뿐 적절한 보호나 인권은 뒷전이었다. 그러니 최근 밝혀지고 있는 강제 노역과 학대, 부정비리의 부산 형제복지원 같은 사례는 예외적이기보다는 대표적인 사례일 뿐이다. 경제성장이나 정권 안정이 우선되었던 정부 정책의 역사에서 이들은 기본 권리조차 철저하게 외면당해온 것이다.

그런데 이러한 불행한 역사적 관행은 이제 '일부' 소외계층에 해당하는 이야기가 아니다. 가구 형태가 다양화되면서 1~2인 가구 비율이 늘고 있고, 맞벌이가 일반화되면서 더 이상 고령의 부모를 모시기 어려운 가구들이 늘고 있다. 이러한 배경으로 우리나라에서도 2008년 노인장기요양보험 제도가 도입되었고, 문재인 정부도 치매국가책임제 등의 정책을 펴고 있다. 하지만 여전히 보호가 필요한 사람들의 권리를 생각하기보다 그냥 떠넘겨버리는 관행은 고립된 시설의 비극으로 이어지고 있다. 이러한 현상은 결국 늙을 수밖에 없는 우리 모두에게 매우 암울한 미래를 안겨주고 있다. 이는 머지않은 미래에 나의 노년이 되기 때문이다. 시설에 가겠다는 노인들의 선택도 자발적이라기보다 가족의 부담을 의식한 희생의 결과일 뿐이다.

이마저도 어려운 사람들에게서 발견되는 극단적인 결말은 간병 살인,

간병 자살로 나타난다. 〈서울신문〉의 탐사기획부가 2006년부터 2018년까지 발생한 간병 살인 판결문을 분석한 결과 이 중 60퍼센트가 가족 내에서 혼자 환자를 돌봐야 하는 독박 간병이었고, 또한 간병인의 도움 없이는 환자의 일상생활이 불가능한 경우였다.[18] 살인에 이르게 된 원인도 오랜 간병에 시달려온 결과 약 40퍼센트는 사소한 다툼이 순간적 분노로 이어진 사건이었고, 치매로 인한 폭력과 가출 등에 지쳐서 저지른 경우도 30퍼센트가 넘었다. 피의자의 사망으로 끝나는 간병 자살은 제대로 된 기록조차 남지 않는다. 10여 년간 언론에 보도된 60건의 간병 자살로 인한 사망자 111명 중 89명은 함께 목숨을 끊고, 17명은 자살자에 의해 죽임을 당했다. 그중 절반은 부부 사이에 일어난 일이었고, 자식을 돌보던 부모가 그 뒤를 이었다.[19]

바이러스가 깨뜨린 환상

코로나19는 역설적이게도 우리 사회에서 애써 외면하고 있는 사람들의 존재를 다시 각인하게 만든다. 초기 방역 모범 사례로 꼽혔던 싱가포르가 그 존재조차 제대로 인식되지 못했던 이주 노동자의 집단 거주 시설로 인해 무너졌던 것처럼, 투명인간으로 취급되었던 많은 존재들이 다른 이들과 똑같이 바이러스를 옮길 수 있는 '사람'임을 깨닫게 된 것이다. 그러면서 감염병에 쉽게 노출될 수 있는 그들의 열악한 환경도 같이 드러났다. 집단 감염과 사망의 발원지가 된 요양시설의 문제는 이렇게 떠넘기는 돌봄이 귀결되는 현실을 그대로 보여준다. 그리고 조금 더 생각해보면 이는 일부의, 나와 상관없는 이야기가 아니라 내가 예상치 못한 사고나 질병으

3장 봉쇄와 거리두기의 시대, 돌아보는 삶의 공간과 건강

로 인하여, 다행히 그러한 일이 일어나지 않는다고 하더라도 결국 나이가 듦으로 인해 살아 있는 한 피할 수 없는 나의 이야기다. 이렇게 누구나의 문제, 우리 모두의 생애에 관한 문제들이 지금까지 이토록 외면되어왔고, 소수만의 고립으로 '처리'돼왔다는 것을 생각해보면 우리가 얼마나 현재의 '건강한 다수'의 환상에 묻혀 지내왔는가를 깨닫게 된다.

사실 이에 대한 국제적 수준의 논의는 그렇지 않았다. 우리보다 먼저 가족구조의 변화와 고령화의 문제를 경험한 서구에서는 장애나 노령에 관계없이 누구나 내가 살던 지역사회 안에서 인간다운 삶을 영위할 수 있도록 할 수 있는가 하는 질문을 '돌봄' 정책의 중심에 두고 고민하고 있다. 그래서 기존 시설수용 중심의 정책에 대한 반성으로 지역사회에서 적절한 돌봄을 제공해야 한다는 이른바 지역사회 돌봄(community care)을 지난 1950년대부터 기본적인 정책 방향으로 논의하기 시작해, 70년대 이후에는 주요 국가에서 공식적인 정책 원칙으로 내세우고 있다. 그러면서 그정책의 목적을 "가능한 한 완전하고 자립적인 삶을 주도할 수 있도록 지원하는 것"이라고 천명하였다. 여기서 핵심적인 것은 "자립적인 삶을 주도"할 수 있도록 한다는 것이다. 장애나 노령으로 인해 일상생활을 하는데 어려움이 있다고 하더라도 다른 사람의 도움에 의존하도록 만드는 것이 아니라 가능한 한 스스로의 삶을 주도할 수 있도록 해야 한다는 것이다. 여기서 주의해야 할 점은 '자립'이 도움 '없이' 스스로 살아남아야 한다는 의미가 아니라 거꾸로 적절한 '도움'을 통해 스스로의 삶을 주도할 수 있도록 한다는 방향이다.

이것은 돌봄이 소수에 국한된 문제가 아니라 우리 모두의 문제라고 볼때 매우 중요한 지점이다. 흔히 많은 이들은 돌봄을 받아야 하는 사람을 그저 도움이 필요한 불쌍한 사람으로 타자화한다. 이는 누구나 언젠가는 돌봄을 필요로 한다는 점을 생각하면 어불성설이다. 그래서 돌봄을 받는 사람 역시 엄연한 '삶의 주체'로 인식해야 한다. 돌봄을 필요로 한다는 것은 그 당사자의 문제가 아니다. 누구나 돌봄을 받아야 함에도 돌봄을 받는다는 이유로 당연히 집단 수용의 대상이 되어도 된다는 것은 비합리적인 인식이다. 그렇다면 돌봄이 필요한 사람이 불쌍한 것이 아니라, 돌봄이 필요하다는 이유로 불쌍하게 만드는 이 사회가 문제인 것이다. 우리가 돌봄의 문제를 바로잡는 것은 돌봄이 우리 모두의 문제라는 인식과 함께 돌봄이 돌봄을 받는 사람의 문제가 아니라 돌봄을 받는 사람을 비참하게 만드는 이 사회의 문제라는 인식의 전환에서 출발해야 하는 것이다.

이러한 관점에서 지난 90년대부터 '장애의 사회적 모델'이 제기되었다. 기존에는 장애의 문제를 신체적이나 정신적 손상으로 인한 개인의 문제로 보았다. 이른바 '장애의 의료 모델'이다. 하지만 누구나 어느 순간, 어느 정도라도 장애가 생길 수 있다는 점을 생각하면 장애의 문제는 더 이상 개인의 문제에 국한되는 것이 아니라 장애 때문에 자신의 자립적이고 자율적인 삶을 침해당할 수밖에 없는 사회의 문제가 되는 것이다. 장애인 개인의 신체적·정신적 손상의 문제가 아니라 장애로 인해서 건물 출입이나 교통, 교육, 고용 등 온전한 시민으로서 사회에 참여하는 것이 거부되는 것의 문제가 된다. 만약 장애 여부나 정도에 관계없이 누구나 정당한 교육을 받고, 이동할 수 있고, 일할 수 있다면 '장애'로 인한 차별은 실질적으로 존재하지 않게 된다. 장애의 문제는 장애를 가진 사람이 아니라 장애를 차별하는 사회에 있다는 인식의 전환이 필요하다.

고령화 문제에 대해서 90년대 전후로 일반화되기 시작한 '지역에서 나이 들기(Aging in Place)'라는 개념 역시 노인을 돌봐야 하는 대상으로 보기보다는 나이가 들어가는 삶의 주체로 인식하면서 출발하였다. 급격한 노인 인구의 증가를 먼저 경험한 서구 복지국가들은 시설 수용 중심의 돌봄이 적절하지도, 지속가능하지도 않다는 점을 깨달았다. 나이가 들면서 요양원 같은 시설에 들어가는 것은 두려움의 대상이 되었으며, 요양시설 입소 후 오히려 건강이 악화된다는 결과들이 보고되고 있어 이 두려움을 증폭시키고 있다. 따라서 나이가 들더라도 가능한 오랫동안 자신이 살던 집에서, 지역사회와 관계를 유지하면서 살 수 있도록 해야 한다는 '지역에서 나이 들기'가 정책적 목적이자 지향으로 인식되기 시작한 것이다. 가령 거동이 불편해서 집 안에서 움직이거나 화장실 이용이 어렵다면 짚고 이동하거나 변기를 이용할 수 있는 레일을 설치하여 집에서의 일상을 이어갈 수 있다. 침대에서 일어나서 씻고 식사 준비가 어렵다면 이를 도와주는 사람이 필요한 시간에 정기적으로 와줄 수 있다면 여전히 집에서 생활이 가능해지는 것이다. 이와 반대로 시설 입소는 모든 생활이 집단 관리의 대상으로 전락해버리고, 주거와 24시간 돌봄의 체제를 바탕으로 한 고비용 돌봄에 편입되는 것이다. 이보다는 최대한 자기 공간과 지역사회에서 살 수 있도록 적합한 지원을 하는 것이 사회비용에 대한 부담도 적을 뿐 아니라, 당사자인 노인들도 인간 존엄성을 최대한 보장받고 사회의 구성원으로서 정체성을 가지고 살 수 있는 방향인 것이다.

이러한 돌봄과 관련된 인식의 전환이 주로 돌봄의 대상으로만 여겨왔던 사람들을 삶의 주체로 인식하는 변화였다면, 여성계에서 제기된 '돌봄의 윤리(ethics of care)'는 돌봄의 '관계적 속성'에 주목한 개념이다. 앞서 언급한 바와 같이 누구나 자신의 생애에서 누구를 돌보거나 돌봄을 받는다는 점을 생각한다면 돌본다는 것은 단지 돌봄을 받는 사람만의 문제가 아니라 돌보는 사람의 문제이기도 하고, 또한 이들 간 관계의 문제이기도 하다. 즉, 돌봄은 일방적인 관계가 아니라 서로를 걱정하고 관심과 배려를 느끼는 상호적인 관계이다. 우리는 본질적으로 고립되어서 살기를 원하기보다는 누군가를 돌보고, 또 보살핌을 받으며 살고자 한다. 그러면 이상적인 돌봄이란 돌봄에서 해방되는 것이 아니라 애정과 친밀감을 가지고 있는 누군가를 내가 할 수 있는 만큼 돌보고, 또 반대로 관심과 배려를 받는 관계 속에서 살아갈 수 있도록 하는 것이다.

다시 생각해보면 그동안 돌봄은 늘 우리 곁에 있었지만 언제나 누군가에게 또는 어디론가 떠넘겨야 하는 부담이었다. 예전에는 가족이라는 이름으로, 며느리라는 이름으로, 부모라는 이름으로, 여성이라는 이름으로 자신의 삶과 건강까지도 포기해가며 떠맡았다. 그래서 그 반작용으로 돌봄의 부담을 고립된 삶으로 밀어내는 것이었다. 이러한 과정에서 장애를 가졌다는 이유만으로, 나이가 들어서 거동이 불편해졌다는 이유만으로 집단 수용의 대상이 되는 것을 당연하게 여기도록 강요받아왔다. 누구나 언젠가 필요한 돌봄이 누군가에게 떠넘겨야 하는 것이라면 우리는 모두 불행한 미래를 맞게 될 것이다. 지금 당장의 부담을 넘기느라 서로에게 불행을 안겨주는 어리석은 악순환을 계속하고 있는 것이다.

코로나19의 확산은 우리가 애써 외면하려 했던 그 불행한 현실을 일깨워주고 있다. 그리고 이와 같은 위기는 그러한 삶이 얼마나 위험하고 비극적인지를 보여주고 있다. 떠넘기고 감추고자 했던 존재들도 존중받아야 할 사람의 존엄과 가치로 재인식되고 있다. 코로나19 이후의 돌봄은 코로나19 이전의 연속이 되어서는 안 될 것이다. 시설의 집단 수용과 고립이 아니라 의존을 최소화하고 최대한 자율적인 인간으로서의 삶을 보장받아야 한다. 그리고 이러한 자립적인 삶이 가족에 대한 강요나 의존 또는 관계의 단절이 아닌, 스스로 원하는 만큼 상호적인 돌봄과 관심의 관계를 맺게끔 해야 한다.

일각에서는 자립적인 삶을 지향하는 것과 상호 간의 관계를 지향하는 것을 대립적인 개념으로 인식하고 있다. 특히 이러한 논의가 활발했던 영국에서 당사자인 장애계에서는 돌봄받는 것을 의존적인 관계라며 부정적으로 인식하고, 돌봄의 부담을 전통적으로 감당해왔던 여성계는 돌봄의 가치를 재인식하면서 자립은 곧 고립을 의미한다고 비판하였다. 하지만 조금만 더 깊게 생각해보면 인간은 스스로 자립적이고 자율적일 때 서로에게 부담이 되는 일방적 관계가 아니라, 상호 간의 선택에 의해 맺어지고 유지되는 건강한 관계가 가능하다. 그래서 돌봄이 필요한 사람이 자율적이고 자립적인 삶을 지향하는 것과 돌봄으로 관계를 맺는 사람이 일방적이지 않은, 상호 간에 돌보고 보살피는 관계를 지향하는 것을 대립적으로 이해할 필요는 없다. 오히려 타인에 의존적이 될수록 돌봄의 관계는 일방적이 되며, 상호 관계를 거부하고 자립만을 고집할 때 지역사회에서의 삶은 단절될 수밖에 없다.

그렇다면 우리가 지향해야 하는 돌봄은 삶에 대한 응당한 권리를 중심으로 재구성되어야 한다. 우선 돌봄이 더 이상 어디론가 떠넘겨지는 것이 아니라 도움이 필요할 때 내가 원하는 방식으로 도움을 받으며 일상적인 삶을 누릴 수 있도록 하는 기본적인 권리가 되어야 한다. 인간다운 삶은 헌법적 권리로, 일상생활이 어려울 때 원하는 도움을 보장받을 수 있어야 하는 것이다. 이는 요양 점수에 의해 기계적으로 등급이 결정되고, 등급에 따라서 정해진 형태의 서비스를 제한된 시간만 받을 수 있는 현재의 노인 장기요양보험제도나 장애인활동지원제도와는 다른 서비스 제도를 필요로 한다. 서로 다른 욕구와 상황에 맞게 이용자가 자립적이고 자율적인 생활을 유지할 수 있는 적절한 서비스를 설계할 수 있도록 해야 한다. 이를 위해서는 욕구를 진단할 수 있는 일선에서 개인 수발이 필요한지, 주거 설비가 필요한지, 식사 지원이 필요한지, 이동 지원이 필요한지, 그 시간과 방법에 대해서 필요에 따라 서비스를 설계할 수 있어야 하는 것이다. 이를 통해 장애나 노령이나 질병에도 모든 국민은 어느 정도의 일상생활을 유지할 수 있는 기본 권리를 보장받을 수 있을 것이다.

이와 동시에 누구나 내가 사랑하는 사람을 일방적 희생 없이 돌볼 수 있는 권리 역시 보장받아야 한다. 언젠가 누군가를 돌보거나 누군가의 돌봄을 받아야 하는 우리의 생애를 생각한다면, 노동의 권리나 여가의 권리와 마찬가지로 돌봄의 책임을 다할 수 있도록 그만한 시간과 자원에 대한 권리 역시 보장받아야 하는 것이다. 그래서 이제 우리의 삶은 스스로에게 투자하는 개인의 시간과 공간, 경제적이고 사회적인 활동을 위한 노동의 시간과 공간과 함께 돌봄의 책임을 수행하는 돌봄의 시간과 공간을 보장받을 수 있어야 한다. 다시 말해 우리의 일상은 일과 시간을 가득 채우는 노동과 지친 마음과 체력을 회복하기에 급급한 여가의 단순한 구성이 아니라 학습과 성장을 위한 시간과 더불어, 함께 시간을 보내고 도움이 되고 싶은 이들과 시간을 보낼 수 있는 새로운 일상의 재구성이 필요한 것이다. 이를 위해 성별과 관계없이 절대적 노동 시간 단축과 필요에 따라 선택이 가능한 유연한 노동시간을 보장받을 수 있어야 한다. 그래서 남녀노소 누구나 고립되지 않고 서로 관심과 애정을 나누는 관계로부터 배제되지 않는 삶이 새로운 기준이 되어야 한다.

 물론 누워 있을 수밖에 없는 와상 노인도 기껏해야 하루 3~4시간 정도의 '재가급여'만을 받을 수 있고, 중증 장애인도 극히 일부만 '활동보조'를 받을 수 있는 지금의 현실에서는 꽤나 요원해 보이는 일이다. 더군다나 앞서 소개한 새로운 개념들을 정책적 지향점으로 두고 있는 서구에서조차 코로나19로 인해 요양원의 비극이 드러났다는 것은 이를 완전히 현실화하는 것이 쉽지 않은 일임을 보여주고 있다. 사람의 욕구와 필요에 맞게 설계될 수 있는 사회 서비스 제도를 표방하며 '지역사회 통합돌봄'이라는 사업을 현 정부에서 추진하고 있지만 기존의 노인장기요양보험제도나 장애인활동지원제도의 개혁이 아니라 별도의 예산 지원 사업에 그치고 있다. 기계적으로 중앙의 지침을 적용하는 사회 서비스가 아니라 일선에서 개개인이 필요로 하는 서비스의 형식과 방법을 다양한 형태로 지원하도록 설계해야 한다. 또한 관계 속에서 자연스러운 돌봄이 가능하려면 노동시간이 줄고 유연하게 근무시간을 선택할 수 있어야 한다. 그러나 노동시간 단축이 이루어진다고 해도 일부 안정된 직장을 가지고 있는 사람에게나 가능한 일이고, 유연한 노동이란 그만한 차별과 불안을 의미한다는 점에서 언급조차 기피되기도 한다. 하지만 위기의 상황은 우리 사회의 가장 취약한 부분을 잔인하게 드러내는 만큼, 우리가 무엇을 지향해야 하는지를 다시금 근본적으로 생각하게 만든다. 우리가 위기를 겪으면서 과거로의 회귀가 아니라 더 나은 미래로 가고자 한다면 돌봄에 있어서도 우리가 궁극적으로 바라는 것이 무엇인지를 생각해야 할 때이다. 우리가 지향하는 것이 무엇인지 보다 분명해진다면 그러한 삶으로 나아가기 위한 현실적인 모색은 시작될 수 있으며, 그만큼 현실로 만들어갈 수 있는 길이 보일 것이다.

코로나 이후를 준비하는
보건의료의 미래

정혜주 고려대학교 보건정책관리학부 교수

최악의 경우를 상정해보자. 코로나19 대감염이 2022년까지 사라지지 않았다. 백신 개발도 완성되지 않았다. 이런 조건 아래서도 우리 사회를 건강하게 유지할 방법이 있을까? 아래와 같은 가상 상황이 현실이 되도록 하면 되지 않을까?

2022년 3월, 50대 코로나19 완치자 A 씨. 두 달간의 투병을 마치고 집으로 돌아왔다. 함께 살던 아버지는 코로나19에서 끝내 회복하지 못하여 사망하였고, 집 안은 텅 비어 있다. 몸을 쓰는 일에 종사했고, 건강관리도 철저히 하여 체력만큼은 누구에게도 뒤지지 않을 자신이 있었는데, 두 달간의 와병 이후 근육이 모두 빠져 근력도 약화되고 체구도 줄었다. 그전에 하던 일을 계속 할 수 있을지 모르겠다.

A 씨가 퇴원했다는 소식을 듣고 '찾아가는 동주민센터'의 담당 사회복지사와 방문간호사가 찾아왔다. 이들은 A 씨의 기본 사항과 가족사항, 건강 상태, 경제 상황, 서비스 연계 관련 정보를 파악하고 돌아갔다. 방문한 간호사는 방문 시

실시한 체계적인 검사 결과, A 씨의 상황이 병원을 방문할 정도는 아니라는 판단 아래 정신적 외상과 신체 능력의 감소를 관리할 임상심리사와 물리치료사의 방문을 요청하고, A 씨가 원래 가지고 있던 고지혈증 관리를 위하여 주변 병원의 내과 의사에게 방문을 요청한다. 또한 간호사 자신도 정기적으로 방문하면서 코로나19 이후의 후유증을 예방하고, 약해진 체력으로 생기기 쉬운 다른 질환들을 관리할 계획을 세운다.

임상심리사는 아버지의 사망과 긴 코로나19 투병 과정, 코로나19 확진 이후 주위 사람들의 낙인 등으로 받은 트라우마와 마음의 상처를 치료하기 위한 임상심리 요법을 계획하고 이를 실행하기로 하였다. 물리치료사는 와병에 의해 약해진 체력을 회복할 수 있는 운동과 물리치료 요법의 계획을 세우고 실행하기로 하였다. 사회복지사를 통해 주민센터에서 연락이 왔고, 다양한 생계 지원과 취업 지원 서비스가 연계되었다. 우선 병이 완전히 나아 일할 수 있을 때까지 건강보험을 통해 의료비가 제공된다. 하지만 여전히 치료 기간에 수입이 없어 걱정이다. 그런데 얼마 전부터는 업무와 관련 없는 질병이나 부상으로 치료를 받아도, 소득 손실을 보상해준다고 하니 경제적 걱정도 덜었다. '상병수당[20]'이 도입되고 나서 생긴 일이다.

회복에 걸리는 시간이 길어지고 A 씨의 우울증이 더욱 심해지자 살고 있는 아파트의 관리사무소에서 검침(전기, 수도, 가스) 데이터를 실시간 모니터링해도 괜찮겠냐는 문의가 왔다. A 씨가 승낙하자 A 씨의 안전 관리를 목적으로 검침 데이터에 대한 실시간 모니터링이 시작되었다. 또한 환자가 신체 기능을 회복하는 정도를 파악하기 위하여 실내에 센서를 설치하고 환자의 운동량을 측정한다.

의사와 간호사, 임상심리사, 물리치료사의 기초 검사와 개입 내용은 모두 디지털화되어 클라우드에 저장된다. 이 데이터는 건강보험 빅데이터, 관리사무소 관리 데이터 등과 연계되어 환자의 빅데이터 기반을 이룬다. 여기에는 A 씨의 가족력이나 유전적 소인과 같은 것들도 포함되지만 A 씨의 직업과 지역사회의 환경, 생활 습관 등과 같은 사회적 데이터도 포함된다. 이렇게 집적된 데이터를 기반으로 보건의료 전문가들은 A 씨에 대한 맞춤형 개입 계획을 짤 수 있고, 이루어진 개입에 대한 예후와 반응을 평가할 수 있다. 또한 여러 보건의료 전문가들 간의 협력을 통하여 함께 행해지는 치료의 시너지를 꾀할 수 있다. 사회복지사와 주민센터 기반의 사회복지 서비스가 함께 연계되어 신체적, 정신적 건강뿐 아니라 생계 보장과 취업을 통한 사회참여 등 사회적 건강까지 함께 챙길 수 있게 되는 것이다.

2020년 코로나19는 밀집된 업무 환경에서 일하던 육체노동자들을 먼저 덮쳤다. 설혹 백신이 만들어진다고 해도 그런 불평등은 사라지지 않을지도 모른다. 어떻게 방역의 불평등, 치료의 불평등을 줄일 수 있을까? 아래와 같은 가상 상황이 현실이 되도록 만들면 되지 않을까?

2025년 1월, 이제는 풍토병이 된 코로나19가 해마다 겨울이면 돌아오지만 올해는 걸리는 사람이 거의 없다. 작년에 백신이 개발되어 노인과 어린이를 중심으로 거의 모두 접종을 했기 때문이다. 이미 코로나19가 전 세계로 퍼져서 백신이 많이 필요했으나, WHO와 과학기술계가 중심이 된 지적재산권 공유 운동의 성과로 백신의 질에 문제가 없다면 누구나 생산할 수 있고, 그래서 인구의 대부분이 접종을 받을 수 있었다. 백신보다 먼저 개발된 치료제도 같은 방식을 통하여 광범위하게 배포되었고, 그래서 지금은 심한 코로나19 감염이라도 3~4일이면 퇴원할 수 있다.

2020년, 코로나19가 처음 발생했을 당시에는 특히 밀집된 업무 환경에서 일하는 사람들 사이에서 감염이 광범위하게 퍼졌다. 연령과 성별을 중심으로 하던 방역에서 최근에는 사람들의 일터와 생활 환경에 더욱 주목하고 있다. 밀집된 환경을 피할 수 없는 인구 집단을 중심으로 선제적 방역을 하고, 환기 시스템과 접촉 감소를 위한 인프라를 개선하였다. 이를 통해서 필수적 노동자(essential worker)들의 업무 정지가 최소화되고 감염병에 노출되는 노동자의 수가 훨씬 줄어들었다. 개인 중심이 아니라 각 인구 집단을 중심으로 위험도를 검토하는 패러다임의 전환 때문이다.

OECD 평균보다 낮았던 의사를 포함한 보건의료 인력의 수도 크게 증가했으며, 새로이 교육, 배출된 보건의료 인력을 활용하여 공공의료뿐 아니라 지역사회에 기반한 공공 커뮤니티의 돌봄 인프라도 크게 확장되었다. 지역사회로 돌아온 완치자들이 건강을 회복할 때까지 지역사회에서 팀을 구성해 이들을 돌보고 있다. 이미 지난 2년간 축적된 데이터에 기반하여 대상자들이 잘 반응하거나 더 선호하는 치료 형태 등이 데이터화되어 있고, 이 데이터에는 대상자들도 접근할 수 있어서 본인의 건강 수준과 서비스 이력을 쉽게 이해할 수 있다. 본인의 승낙이 있으면 데이터의 사본을 본인이 치료를 받는 의료기관과도 공유할 수 있어서 좀 더 개인에 대한 맞춤형 케어가 가능해졌다.

이전에는 없었던 새로운 감염병이 나타났다. 코로나19는 작게는 재택근무부터 지역 봉쇄와 마이너스 성장으로 전 세계를 혼란과 위기에 빠뜨렸다. 특히 생명과 건강과 생명을 하루아침에 빼앗길 수도 있다는 공포가 모두를 덮쳤다.

그런데 과거로 돌아간다고 해서 이런 혼란과 위기와 공포가 사라질까? 기존의 보건 시스템으로 돌아간다면, 다른 건강 위기가 닥칠 때마다 다시 혼란과 공포는 돌아올 것이다. 감염병 공포가 다시 오더라도 이겨낼 수 있는 새로운 시스템을 만들어내야 한다.

위기를 기회의 돌파구로 만들고, 새로운 사회체제가 재구조화된 모습은 앞의 모습과 같지 않을까? 기존의 좁은 패러다임을 넘어서기 위해 코로나19는 우리에게 보이지 않던 문제를 직시하고, 분석하고, 개선할 계기를 마련해주고 있는지 모른다.

질병과 불건강은 오랫동안 인간을 위협해온 대상이지만, 대규모 감염병은 오랜 기간 동안 사하라 이남 아프리카의 저개발국에서만 일어나는 것으로 여겨졌다. 조류독감, 신종플루, 메르스 등을 겪으면서 동아시아 지역은 이러한 신종 감염병에 익숙해진 면이 있지만, 지구촌의 나머지는 그러지 못했다. 코로나19는 모든 인류에게 생존 자체에 대한 대규모 위협으로 다가왔다. 이렇게 건강의 문제가 개인의 안전을 넘어 시스템 자체의 안보를 위협할 때, 우리는 이것을 건강안보라고 부른다. 이제 무력으로 국토를 지키는 과거의 좁은 안보 개념에서 벗어나, 보건안보에 관심을 기울일 때가 됐다.

인간안보와 보건안보

보건안보(health security)[21]를 이해하기 위해서는 문재인 대통령이 취임 3주년 특별 연설에서 언급한 '인간안보'를 이해할 필요가 있다. 인간안보(human security)는 "모든 사람들이 자유와 존엄성을 누리며, 빈곤과 절망

3장 봉쇄와 거리두기의 시대, 돌아보는 삶의 공간과 건강

으로부터 해방되어 살아갈 권리"로 정의된다. 지난 1980년대 이후 국경을 중심으로 하는 안보 개념이 의미가 없어졌음을 선언하는 학자들이 생기면서 앞으로 필요한 것은 영토에 기반을 둔 국가의 안보라기보다는 인간안보라는 의견이 대두되었다. 유엔개발계획(UNDP)에 의하면 인간안보의 범위에는 경제적, 환경적, 개인적, 지역사회적, 보건적, 정치적, 영양적 문제가 포함되며, 그 특징으로는 ① 현재와 새로이 나타나는 위협에 대응하여 인류의 생존, 생활, 존엄성을 보장하는 것을 목표로 하며 ② 공포로부터의 자유, 부족/결핍(want)으로부터의 자유, 존엄한 삶을 살 자유와 같은 인간의 삶에 근본적으로 필요한 몇 가지 자유가 보편적이고 상호의존적이라는 사실을 강조하고, ③ 결과적으로 안보, 발전, 인권의 상호의존성을 인정하며, 이 요소들을 인간과 국가의 안보를 보장하는 초석으로 고려한다는 점 등을 들 수 있다.

인간안보에서 보건안보는 가장 중요한 문제 중 하나로 여겨진다. 건강은 인간 역량을 구성하는 핵심 요소 중 하나로 개인의 삶에 있어서는 중요한 의미를 갖지만 정치 영역에서 다른 어젠다를 압도할 만큼 위급하고 중요한 문제로 다루어지는 경우는 극히 드물다. 그러나 국가적이거나 경제적인 안보, 혹은 물질적 이해관계에 관련한 고위정치(high politics)가 인간의 존엄이나 인본주의적 구호, 국제개발과 같은 저위정치(low politics)와 충돌하거나 결합하게 되는 경우, 후자의 내용들이 전자로 프레이밍되고, 따라서 어떤 외교적 행위나 정책적 결정으로 귀결될 가능성이 높아진다. 그 대표적인 예가 감염병이다.

세계적 수준의 감염병 확산(pandemic)이 지난 20년 동안 상대적으로 빈번한 상황에서 21세기 초반부터 감염병을 중심으로 하는 보건의 문제는 종종 '외교' 또는 '안보'의 문제로 다뤄져왔다. 2001년 1월 유엔안전보장이사회 세션에서 HIV/AIDS를 주제로 다루고, 같은 해 7월, 유엔안전보장이사회 결의안 1308은 평화유지 활동 중 HIV/AIDS의 확산을 막아야 함을 언급하였다. 2001년 6월 유엔특별회의(UNGASS)에서는 HIV/AIDS가 안보 문제임을 선언하고, 지난 2014년 9월 18일 유엔안전보장이사회는 에볼라가 국제 평화와 안전에 위협이 되고 있다고 선언하였다. 이러한 흐름의 연속선상에 현재의 코로나19 팬데믹이 있다.

건강안보의 구성 요소

WHO에 의하면 보건안보는 인구 집단의 건강을 보전하고 보호하기 위한 수단의 제공과 지속, 또는 국가 안보와 공중보건 문제가 중첩되는 정책 영역이며, 기본적으로는 건강에 대한 위협으로부터의 보호를 의미한다. 이때 집단적 건강안보는 '국경을 넘어 전파되는 전염성 질환의 위협으로부터 사회의 취약성을 감소시키는 것'으로서 흑사병(14세기), 사스, 메르스, 그리고 코로나19 등이 그 예이다. 한편 이와 대별되는 개인적 건강안보는 '보건의료 서비스와 상품, 기술에 대한 안전하고 효과적인 접근성을 보장하는 것'으로서 1970년대 예방접종의 광범위한 시행이나, 백신 개발을 위해 WHO와 유니세프가 함께 추진하고 있는 세계백신면역연합(GAVI Alliance), 에이즈, 말라리아, 결핵 박멸을 위한 글로벌 펀드, 의약품 공동구매 기구인 국제의약품구매기구(UNITAID)를 그 예로 들 수 있다.

한편 보건안보는 그것이 '안보'라는 차원에서 국가의 책임이 강조되며, 따라서 공공 가치를 중심에 둘 수밖에 없다. 지금까지 한국 사회에서 보건

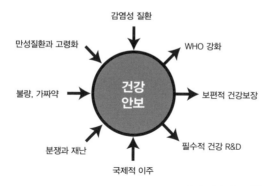

보건안보의 종류(들어가는 화살표)와 강화 방안(나가는 화살표)

출처: 정혜주(2016)[22]의 그림을 수정함.

의료 공공성 논의는 공공 보건의료 서비스로 그 내용이 제한된 측면이 있었으며, 그 실현을 위한 과정에 대해서도 충분한 사회적 논의가 진행되지 못했다. 규범적 당위성을 넘어 실천적 로드맵을 구성하기 위해서는 기존의 보건의료 논쟁을 넘어서는 새로운 가치와 규범을 기반으로 해야 하나, 공공 병원 확충, 건강보험 보장성 확대를 넘어서는 정책적 어젠다를 생산하지 못했다.[23]

새로운 가치와 규범으로 우리는 인간안보에 기반한 보건안보를 제시해볼 수 있다. '건강의 보호와 지속, 그리고 증진을 위해 다양한 사회문제를 해결하고자 하는 다양한 주체의 노력과 관련된 것'으로 건강 공공성의 의미를 확장하는 한편, 절차적 공공성을 통한 민주적 실현을 위하여 시민과 정부뿐 아니라 서비스 공급자와 서비스를 제공하는 노동자들의 합의에 의한 문제해결 과정을 강조하는 것이 보건안보를 '국가의 책임'을 넘어 '공공적'으로 이해하는 중요한 열쇠가 될 것이다.

인간안보와 보건안보 개념에 기반한 보건의료의 미래

초회복적 보건의료 체계는 어떤 방법으로 나아갈 수 있을까? 보건안보 개념에 입각한 보건의료 체계는 어떤 방식으로 개선을 꾀할 수 있을 것인가? '안보'라는 정치사회적 관점과 건강이 만날 때, 우리는 생물학적 바이러스를 넘어서 인간과 인간이 군집을 이루어 살아가는 공동체 안에서 방역의 사회적 의미, 돌봄의 사회적 의미, 그리고 기존의 미비했던 사회안전망(사회보험, 상병수당 등), 공공재로서의 백신과 치료제의 의미를 재조명함으로써 보건의료의 '초회복'을 상상해볼 수 있다.

방역은 훨씬 더 사회적이어야 한다

최근 보건학계에서는 비례적 보편주의라는 개념이 확산되고 있다. 코로나19로 인한 감염과 사망이 취약계층을 중심으로 일어나고 있는 현재의 상황은 건강 불평등의 대표적인 현상인데, 이를 형평성 있게 개선하기 위해서는 모든 사람에게 같은 지원을 하는 것(현재의 기본 방역 패러다임)으로는 부족하고, 부족한 사람에게 더 많이 지원해야 한다는 것이다.

취약계층이 감염병에 더 많이 걸리고 더 많이 사망한다는 것을 '고발'의 목적으로만 사용하지 말고, '예방'의 가이드라인으로 사용해야 한다. 제2, 제3의 청도 대남병원, 구로콜센터, 쿠팡 물류센터를 찾아내고 취약계층에 대한 지원을 선제적으로 실시해야 한다. 경제 수준과 빈곤만이 아니라 일터와 삶터의 환경을 살피고 감염성 질환에 취약한 사회적, 물리적 환경을 선별하여 이들이 감염에 취약한 환경에서 벗어날 수 있는 제도와 시스템을 만들어야 한다. 이때 그 제도는 '전 국민 고용보험'이나 '비정규직의 정규직 전환'과 같은 사회안전망은 물론, 작업장의 환기 기준과 같은 구체적이고 미시적인 지침까지도 고려해야 할 것이다.

질병의 치료만이 아닌 '건강의 돌봄'을 중심에 놓고 고민해야 한다

코로나19 중증 환자는 3차 병원을 중심으로 의료기술 집약적인 치료를 받아야 한다. 문제는 이들이 지역사회로 돌아온 이후이다. 코로나19으로부터는 회복했지만 장기간의 입원으로 약해진 심신에 대한 관리가 필요하다. 특히 가족 중 다른 사람이 코로나19로 사망한 경우 심리적 지원이 절실하다. 회복 직후에는 장기간의 와병 생활로 활동 능력이 떨어져 일할 수 없는 상태인 경우도 있다. 감염병을 그 자체로만 접근하면 코로나19에서 회복된 사람에게는 더 이상의 직접적인 보건의료적 수요가 없다고 생각할 수 있지만, 감염병으로부터 회복한 후에도 완전히 건강한 상태로 돌아오기까지 보건의료 서비스의 공백이 발생한다. 근력을 회복하여 안정적인 일상 생활을 가능하게 하는 재활치료, 일시적이거나 영구적인 기능 손실이 있는 상태에서도 일상의 업무를 수행할 수 있게 해주는 작업치료, 치료 과정에서 느꼈던 충격과 주변인의 죽음 등에서 온 심리적 외상을 완화시킬 수 있는 임상심리적 지원 등은 이들이 일상을 회복할 수 있도록 해주는 핵심적인 서비스의 예이다.[24]

유급병가와 상병수당을 통한 가족돌봄 지원

관련된 이슈로 최근 논의되고 있는 유급병가와 상병수당이 있다. 유급병가는 일정 기간 치료가 활발하게 필요한 업무 외 상병에 대해 유급휴일을 제공하는 제도이고, 상병수당은 업무와 관련 없는 질병이나 부상 등으로 치료를 받게 될 경우 발생하는 소득 손실을 보상해주는 제도다. 확진자와 가족은 감염병 피해자임에도 '잠재적 가해자'로 취급되면서 소득 손실에 따른 경제적 부담을 감내해야 하는 등 열악한 사회보장의 사각지대에 방치된다는 점에서 유급병가와 상병수당은 유의미한 제도[21]의 발전이 될 수 있다. 서울시는 2019년 서울형 유급병가지원제도를 우리나라 최초로 도입하여 대표적인 사회정책 중 우리나라에 유일하게 부재한 상병수당 도입의 물꼬를 텄다. 특히 기존 사회보장의 사각지대에 있는 영세 자영업자, 특수형태근로자, 일용직, 임시직 등 취약계층을 중심으로 이러한 정책을 시행했다는 데에 서울형 유급병가지원제도의 중요성이 있다. 이들은 현재 코로나19 상황에서도 가장 취약한 계층이며, '아프면 3일 쉬자.'는 구호가 무색한, 즉 아파도 나가서 일해야 하는 갖가지 이유가 있는 계층이다.

현재의 서울형 유급병가지원제도는 입원이 발생했을 때 10일과 건강검진 1일을 지원하는 제도이나 코로나19와 같은 감염병 사태를 대비하기 위해서는 자가 치료나 예방적 격리 기간에 대한 지원, 아이나 부양가족이 예방이나 치료를 이유로 등원이나 등교를 하지 못했을 때 돌봄의 공백을 메울 수 있는 지원 제도의 확대가 필요하다. 이를 통하여 감염의 가능성을 최소화하고 사회적 혼란을 줄여 가족의 건강에 대한 충실한 돌봄이 가능할 것이다.

백신과 치료제에 대한 공공적 접근 지원

코로나19라는 신종 바이러스에 대한 인류의 이해가 현재 수준까지 온 데는 인류 공동의 노력이 큰 역할을 했다. 전 세계에서 이 질환과 바이러스에 대한 논문이 쏟아졌으며, 그것을 통하여 우리는 이 질환에 대해서 더 잘 알게 되었고, 백신과 치료제의 개발을 논할 수 있는 단계에 와 있다. 지금 누군가 백신을 개발한다고 해도, 그것은 혼자만의 노력의 결과가 아니다. 인류라는 거인의 어깨 위에 서서 얻어낸 성과라고 봐야 한다. 그러니 백신은 사실상 공공재로 봐야 한다. 소수의 독점기업이 이윤 추구만을 위해 백신을 활용하면 안 된다. 사회구성원 모두가 혜택을 볼 수 있어야 한다.

2020년 5월 20일 대표적인 과학잡지인 〈네이처(Nature)〉는 에디토리얼을 통해 이렇게 공동의 노력으로 개발되고 있는 백신이나 치료제의 특허가 어떤 한 회사나 개발자에게 집중되어서는 안 된다고 주장했다. 특허가 공유되어 전 세계의 모든 회사에서 생산할 수 있어야 현재 필요한 수요를 충족할 수 있다는 것이다.

필수적 의학 기술에 대한 공공적 공유는 오래된 미래이다. 1990년대 만들어진 WTO(세계무역기구)의 무역관련지적재산권협정에도 '공공의 비상업적 목적을 위한 강제실시'가 포함되어 있으며, HIV/AIDS 유행을 계기로 채택된 2000년대 초반의 도하 선언문에서도 지적재산권이 공중보건을 침해해선 안 된다고 확인한 바 있다. 지난 2020년 5월의 제73차 WHO 총회에서는 코로나19 대응에 필요한 지식을 공동으로 관리하는 풀(pool)을 승인하는 결의문을 채택하였고, 한국 정부도 이에 동참하였다. 이후 WHO는 〈WHO COVID-19 Strategic Preparedness and Response Plan〉과 〈Access to COVID-19 Tools Accelerator〉를 발표하면서 코로나19에 관련된 보건 기술에 대한 지식과, 지적재산권, 데이터를 공유함을 통하여 코로나19에 대응하는 치료 기술을 국제적 공공재화하자는 연대 요청(solidarity call to action)을 핵심 이해관계자와 전 세계 시민들에게 발송했다. 의학 기술이 개발되고 그 이익이 향유되는 근본 메커니즘을 변화시키고자 하는 이 흐름이 더 강화될 필요가 있다.

강화된 공공 보건의료와 데이터를 결합한 러닝헬스 시스템

2020년 상반기를 우리는 코로나19와 함께 보냈다. 한국 사회는 모범적으로 대응했고, 드라이브스루 시스템과 진단 키트를 포함한 방역 패키지를 세계에 수출하는 정도가 되었다. 기존에 없었던 서비스와 체계가 코로나19에 대응하기 위하여 새로이 만들어지고 끊임없이 변화하는 이 과정에서 우리 국민 모두는 코로나19 방역을 위해 데이터와 방역 기제가 상승 발전하는 러닝헬스 시스템(Learning Health System, LHS)을 함께 경험했다.

대구 지역의 대규모 발병은 초기 보건의료 시스템의 마비를 가져왔다. 2월 대구와 경북을 중심으로 코로나19 확진자가 급증하면서 확진 또는 의심환자가 응급실에 방문하기만 해도 응급실 운영이 중단되는 사태가 반복됐고, 당장 응급 치료가 필요한 중증 응급환자가 골든타임을 놓쳐 중태에 빠지거나 심한 경우 사망하는 사례가 왕왕 발생했다.[26]

사회 전반에 영향을 미치는 감염병은 사회의 약한 고리 곳곳을 파고들었다. 병약한 어르신들이 계시는 요양병원, 수십 년간 유폐된 사람들이 그저 목숨을 부지하고 있던 정신병원, 재택근무의 혜택을 누리지 못하고 사회적 거리두기 기간에도 우리의 삶을 지탱해주기 위하여 밀집된 환경에서 일해야 하는 콜센터와 택배 노동자들. 사회적 감수성은 이들이 코로나19에 먼저 희생될 것임을 알려주지만 감염병 관리는 거기까지 나아가지 못했다.

여기서 보건학적 대응은 인간의 건강이 만들어지는 사회 환경에 주목하기 때문에 유용하다. 즉, 바이러스에 대한 성공적 대응이 보건학적으로 성공적인 대응을 의미하지는 않는다. 이미 위축된 경제활동으로 고용노동부가 발표한 3월 말 기준 임시·일용직은 지난해보다 12만 4000명, 특수고용직을 포함한 기타 종사자는 9만 3000명 급감한 것으로 나타났으며, 한국경제연구원은 코로나19로 인해 국내 고용 시장에서 최대 33만 3000명이 직장을 잃게 될 것으로 예측했다. 소득수준이 낮은 사람일수록 구로콜센터 집단감염의 사례처럼 원격근무가 불가능하여 밀집된 환경을 피할 수 없기에 바이러스에 노출될 가능성이 높아지기도 하지만, 다가올 경제 위기에 의한 영향 또한 많이 받을 수밖에 없다. 일례로 2003년 홍콩 사스 재난 당시 사스로 사망한 사람보다 이후 경제적 문제로 자살한 사람이 더 많다는 보도도 있다. 이 모두는 정신적이고 신체적인 건강의 위기로 다가올 것이다.

여기서 러닝헬스 시스템이 유용할 수 있다. 러닝헬스 시스템은 일상적인 보건의료 활동이 모두 데이터화되어 분석되고 그에 기반하여 보건의료 활동을 지속적으로 발전, 진화시켜나가는 데이터 기반 헬스케어 플랫폼이다. 이 시스템이 중요한 것은 무엇보다 '맞춤형' 케어가 가능하기 때문이다. 이때 맞춤형 케어는 유전체나 생물학적 요인을 중심으로 하는 정밀의료와는 결이 다르다. 건강에 대한 생의학적(biomedical) 모델은 질병을 치료하는 것에 초점을 맞추지만, 건강은 이미 70여 년 전에 WHO가 정의했듯, "질병이나 허약의 부재가 아니라 신체적, 정신적으로 완전히 안녕한 상태이다." 따라서 건강을 지키고 증진하는 것은 단순히 질병의 치료를 넘어선다. 건강을 결정하는 요인 중 유전학·생물학적 요인은 22퍼센트 정도에 불과한 것으로 알려져 있지만, 보건의료 시스템(접근성 등)은 11퍼센트 정도를 차지하고, 그 나머지 67퍼센트는 개인의 생활 습관(36%)뿐 아니라, 사회적(24%), 물리적(7%) 환경이다.[27] 건강 수준이 아닌 건강 불평등은 건강의 사회적 결정 요인(주거 환경, 지역사회 환경, 일터의 환경, 돌봄의 부담, 성, 교육, 소득, 보건 체계)[28]이 그 대부분을 결정하며, 그 영향은 오히려 유전체를 변화시키는 수준에까지 이른다.[29]

따라서 진정한 맞춤형 헬스케어를 위해서는 유전적·생물학적 요인뿐 아니라, 어쩌면 건강에 더 큰 영향을 주고 있는, 사람들의 삶과 그 삶의 환경이라는 사회적 맥락에 주목해야 한다. 그리고 이들이 겪고 있는 건강상의 장애를 해결하기 위해서는 의료를 포함한 물리·작업치료와 재활, 방문간호, 심리 치료, 영양과 운동요법, 더 나아가서 사회복지 서비스 연계에 이르기까지 임상에서 사회정책에 이르는 다양한 차원의 개입이 필요하다. 이러한 개입을 통해서만 진정한 '맞춤형 헬스케어'가 가능하다. 이를 위해서 헬스케어는 거주지나 일터 근처의 커뮤니티에서 다양한 사회 서비스 인력에 의해 팀의 형태로 제공되어야 한다. 현재의 개인 수준의 유전적, 생물학적, 생활 습관적 데이터를 넘어서 개인 간(Interpersonal), 공동체 내(Community), 지역적(Regional), 국가적(National) 차원의 행정 데이터까지 포괄할 수 있어야 한다.

이를 통하여 감염병을 포함하는 각종 건강 위험에 더 취약할 인구 집단을 미리 찾아내어 건강에 대한 위협을 예방하고 이들의 신체적, 정신적 건강과 장애의 특성, 회복의 단계에 따라 필요한 케어를 집중적으로 제공할 수 있을 것이다. 바이러스가 야기한 보건학적일 뿐 아니라 인간적인 위기에 제대로 대응하는 것은 팬데믹이라는 사회적 경험을 겪은 모든 사람들이 받은 부정적 건강 영향을 완화하고 이전의 건강 상태로 돌아갈 수 있도록 돌보는 것이다. 어느 한 사람이라도 감염되면 모두가 봉쇄령을 감수할 수밖에 없다는 것을 알고 있는 우리는, 그래서 더 많은 영향을 받은 사람들에 대해 더 많은 지원이 필요하다는 것도 알고 있다. 이것이 '방역'이 아닌 '모두'를 위한 '건강 돌봄'이 필요한 이유다. 여기에 데이터에 대한 소유권과 서비스의 구성과 제공에 있어서 당사자인 주민과 보건의료 서비스 인력의 주도성이 확보되는 민주적 과정이 더해진다면, 새로운 시대의 수평적이고 유연한 보건의료 시스템과 거버넌스 구조가 완성될 수 있을 것이다.

기후위기와 코로나19,
더 이상 낭비할 위기는 없다

김병권 정의당 정의정책연구소장

코로나19는 기후위기의 예고편

미국항공우주국(NASA)은 2020년 3월 흥미로운 사진을 공개했다. 코로나19 바이러스 확산을 막기 위해 우한을 전격 봉쇄한 직후인 2월 10일에서 25일 사이 중국에서 자동차와 산업 시설에서 배출되는 유해가스인 이산화질소(NO_2) 농도와, 봉쇄 이전인 한 달 전의 이산화질소 농도를 비교한 위성사진이었다. 대봉쇄와 거리두기로 공장이 멈춰 서고 자동차 이용이 줄어들면서 이산화질소의 농도가 현저히 줄어들었음을 육안으로 확인할 수 있을 정도였는데, 미항공우주국에 따르면 한때 이산화질소의 농도는 봉쇄 전에 비해 30퍼센트까지 줄었다고 한다. 유감스럽게도 이 현상은 그리 오래 지속되지 못했으며, 우한 봉쇄를 다시 풀고 생활과 산업의 움직임이 활발해지면서 4월에는 예년 수준으로 되돌아갔다.

이런 사실은 코로나19가 인류에게는 재앙일 수 있지만 지구와 생태계에는 축복일지도 모른다는 암시를 사람들에게 던져주었다. 하지만 사실 코로나19와 같은 감염병과 기후위기는 훨씬 더 깊은 관계가 있다. 우선 감염병과 기후위기는 그 어떤 다른 위기들보다 발생했을 때의 사회경제적 충격이 광범위하고 파괴적이다. 특히 기후위기가 그렇다. 지금은 코로나19라는 예기치 못한 감염병의 세계적 사건이 반년 동안 지구의 거의 모든 인간 활동을 얼어붙게 만들었지만, 사실 2020년 1월까지만 해도 감염병은 그렇게 위협적인 요인으로 인식되지 않았다. 1월에 다보스포럼에서 발표된 〈앞으로 10년 내 닥쳐올 위험〉이라는 보고서에서 감염병 발발은 '그다지 높지 않은 발생 가능성', '다소 높은 파괴력' 수준으로 평가되었다. 그런데 가능성이 다소 낮다고 평가된 감염병이 실제 발생했고, 파괴력이 다소 높은 정도라고 간주된 코로나19로 전 세계가 일시에 심각한 패닉에 빠지게 된 것이다. 반면 인간의 기후대응 실패를 포함한 기후위기는 무려 다섯 가지나 '매우 높은 발생 확률'에 '매우 강한 파괴적 영향'으로 분류되었다.[30] 그러면 정말 기후위기가 하나씩 현실화되면 어떤 일이 일어날지 짐작조차 어렵다.

더욱이 코로나19와 같은 감염병의 잦은 발생이 사실은 기후위기로 인한 여러 가지 지구 생태계의 변화 가운데 하나라는 연구 결과도 많다. 과학자들은 현재 코로나19의 근원에는 전반적인 자연 서식지 파괴와 그 안에서 살아왔던 종 다양성의 소실 등이 있다고 주장하고 있다. 이를테면 자연 서식지 파괴 등이 박쥐 같은 감염병 전파 생물에게 사람들을 노출시켜 새로운 감염병 발병을 촉발할 수 있다는 것이다. 이런 식으로 환경 위기와 건강 위기는 잠재적으로 서로를 강화하는 것으로 이해할 수 있다. 더 나아가 지구 온난화로 지구 표면 온도가 산업혁명 이전보다 2도 이상 상승하면, 동토에 얼어붙었던 고대 바이러스의 재생을 촉발시킬 위험마저 가지고 있다는 지적도 많다. 이런 식으로 기후위기가 원인이 되어 감염병 발병 가능성을 높이게 되는 것이다.

사실 이런 지적은 보건 분야의 학자들에게는 꽤 오래전부터 관심 주제였다. 세계 공중보건학계의 거인이자 유엔에서 기후위기를 분석하는 데 중요한 기여를 해왔던 폴 엡스타인(Paul Epstein)은, 지구에서 온난화 정도가 조금만 더 심화되어도 각종 감염병이 전파되는 지형도를 크게 바꿀 수 있다고 경고해왔다. 이를테면 기후위기 현상의 하나인 엘니뇨는 인도 펀자브 지역과 베네수엘라에는 말라리아를, 태국에는 전염성 뎅기열을, 방글라데시에는 콜레라를, 페루에는 설사병을, 미국 남서부에는 한탄 바이러스 폐증후군 등을 확산시킨다. 세부 사항은 다르지만, 이 모든 질병을 퍼뜨리는 것은 바로 긴 가뭄, 비정상적인 폭우 혹은 온난화와 같은 극단적인 기상 현상이라는 점은 동일하다.[31]

기후위기는 다른 위기와는 차원이 다른 '그린스완'

기후변화에 관한 경고는 사실 꽤 오래된 의제다. 하지만 최근 수년 동안 이 오래된 의제를 대하는 심각성의 차원이 완전히 달라졌다. 지난해부터 영국 〈가디언〉지를 비롯한 주요 언론이 다소 중립적인 뉘앙스의 기후변화(Climate Change)라는 용어 대신에, '기후위기(Climate Crisis)' 또는 '기후 비상사태(Climate Emergence)'를 사용하는 것만 봐도 이는 명확하다. 옥스퍼드 사전은 2019년 올해의 단어로 '기후 비상사태(climate emergency)'를 선정했고, 일부 식자들은 당면의 기후위기를 '전쟁에 준하는 상황(the moral equivalent of war)'으로 해석하기도 한다.

실제로 안토니우 구테흐스(António Guterres) 유엔 사무총장은 기후위기에 대해 "다시 돌아오지 못할 지점(환경 복원이 불가능한 수준)이 더는 지평선 너머에 있지 않으며 가시권에서 우리를 향해 세차게 다가오고 있다"면서 매우 강도 높은 경고를 하기도 했다. 또한 2019년 11월에는 세계 153개국 과학자 1만 1258명도 "기후위기는 대부분의 과학자들이 예상했던 것보다 더 빠르게 진전되고 있다"고 지적하고, "특히 우려되는 것은 지구가 회복할 수 없는 기후의 '분기점'에 다다르는 것"이며, 이는 "더는 통제할 기회를 잃는다는 것"이라고 경고했다. 기후위기를 전쟁에 비유하는 것이 빈말은 아닌 것이다.[32] 기후위기는 학자들이나 정책 기관의 경고만으로 끝나지 않았다. 2019년 11월부터 2020년 2월까지 계속되었던 호주의 대규모 산불은 10억 마리의 동물을 폐사시키면서 서울시 면적의 100배에 해당하는 산림을 초토화하기도 했다. 온난화가 가져온 주요 기상 현상의 하나인 폭우나 가뭄 등의 극단적 기후가 불러올 비극의 생생한 사례였다.

이번 코로나19 사태의 세계적 확산이 보여주는 것처럼, 기후위기 역시 언제든 미래 세대가 아니라 지금 우리 세대에게 강력한 위협으로 닥쳐올 수 있다. 문제는 기후위기가 감염병과 마찬가지로 지금까지 겪어왔던 위기와 차원이 다르다는 점이다. 각 나라 중앙은행들의 모임이라고 할 수 있는 국제결제은행(BIS)은 지난 2020년 1월, 기후위기가 보여주고 있는 특별한 위험을 '그린스완(Green Swan)'이라고 표현했는데, 5월 두 번째 보고서를 발표하면서 코로나19 위기도 기후위기와 비슷한 특성이 있다고 덧붙였다.[33]

통상 갑작스러운 주식시장 폭락이나 금융거품 붕괴와 같이 예기치 못하게 갑자기 찾아오는 경제사회 위기에 대해서 검은 백조에 빗대어 '블랙스완(Black Swan)' 현상이라고 부른다. 국제결제은행은 기후위기나 감염병 발발이 예기치 못하게 시스템을 흔들 수 있다는 점에서 블랙스완과 비슷하지만, 그보다 더욱 심각한 특징이 있다고 지적한다. 예를 들어 블랙스완은 언제 어떻게 발생할지 예측하기가 무척 힘들지만, 감염병과 기후위기와 같은 그린스완은 오늘날 최상의 과학적 성과에 기반해서 거의 확실하게 그것이 발생할 것임을 예측할 수 있단다. 다만 불확실한 것은 정확히 어느 어느 시점에 어느 장소에서 어떤 방식으로 발생할 것인가이다.

또한 그린스완이 금융시장 붕괴와 같은 블랙스완과 결정적으로 다른 점이 있다. 금융시장 붕괴 등도 상당히 포괄적이고 장기간에 걸쳐 영향을 주는 심각한 충격임에는 틀림없지만, 결국은 정책 수단을 잘 동원해서 수습하고 다시 회복할 수 있다. 하지만 대개의 그린스완은 한번 터지면 이전 상태로의 회복이 거의 불가능하다. 블랙스완이 주로 실물이나 금융 경제에 영향을 주지만, 그린스완의 경우 인류의 삶에 대규모적이고 직접적이며 회복 불가능한 위협을 가하기 때문이다. 그 결과 한번 발생하면 그 이후에는 환경과 생태를 대하는 방식의 근본적인 변화가 불가피하고 특히 미래 세대를 위한 자원과 기회의 측면에서 치명적인 결과를 초래할 수 있다. 특히 기후위기에는 흔히 말하는 '집단면역(herd immunity)'이란 말이 성립되지 않는다. 기후위기에 제대로 대처하지 못하면 비록 지구는 살아남아서 새로운 복원 과정을 시작할지 모르지만 인류는 멸종해버릴 수도 있기 때문이다.

포스트 코로나를 위한 회복은 '그린뉴딜'로

그러면 코로나19 확산을 막고 우리의 삶과 경제를 회복하는 가장 바람직한 해법은 무엇일까? 코로나19 확산으로 인해 일시적으로 온실가스 배출이 줄어들었다는 것은 앞서 확인했다. 그러나 경기를 회복한다는 목적으로 환경 규제 등을 무시하고 무절제하게 경기부양 프로그램에 몰입할 경우, 이른바 '반등 효과(rebound effect)'라는 것이 작용하여 기존 수준으로 금방 이산화탄소 배출이 늘어나는 것은 물론 그 이상으로 온난화가 악화될 수도 있다. 따라서 OECD 등 국제기구들은 한결같이 코로나19 이후의 회복 과정이 추가적인 환경 파괴로 이어지지 않도록 극도로 주의할 것을 요구한다. 만약 환경 파괴를 동반한 경기회복이 반복되면 다시 감염병과 기후위기 가능성을 높이는 악순환에 빠져들 것이 명확하기 때문이다.[34] 또한 역사적 선례를 볼 때 감염병 확산은 예외 없이 불평등을 심화시켰다. 크리스탈리나 게오르기에바 IMF 총재에 따르면, "IMF는 과거에 감염병 사태 이후 무슨 일이 일어났는지 보고 있는데 사스, 메르스, 에볼라 등 모든 감염병이 발생한 이후 불평등이 증가했다는 것이 슬픈 결론"이라면서, 포스트 코로나 회복 과정에서 불평등 완화에 주의를 기울이는 것이 지속가능한 회복에서 관건이라고 강조했다. 그러면 기존의 반생태적이고 불평등적인 회복 전략과 구별되는, 초회복 전략으로 무엇이 있을까?

포스트 코로나를 향한 경기회복 과정에서 기후위기와 불평등을 함께 극복하는 기획을 해보자는 제안이 바로 '그린뉴딜(Green New Deal)'이다. 이런 취지로 한국 정부도 코로나19 이후의 경기회복을 위한 '한국판 뉴딜'에 그린뉴딜을 포함시켰다. 하지만 사실 그린뉴딜은 코로나19가 지구에서 발병하기도 이전인 2018년부터 기후위기와 불평등을 막기 위한 국가적 프로젝트로 세계 곳곳에서 제안되었다. 그런데 코로나19 재난이 덮치면서 재난 회복 해법으로 새삼스럽게 더 주목을 받게 된 것이다.

한국 정부는 그린뉴딜을 공공건물 리모델링 등 일부 친환경 사업을 포함시키는 것 정도로 이해하고 있지만, 원래 그린뉴딜은 지구온난화를 1.5도 이하로 억제해야 한다는 유엔의 요청에 응답하여, 향후 10년 안에 탄소배출을 절반 수준으로 줄이는 것을 목표로 국가가 책임지고 대대적인 공공투자를 해야 한다는 내용을 담고 있다. 단순한 친환경 프로젝트 차원이 아니라는 말이다. 미국 진보 싱크탱크 뉴 콘센서스(New Consensus) 역시 "기후과학자들이 절박하게 경고하는 수준에 맞추어 세계적인 온실가스 배출량을 감축하려면 엄청난 규모와 속도(긴급성)으로 변화를 이루어가야 한다는 사실을 우리는 명심해야" 한다고 강조한다.[35]

특히 그동안 서로 상충 관계(trade off)에 있다고 간주된 환경과 경제문제에 대한 기존의 시각을 완전히 바꿔서, 경제와 환경은 상호 의존관계에 있는 것으로 적극적으로 해석해야 한다. 그래서 온실가스 감축과 일자리 창출이라는 두 정책 목표의 결합이 그린뉴딜 정책의 핵심이라고 볼 수도 있다.[36] 그러면 코로나19 재난으로부터 경제를 회복하면서 기후위기와 불평등 해소를 동시에 해결하겠다는 불가능한 임무(mission impossible)를 과연 어떻게 수행할 수 있을까?

우선 온실가스 배출의 절대적인 책임이 있는 화석연료 의존형 에너지 생산 시스템을 태양과 바람 중심의 재생에너지로 전환하는 것이다. 미국을 포함한 대부분의 국가에서 제안되는 그린뉴딜이 대부분 10년 안에 전력 생산을 100퍼센트 재생에너지로 완전히 전환시키자는 엄청나게 야심

찬 목표들을 내걸고 있는 이유가 여기에 있다. 이참에 에너지 '산업' 자체를 완전히 전환하자는 것이다.

둘째, 공공투자 등을 대규모로 동원해서 짧은 시간에 전체 주택의 그린 리모델링 프로젝트, 자동차 총 주행거리 축소 및 전체 내연기관 차량의 전기자동차로의 교체, 에너지 다소비 산업의 청정 산업으로의 전환 등을 전격 추진하는 것이다. 제안자들은 이를 위한 모든 기술은 이미 있고, 재원도 인플레이션을 일으키지 않고 동원할 수 있다고 확신한다.

셋째로, 4차 산업혁명과 빠른 기술 변화 추세로 점점 더 일자리가 불안정해지는 가운데 코로나19는 특히 플랫폼 노동자를 포함한 다양한 불안정 노동자들에게 가장 먼저 심각한 소득 손실 충격을 주었다. 그린뉴딜로의 대규모 전환은 상당한 신규 일자리 창출을 통해 여기에 대응해나갈 수 있게 해준다. 예를 들어 대체로 화석연료 기반 에너지 산업보다, 재생에너지 산업이 약 세 배의 일자리를 만들 것이라는 기대가 있다. 따라서 그린뉴딜은 기본적으로 일자리 창출을 중요한 목표로 한다. 또한 이 과정에서 일부 일자리를 잃는 노동자나 피해를 보는 지역 공동체를 위한 '정의로운 전환(just transition)' 정책을 국가가 공공재원에 의해서 강력히 뒷받침할 것을 요구한다. 전환 과정에서 교육 훈련, 사회안전망 지원 등 막대한 복지 체제를 가동할 것을 요구하는 것이다. 아울러 그린뉴딜 전환 과정에서 기존의 화석연료 기득권 세력의 자산 축소와, 새로운 탈-탄소 산업 자본의 지역 주민 자산화 유도를 의도적으로 추진함으로써 불평등 완화의 계기로 그린뉴딜을 활용하려는 정책 목표도 포함한다.[37] 이처럼 그린뉴딜은 포스트 코로나를 위한 회복 프로그램일 뿐 아니라, 회복 과정에서 아예 코로나19와 같은 감염병 재발이나 기후위기의 가능성을 원천적으로 줄여나가기 위해 화석연료 기반의 산업구조 자체를 전환하자는 매우 야심찬 프로젝트다.

미래에 놓인 두 가지 선택

전례 없는 코로나19 재난을 겪은 후에 인류는 두 가지 선택의 기로에 있다. 하나는 우리가 지금까지 살아가던 방식대로(Usual) 시스템을 원래대로 되돌려놓는 것이다. 하지만 지금까지 겪은 재난만으로도 코로나19 같은 돌발적이고 규모가 큰 감염병이나 기후재난에 인류 문명이 얼마나 파괴적으로 무너질 수 있는지를 제대로 실감했다. 또한 인류가 스스로 매우 자랑하면서 오랫동안 구축해온 보건–경제–정치 시스템이 얼마나 취약한지도 여실히 확인했다. 코로나19로 무너진 나라들이 대부분 선진국들이거나 G20 국가들인 것이 과연 우연일까?

코로나19는 앞으로 우리가 탄소 배출을 제대로 줄여서 녹색회복(green recovery)에 성공할 경우, 미래에 어떤 세상이 펼쳐질 수 있는지 비록 잠깐이지만 경험하게 해주었다. 어떤 선택을 할 것인가? 국제결제은행은 보고서에서 이렇게 강조한다. "위기를 낭비하지 말라.(Never waste a crisis.)"

4장
___

교육과 배움,
새 시대의 작동법을
습득하라

비대면 교육,
대학의 존재 이유를 흔들다

정지선 홍콩대학교 교육학과 조교수

코로나19 사태는 필자가 근무하는 홍콩의 대학에도 많은 영향을 끼쳤다. 1월 개강 직후 학생들과 대면한 지 정확히 일주일 만에 모든 강의는 온라인으로 전환되었고, 예정되어 있던 학회가 줄줄이 취소되고, 대부분의 학교 행사 및 연구 프로젝트도 그대로 멈추어버렸다. 변경된 강의 방식과 평가 방식을 묻는 학생들의 이메일이 끊이질 않고, 대학 차원에서는 위생 관리, 학생 관리, 온라인 강의, 재택근무 권고와 관련된 이메일이 쏟아졌다. 대학 구성원들 모두 각자의 자리에서 최선을 다하고 있음에도 불구하고 의사 결정 과정에서 빈번하게 일어나는 번복된 결정을 지켜보면서 모두 혼란스러운 시간을 보낸 것도 사실이다.

신문 기사를 통해 접하는 한국 대학들의 상황도 크게 다르지 않다. 새내기로 북적이던 3월의 캠퍼스는 고요하기만 하고, 갑작스럽게 온라인 강의가 전면 도입되면서 교수와 학생들 모두 상당한 혼란을 겪은 것으로 보인다. 무엇보다 심각한 문제는 온라인 강의에 대한 학생들의 만족도가 현저히 낮은 데다가 이 때문에 수업권 확보와 등록금 환불에 대한 요구도 높다는 것이다. 부분적으로나마 부랴부랴 대면 강의로 복귀한 대학들의 경우, 그것이 실제로는 등록금 환불에 대한 목소리를 잠재우기 위한 하나의 방편임을 부인할 수 없다.

2주 후면, 한 달 후면, 예전의 캠퍼스로 돌아갈 줄 알았던 기대가 점점 사라지면서, 이제는 단순히 과거의 일상으로 빨리 돌아가기를 바라는 것보다 코로나19 이후의 대학을 계획하고 논의하는 일이 더 중요한 문제라는 것을 깨닫는 시점이다. 불확실성의 시대라고도 정의되는 이 시대에 예상치 못한 사회 위기는 언제든 다시 찾아올 수 있다. 그 위기는 지금처럼 공공의 건강에 관한 것일 수도 있고, 그 밖의 정치경제적 혼란에 관한 것일 수도 있다. 또한 많은 위기들이 이미 사회의 다른 급격한 변화와 맞물려 대학 곳곳에서 일어나고 있었기 때문에, 어찌 보면 코로나19가 사회와 대학의 모든 것을 갑자기 바꿨다기보다 코로나19로 인해 사회와 대학 곳곳에서 감지되고 있던 변화가 촉발한 것이라는 표현이 맞을 것이다.

이전까지 대학은 어떤 곳이었나?

우리는 대학 교육을 통해 학생들이 전공 지식을 함양하고 비판적 사고력을 키울 것을 기대한다. 물론 대학이 교육의 기능만을 담당하는 것은 아니다. 대학 연구실에서는 혁신적인 연구가 이루어지고 학생들은 이 과정을 보고 배우면서 새로운 지식에 대한 탐구력과 창의성을 기르게 된다. 다만 오늘날의 대학 교육이 학생들의 창의력과 비판적 사고력을 길러주고 있는가에 대한 회의와 비판은 상당히 오래전부터 계속되어왔다. 많은 학생들은 취업을 위해 학사학위를 필수로 여기고, 대학은 학력이라는 이름의 자

4장 교육과 배움, 새 시대의 작동법을 습득하라

본을 취득하기 위한 장소로 여겨지는 경향이 있다. 학력을 취득하기 위해서는 정기적으로 강의에 출석하는 것이 미덕으로 여겨지고 교수들은 객관적인 평가를 통해 이에 걸맞은 보상을 주기를 요구받는다. 취업에서 중요한 또 하나의 요소가 학문 공동체를 통한 사회자본인 만큼 학생들과 교수들의 대면관계도 그만큼 중요해질 수밖에 없다. 이번 코로나19 위기를 겪으면서 우리가 직면한 질문은 단순히 온라인 강의의 효과가 있고 없는가에 그치는 것이 아니라 기존에 캠퍼스에서 행해지던 수많은 종류의 대면 활동에 대한 교육적 의미는 무엇인가에 관한 것이다.

비대면 교육 : 폭발, 기회, 그리고 한계

최근 세계경제포럼(WEF, The World Economic Forum)이 발간한 자료를 보면 이번 코로나19로 인해 전 세계 186개 국가에서 등교 중지를 단행했고, 이 때문에 학교에 가지 못한 학생들 수가 12억 명이 넘는다고 한다. 캠퍼스에 가지 못하는 대학생 수가 몇 명인지는 명시되어 있지 않지만, 대부분의 선진국에서는 대학교들이 가장 먼저 온라인 강의로 전환을 했고 지난 몇 달간 모두가 이에 적응해나가고 있다. 물론 대학에서 온라인 강의가 화두가 된 것은 처음이 아니다. 최근 10년간 전 세계 수많은 대학에서 온라인 강의를 통한 교육의 접근성 확대를 주도해왔고, 특히 MIT나 하버드 대학이 협력해서 내놓은 온라인 강의가 전 세계인들의 관심을 끌면서 수많은 대학이 온라인 교육을 활성화하기 위한 노력을 해왔다. 다만 온라인 교육을 둘러싼 회의적인 시각도 만만치 않아서 이를 적극적으로 활용하는 곳은 많지 않았지만, 이번 코로나19를 겪는 동안 온라인 교육은 전 세계

대학에서 선택이 아닌 필수가 되었고, 아이러니하게도 온라인 교육의 기술과 효용성이 매우 단기간에 향상되는 결과를 가져왔다.

특히 요즘 대학생들처럼 온라인 세팅이 익숙한 학습자들에게는 우수한 학습 자료와 효율적인 강의 방식만 수반된다면 온라인을 통해서도 시공간의 한계를 넘어서 질 높은 교육이 가능하다는 것을 증명해내고 있다. 많은 교수 학습 전문가들과 컴퓨터 관련 전문가들이 유용성 높은 시스템을 지속적으로 향상시키기 때문에 이제 온라인상에서 강의, 토론, 조별활동, 발표, 평가까지 이루어지는 것은 물론이고 가상현실을 이용한 실험, 실습까지 시도되고 있다. 온라인 교육이 교수와 학생 간, 동료 간 친밀함을 줄이고 거리감을 늘린다는 생각에 두려움과 거부감이 큰 것도 사실이다. 하지만 온라인상에서도 교육 문화 자체가 긍정적으로 형성된다면 그러한 한계를 줄여나갈 수 있다는 긍정적인 사례들도 많이 소개되고 있다.

하지만 온라인 교육이 미래 대학 교육의 최고의 수단이라거나 미래에는 대학 캠퍼스 자체가 사라질 것이라는 상상은 경계할 필요가 있다. 학생들과 교수들은 여전히 캠퍼스에서 많은 것을 공유하며 배우고 대학 연구실에서 수많은 발견을 함께 이루어내기 때문이다. 우리가 고민해야 할 부분은 가르치고 배우는 공간이 교실에서 온라인으로 옮겨왔다는 단순한 변화보다 이렇게 다양해진 교육 공간을 활용할 수 있는 미래의 대학에서는 무엇을 가르치고 배워야 할 것인지, 무엇으로 학생을 평가해야 하는지, 교육에서 기술의 활용은 어느 수준이어야 하는지 등에 관한 것이다. 매일 새롭게 소개되는 교수-학습 어플리케이션을 다운 받아서 이를 활용하는 것보다 그 외의 본질적인 문제들, 예를 들어 지난 10년간 활용해온 교과서와 강의노트를 이제는 바꿀 준비가 되어 있는지, 교실에서든 온라인에서든 오늘의 대학은 미래 사회를 준비하는 데 필요한 역량을 교육하고 있는지, 대학 교수들이 강의 준비에 그만한 시간 투자를 할 만한 환경이 조성되어 있는지에 관한 질문이 필요한 시점이다.

'평가'라는 이름의 뜨거운 감자

그중 가장 핵심적인 예시가 대학에서의 평가 방식에 관한 논의이다. 최근 대학에서의 평가 방식을 연구한 논문들을 보면, 교수들이 평가에서 가장 중요시하는 것은 어떻게 하면 학생들에게 공평한 학점을 줄 것인가, 학기 동안 특별한 성의를 보이는 몇 명의 학생들에게 어떻게 하면 조금 더 높은 보상을 줄 것인가, 이후 감사 등의 과정에서 큰 문제가 될 만한 사항은 없는가 등에 관한 것이다. 이 가운데 어떠한 요소에도 개별 학생이 무엇을 배웠고 개선해야 하는지에 관한 고민은 없다. 학생들 역시, 기말과제와 시험을 치루고 나서 학점에 큰 불만이 없는 한 지난 학기 동안 무엇을 배웠는지에 대한 성찰은 거의 하지 못한다. 강의실이 온라인상으로 옮겨오면서 평가에 대한 고민은 더 커질 수밖에 없다.

특히 요즘처럼 학점에 민감한 대학생들에게 온라인 강의 상황에서 어떻게 하면 제대로 학점을 줄 것인지에 대한 고민이 지속되면서 이에 대한 반응은 두 가지로 나타나고 있다. 한 가지는 웹캠을 활용한 정교한 기술을 이용해서 온라인 상황에서도 부정행위 없이 시험을 치르게 하는 소프트웨어를 개발하는 방식, 다른 한 가지는 이번 기회에 암기식 기말 시험에서 벗어나 보다 창의적이고 비판적인 사고력을 평가하는 방식으로 평가의 목적 자체를 바꾸는 방식이다. 첫 번째 방식은 컴퓨터 기술의 발전은 가져오겠지만 평가의 내용과 목적은 바뀌지 않는 접근이고, 두 번째 방식은 기존의 패러다임을 벗어나 오늘날 대학생들에게 가장 필요한 역량은 무엇이고 이를 어떻게 평가와 연계할 수 있는지에 관한 근본적인 질문을 던지는 방식이다.

최근 한국의 몇 개 대학에서 일어난 온라인 시험에서의 집단 부정행위 사례는 이러한 우려를 잘 드러내준다. 이러한 문제를 요즘 대학생들의 윤리의식 부재로 치부해버리고 강력한 징계를 하는 데 그칠 것이 아니라 과연 기존의 평가 방식, 즉 출석률, 필기시험, 리포트 등으로 대변되는 방식들이 모든 전공 교과목, 모든 학생들에게 적합한 방식인가에 대한 질문을 시작해야 한다. 과거의 평가 방식은 몇 가지 전제를 가지고 있다. 즉 세상에는 정해진 지식이 있고 학생들은 그 지식을 반드시 알아야 하기 때문에 우리는 시험을 통해 학생들이 그 지식을 어느 정도 흡수했는가를 묻는다. 하지만 미래 사회에서 지식을 정의하는 방식은 사뭇 달라질 것 같다. 우리가 믿고 있는 지식은 사실 유동적이고 정보는 어디에서나 습득이 가능하고 대학생들에게 필요한 역량은 그 정보를 어떻게 취합하고 재구조화할 것인가에 관한 것이다. 특히 비대면 교육이 확산될수록 기존의 평가 방식은 그 실효성이 낮아질 수밖에 없다. 교육평가 이론에서는 학습에 대한 평가(Assessment of learning)에서 그치지 않고 학습을 위한 평가(Assessment for learning)가 되어야 함을 늘 강조한다. 즉 학생이 얼마만큼 정확히, 많이 배웠는가를 학기 말에 확인하는 것보다 강의 전반의 과정에서 지속적인 피드백을 제공함으로써 학생 스스로 자신의 학습을 성찰하고 부족한 점을 개선하게 하는 노력이 필요하다는 것이다. 이러한 변화를 위해 실제로 많은 단과대학, 전공별로 새로운 평가 방식에 대한 시도들이 이루어지고 있고 대학 차원에서도 이를 공유하고자 하는 노력들이 이어지고 있다. 물론 전공 간의 차이점은 고려되어야 하겠지만, 해당 교과목을 통해 학생들이 반드시 길러야 하는 역량이 무엇인지를 정확히 정의하고, 평가 방식 또한 평가의 목적과 일관성 있게 구성되어 있는지를 확인하는 노력 등이 필요할 것이다.

미래의 대학 교육

오늘을 살아가는 대학생들은 이전 세대들보다 더 복합적인 도전을 경험하게 될 것이다. 자동화로 인해 수많은 일자리가 사라지고 있고 대학을 졸업해도 안정적인 일자리를 구하는 것 자체가 힘들며 열심히 공부해서 학점을 잘 관리하는 것이 통하지 않는 시대이기 때문이다. 기말시험 준비에 그치는 지식이 아니라, 자신의 전공 지식을 맥락에 맞게 재구성하고 활용하는 방법, 강의에서 배운 지식을 다른 교육적 경험을 통해 얻은 지식과 연계하는 역량, 정보의 홍수 속에서 자신의 지식 체계를 구축해나가는 방법, 전공 지식을 실제 상황에 응용하는 역량 등이 대학 교육을 통해 길러져야 하고 평가도 이에 맞게 재구성되어야 하는 것이다.

또한 대학 교육을 통해 세부 전공의 영역을 벗어나 공공의 가치를 공유하고 시민으로 살아가는 데 필요한 역량을 갖추는 것도 어려운 과제 중의 하나이다. 코로나19처럼 전 세계가 공공의 보건 문제로 어려움을 겪고, 이 때문에 생겨난 정치 갈등과 세계 곳곳에서 일어나는 불공정의 현장을 보면서, 대학 교육을 받은 자로서의 공공의 책임이란 무엇인지, 과학을 공공의 목적에 맞게 활용하는 방법은 무엇인지에 관한 사고력을 기르게 하는 것도 미래 대학 교육의 중심이 되어야 할 것이다. 그에 필요한 비판적 사고력과 창의성을 어떻게 하면 교육과정에 연계할 수 있는가는 대학 교육 현장에 있는 모든 이들이 함께 고민해봐야 할 부분이다.

생존의 위기를 맞은 대학들

코로나19 사태 초기에는 전 세계 대학들의 모든 우선순위가 온라인 강의를 도입하고 교육과정을 차질 없이 운영하는 것이었지만, 점차 대학의 위기관리를 둘러싼 총체적 문제들도 논의되고 있다. 우선 가을 학기 개강을 앞둔 전 세계 대학들의 고민이 클 수밖에 없다. 각 대학이 방역 지침을 따르면서 캠퍼스 활동을 정상화해야 하지만, 사실상 그러한 역량과 자원을 가진 대학의 수가 실제로 많지 않기 때문이다. 예를 들어 대규모 인원의 접촉을 금지한다면 100명이 넘는 대형 강의는 어떻게 운영할 것인지, 실습과 현장학습, 외국 대학과의 교류는 어떻게 재구성할 것인지, 입학식과 졸업식을 비롯한 모든 대학 행사, 그 밖에도 신입생 모집을 위한 시험 및 면접은 어떤 방식으로 진행할 것인지 등에 대한 고민이 시작되고 있다. 그러나 이런 시나리오를 염두에 두고 실질적 준비에 들어가기에는 많은 대학들의 자원이 부족한 것이 현실이다. 특히 그러한 준비에는 상당 수준의 재정 투입이 필요한데, 코로나19 이후 많은 대학에서 외국인 학생 수가 감소할 것으로 예측되면서 이에 따른 재정 손실에 대해서도 대책을 세워야 하는 실정이다.

코로나19를 겪으면서 국가 간의 빈부 차이가 극명하게 드러났듯이, 대학 간의 격차도 심각하게 드러나는 것을 세계 곳곳에서 볼 수 있다. 자원이 풍부한 연구 중심 대학들과 세계적으로 알려진 의과대학이 있는 대학들은 이미 치료제와 백신 개발에 합류하고 이를 둘러싼 특허 경쟁에 참여하고 있으며 이를 통해 대학의 명성을 높이고 있다. 의학, 보건, 정책 분야 등 스타 교수들이 소속된 대학에서는 국제적인 문제 해결에 앞장서면서 과학의 가치를 드높이고 있기도 하다. 이러한 대학들은 위기가 발생하는 즉시 태스크포스 팀을 만들어서 위기를 관리하고 별도의 직원을 대거 채용해 문제가 생길 때 이에 발 빠르게 대응한다. 온라인 교육을 한 단계씩 업그레이드하면서, 우수 교육 사례는 실시간으로 공유되고 어려움을 겪는 교수들에게는 즉각적인 지원이 제공된다. 학생들과 교수들에게 만족도와 수요 조사를 지속적으로 실시하고 문제점을 개선하기 위한 방안을 지속적으로 연구한다. 이들 대학은 온라인 강의에서 생겨날 수 있는 잠재적 문제들, 예를 들어 교수학습 자료의 지적재산권 문제, 데이터 소유권의 문제, 온라인 강의가 녹화되는 과정에서 생기는 학생의 사생활 침해와 같은 법적 문제도 검토하고 대응책을 마련하고 있다. 코로나19 사태를 겪는 동안 생겨난 학생들의 심리적 문제를 지원하고 장학금 수여 기간이나 기숙사 거주 기간을 연장해주기도 한다. 이러한 일련의 조치들은 이번 위기를 겪으면서 단순히 대학의 강의 전달 방식이 바뀐 것이 아니라 위기에 대응하는 대학 시스템 전반의 변화를 보여준다.

하지만 현실적으로 대다수 대학에 이런 변화는 기회라기보다는 부담이다. 규모가 작고 예산과 인력이 부족한 대학에 이번 위기는 변화의 계기라기보다는 학생 모집과 같은 생존이 위협받는 문제로 다가오고 있다. 학생 수 감소는 대학 재정 손실로 이어지고 그 피해는 현장에 있는 교수와 학생들에게 고스란히 돌아가게 된다. 학생들은 등록금 환불까지 요구하고 나설 정도로 대학에 대한 불신이 깊다.

이는 비단 우리나라 대학들만의 문제가 아니다. 미국에서는 이미 100여 개의 소규모 대학들이 폐교를 선언했다고 한다. 전 세계 많은 대학들이 심각한 재정 손실을 호소하고 있는데 특히 중국인 학생에 대한 의존도가 높은 영국이나 호주 대학들도 큰 도전에 직면해 있다. 9월 개강을 앞두고 외국인 학생의 등록 포기가 속출하면서 수많은 대학이 우선적으로 시간강사나 고용 조건이 불안정한 대학 직원, 연구 프로젝트를 위해 단기간으로 고용했던 연구원들을 해고하고 있는 실정이다. 이러한 상황에서 새로운 교육 방식을 체계적으로 준비하기는 어려울 수밖에 없다. 그러한 부담은 고스란히 교수 개개인에게 전가되기 때문에 이들 대학의 교수들은 교육과정을 만드는 일, 기술적인 문제를 해결하는 일, 학생 개개인을 상대하는 일까지 새로 주어지는 업무를 감당해야 하고 이 때문에 연구 활동 등에도 많은 지장을 받게 된다.

이러한 현실은 그동안 장기적 위기 상황에 대한 대비 없이 매해 학생 수와 등록금에만 의존해서 단기적 안목으로 대학을 운영해온 방식에 의문을 제기한다. 일부 국가에서는 소규모 사립대학을 중심으로 정부에 재정 지원을 호소하고 있지만, 많은 이들은 사립대학 지원보다 취약계층의 대학생들에게 직접적인 지원을 하는 것이 더 타당하다고 주장한다. 어떤 방식이 되었든 정부의 단기 재정 지원은 당장의 문제를 해결할 뿐 대학의 장기적인 위기관리 방식은 해결할 수 없다는 점이 더 심각한 문제로 다가온다. 이러한 상황에서 장기적으로는 개별 대학이 얼마만큼 자율성을 가지고 위기를 관리할 것인가, 국가 정책 결정에 얼마만큼 의존해야 하는가에 대한 문제도 제기될 수밖에 없다.

낭비할 수 없는 대학의 위기

나오미 클레인(Naomi Klein)의 저서 《쇼크 독트린》에는 "위기상황을 절대 낭비하지 말라(Never let a crisis go to waste.)"라는 표현이 있다. 어떠한 재앙이나 위급 상황도 인류 사회에 결정적인 배움의 기회를 제공하고, 이는 인류 사회 전체의 큰 변화, 예컨대 이데올로기의 변화, 공공정책 수립에서의 우선순위 변화, 그리고 노동시장을 재정립할 수 있는 기회로 다가오기 때문이다.

표면적인 변화와 위기 대응 방식은 많은 곳에서 초기에 비슷한 양상을 보이지만, 그 위기를 장기적으로 극복하는 방식은 사회마다, 대학마다 크게 다르다. 예를 들어 당분간 대학에서의 온라인 교육은 더욱 확산될 것이고 문제점을 보완하는 방식도 계속 발전할 것이다. 그러나 누군가는 단순히 기술적 문제를 그때그때 주먹구구식으로 해결하는 방식으로 대응하고 누군가는 온라인 교육이 가지는 강점, 예를 들어 개별화된 학습이나 실시간 피드백 같은 기능을 극대화하면서 동시에 온라인 교육이 캠퍼스 생활을 통해 배우는 가치와 어떻게 조화를 이룰 것인지를 고민한다. 누군가는 이전의 교육 방식으로 돌아가기 위해 이 사태가 빨리 끝나기만을 바라지만 누군가는 이를 계기로 전반적인 교수학습의 목적과 평가를 재인식하기도 한다.

이는 대학의 운영 방식에서도 마찬가지다. 어떤 대학들은 학생들의 학습에 우선순위를 두기보다 단기간의 재정 확충에만 몰두하겠지만, 다른 대학들은 미래의 방향성을 두고 고민할 것이다. 평생교육이나 직업교육으로 포커스를 바꾸는 대학도 생길 것이고 지역적, 학문적 경계를 넘어선 협력을 더욱 활성화하는 대학도 생길 것이다. 물론 이러한 변화의 중심에는 미래 대학에서 학생들의 배움은 어떻게 자리할 것인지, 대학의 사회적 책임은 무엇인지에 관한 심도 있는 논의가 있어야 한다.

칸막이 교육 체제에서
열린 교육 체제로

신철균 강원대학교 자유전공학부 조교수

변화해야 하지만 가장 변화가 없는 분야 1순위로 '교육'이 꼽힐 때가 많다. 그만큼 교육의 벽이 완고하다는 것이다. 과연 코로나19 이후도 마찬가지일까? 코로나19는 쉽게 변하지 않는 학교 현장에도 회오리를 일으켰다.

코로나19로 인한 어수선한 학교와 그 모습

이런 변화를 누가 상상이나 했을까? 코로나19 이후 학교는 문을 닫을 수밖에 없었다. 누구는 '한국전쟁 때도 학교는 문을 열었다'고 강조하며, 학교가 왜 문을 닫느냐며 항변했다. 당장 학교 문을 열라고 요구하기도 했다. 하지만 생명과 안전이 먼저인 상황에서 학교는 개학을 할 수가 없었다. 우리는 늘 학교에 등교하여, 교실 안에서 생활하며, 선생님의 강의를 듣는 학생들을 전제하고 있었다. 이런 상황 속에서 코로나19가 우리를 강타한 것이다. 학교와 교실이 없는 환경을 미래에나 꿈꿔왔지, 현실에서의 실현 가능성은 생각하지 못했다. 오프라인 등교 중지는 곧 교육의 중단으로 이어질 수밖에 없었다.

미국에서도 학교 문을 닫는 상황은 비슷했다. 미국 〈Education Week〉 기사에 따르면, 갤럽(Gallup)은 미국 학부모를 대상으로 '코로나19 사태가 자녀 교육에 부정적 영향을 미치는 것이 걱정되는가?'라는 설문 조사를 실시하였다. 그 결과 초기에는 응답 학부모 중 약 51퍼센트가 '걱정하지 않는다'고 응답을 하였다. 그러나 코로나19의 영향이 길어지자 '걱정하지 않는다'고 응답한 학부모는 감소한 반면 '걱정하고 있다'고 응답한 학부모 비율이 증가하였다.[1] 코로나19로 학부모들의 자녀 교육에 대한 불안이 커지고 있음을 알 수 있다.

코로나19는 생각보다 오랜 기간 지속되고 있다. 더 이상 교육을 멈출 수는 없다는 목소리가 곳곳에서 나왔다. 위의 미국 설문 조사처럼, 한국에서도 학생 돌봄과 교육 지원에 대한 학부모의 불만이 커져갔다. 대안은 온라인 개학밖에 없었다. 전 학교의 온라인 수업이라는, 미래 교육에서나 상상하던 일이 벌어진 것이다.

온라인 교육과 수업은 그동안에도 일부를 대상으로 진행되어왔다. 우리가 잘 아는 EBS를 비롯해서 방송통신중 · 고등학교(대학교), e-스쿨 등이 그 예이다. 하지만 이는 초중고 학생 전체를 대상으로 한 것이 아니라, 오프라인 수업을 받기 어려운 환경의 학생만을 대상으로 하였다. 우리나라 전체의 일반 학생들을 대상으로 한 온라인 교육 시스템은 구비되지 않았다. 온라인 교육 시스템을 갖추는 것이 급선무였다. 우선 급한 대로 EBS 시스템과 e학습터, 위두랑 등 기존의 시스템을 확충하는 방법을 택했다. 당장 컴퓨터를 살 수 없는 학생들을 지원하고, 학교에 와이파이를 설치하는 노력이 수반되었다.

4장 교육과 배움, 새 시대의 작동법을 습득하라

그 후, 고3을 시작으로 다시 등교가 시작되었다. 순차적으로 초중고 전체가 등교하는 방향으로 가고 있다. 하지만 불안감은 다시 고조되고 있다. 과연 코로나19가 종식되기도 전에 실시되는 등교 수업이 안전한가? 이 상황에서 등교 수업의 장점이라고 할 수 있는 토론 수업, 체험활동 수업이 잘 이뤄질 수 있는가? 이런 물음에 쉽사리 답할 수 없기 때문이다.

초중고 학교의 등교가 시작된 2차 등교(2020. 5. 28.)만 해도 전국에서 561개교가 개교를 하지 못했다. 등교가 시작되었지만 여전히 학교는 정상적인 교육 활동이 쉽지 않다. 토론 수업이나 체험활동 수업은 정상으로 돌아가기 어려웠다. 상상하기도 싫지만, 학교에서 코로나19 전염이 발생하면 다시 학교 문을 닫는 것 외에 무엇을 할 수 있고, 무엇을 해야 하는가? 우리는 어떤 선택을 해야 할 것인가?

과거의 암울한 학교로 회귀할 것인가?

코로나19가 온라인 수업의 문을 연 이후, 학생과 학부모들은 교실 수업과 온라인 수업 사이에서 계속 갈등하고 있다. 교실 수업은 안전의 문제가 남고, 온라인 수업의 만족도는 의구심이 남는다. 그렇다면 안전 문제가 없었을 때의 교실로 돌아가는 것이 최선의 길일까? 코로나19 이전 우리나라 교육의 상황과 학생들의 학업 만족도는 어땠을까?

우리나라 학생들은 국제적으로 높은 학업 성취도를 보이고 있다. 하지만 인지적 점수를 넘어서서 정서적이고 심리적인 부분으로 들어서면 고개를 들기가 어렵다. 대표적으로 교과 흥미도와 학습 동기가 낮다. 국제적 비교가 가능한 PISA(국제학업성취도평가)와 TIMSS(수학/과학 성취도 추이변화

국제 비교연구) 조사 결과 우리나라 학생들의 수학과 과학 흥미도는 국제 평균에 비해 3분의 1 수준에 불과했다. 우리나라 학생들의 삶의 만족도는 최하위 수준(OECD 평균 71%, 한국 53%가 삶에 만족)이며, 학업에 대한 불안도도 높다. 공부할 때의 긴장감과 시험에 대한 걱정이 OECD 평균에 비해 높은 것이다.

이러한 결과는 우리 교육 체제에서 기인한 바가 크다. 교사의 역할은 교과서를 충실히 가르치고, 가르친 내용을 바탕으로 시험을 치르고 기록하는 역할에 그쳤다. 표준화된 시험 체제에 매여서 문제 발생의 소지가 적은 객관적 평가에 치중하며 학습의 재미는 반감되었다. 필자의 고교 교육에 대한 연구에서, 학생들은 학교 수업이 '칠판 판서에서 파워포인트로 바뀐 주입식 교육'일 뿐이며 '승리자를 찾는 평가로 경쟁적 친구 관계만 양산되는 교육'이라고 작금의 교육을 비판한 바 있다.[2]

국내에서 중학생들을 대상으로 실시한 연구에서도 비슷한 결과를 확인할 수 있다. 학교 교육의 의미와 즐거움에 대해 묻는 질문에 대해 응답 학생들의 과반수(50.2%)가 학교 수업에서 배우는 즐거움을 느끼지 못하며, 67.7퍼센트의 학생들이 공부하는 이유는 시험을 잘 보기 위해서라고 응답하였다.[3] 이처럼 우리나라의 학생들은 공부는 열심히 하나 학교생활에 힘들어한다. 우리나라의 다수 학생들이 수업 시간에 '졸기', '멍하게 있기' 등의 외면적 행위와 함께 자책과 부채 의식의 내면적 행위를 통해 학교생활을 견딘다.[4]

18세기 산업사회에서 만들어진 근대 학교 체제에서, 교사는 학습자의 동반자가 되지 못하고 지시자가 되었다. 결국엔 평생학습 사회를 살아가는 학생들이 학습에 대한 즐거움과 '지식 갈증'이 아닌 '지식 염증'을 느끼는 데 일조하는 결과를 낳았다. 코로나19가 종식된다고 하더라도 지금까지의 답답한 학교 체제와 불만족스러운 학업으로 다시 돌아가는 것이 우리가 바라는 교육의 회복의 모습은 아닐 것이다.

불만족스러운 온라인 수업을 유지할 것인가?

그렇다면 온라인 수업이 해답일까? 온라인 수업도 아직 불만족스럽기는 마찬가지다. 학생들의 접속마저 원활하지 않았던 코로나19 초기에는 학생들이 디지털 격차 없이 모두 접속을 하고 온라인 등교를 하도록 하는 것이 관건이었다. 이후 교사들은 조금씩 동영상을 직접 만들고, 일부 학교와 교사들은 쌍방향 실시간 수업을 진행하기도 하였다. e학습터에는 900만 건의 콘텐츠가 불과 3주 만에 모였을 정도로 교사들이 자료를 올리며 힘을 모았다.

그런데 다른 곳에서 문제가 생겼다. 교사들이 각자 동영상을 만들어 수업을 진행하고, 실시간으로 화상 강의를 시작하자 더 많은 '민원'이 생긴 것이다. "왜 우리 반 수업은 이렇게 하나? 다른 반은 저렇게 잘하는데……", "선생님이 가르친 게 잘못된 것 같다"는 각종 항의 섞인 전화가 쏟아졌다. 학생들이 아닌 학부모들의 '민원'이었다.

교사들은 여기서 생존을 택했다. 함께 동일한 콘텐츠와 동일한 방식으로 수업을 하는 것이었다. 인근 학교에서 하는 방식을 그대로 따라 하기도 했다. 제도주의에서 말하는 동형화 현상이 나타나는 것이다. 동형화라는 개념은 제도와 문화의 압박과 영향이 있으면 조직이나 개인들의 행동이 유사해지는 현상으로서, 제도적 환경의 압력에 대응하는 나름의 생존 전략이기도 하다. 이러한 현상이 교사들 간에, 학교 간에 발생한 것이다. 어려운 환경 속에서도 특색 있게 수업을 진행해보려는 선생님들마저 이러한 요구와 압력을 극복하는 건 쉽지 않았다.

학부모의 민원은 줄었다. 그러나 선생님과 학교마다의 다양성과 특성은 사라졌다. 나의 선생님이 하는 수업, 우리 학교의 모습은 찾아보기 힘들었다. 학생들과 학부모는 교사의 역할에 대해 의문을 품을 수밖에 없었다. '나는 우리 선생님을 보고 싶다', '나는 우리 선생님 수업을 듣고 싶다'는 요구는 묻히고, 학생들은 '우리 선생님'의 수업을 들을 수 없었다. 과연 온라인 '일타강사'의 수업을 전국의 학생들에게 그대로 전달하는 교사가 그들에게 의미 있을까? 학생들은 이제 본격적인 온라인 수업을 통해 학원에서뿐만 아니라 학교에서도 무색의 온라인 교육을 받게 되었다. '일곱 색깔 무지개의 온라인 수업'은 아직은 찾아볼 수 없다.

정형화된 학습과 삶의 시대는 지나갔다

이제 학생들은 새로운 학습 문화를 요구하고 있다. 지금의 중·고등학생들은 Z세대라고 불리고 있다. 이들의 특징은 자신이 하고 싶은 것을 추구하면서 현재와 미래를 살아가는 세대로서, 새로운 학습 문화를 요구하는 세대라는 점이다. 따라서 학생들의 다양성과 개별성을 존중하고 담아내는 교육이 어느 때보다도 강조되고 있다. 특히 밀레니얼 세대인 학생들은 '자기결정권 존중'의 특성을 보이며 기성세대의 보편적 공식과 정답이 주어진 사회를 거부하며, 스스로 만족할 수 있는 삶의 방식을 실천해나간다. 또한 일과 삶의 균형, 학생으로 얘기하면 공부와 생활의 즐거움의 균형을 중시한다. 이들은 소통 방식 차원에서는 '디지털 네이티브'로서 각종 SNS로 소통하며 협업하는 데 익숙하다.

《교실이 없는 시대가 온다》라는 책의 제목처럼, 코로나19 이후 교실이 아닌 곳에서도 정상적인 수업이 이뤄지는 것이 당연한 전제로 바뀌고 있다. 그리고 그렇게 되어야 한다. 학생들은 간절히 희망하고 있다. 학습 선택권 없는 의무적인 '졸업장 따기' 공부가 아니라 삶에 보탬이 되는 '진짜 공부'를 즐겁게 할 수 있는 미래의 교육 모습을 원하고 있다. 예전의 강의 위주의 주입식 교육으로 돌아갈 것인가, 아니면 일곱 색깔 무지개를 펼칠 수 있는 교육으로 전환할 것인가?

학생의 잠재력을 끌어내고 학습을 촉진하기

교육의 전환에 있어 가장 먼저 움직여야 할 행위자는 교사일 것이다. 학생을 잠들게 만드는 교사가 될 것인가, 아니면 학생의 잠재력과 성장을 촉진하는 교사가 될 것인가? 초회복 사회에서 요구되는 교사와 학교의 모습을 그려본다.

교사는 학생들의 잠재력을 끌어내고 성장을 이끄는 안내자이자 촉진자가 되어야 한다. 학생들의 적성과 능력, 꿈과 끼를 파악하고 학생에게 맞는 개별 교육을 실시해야 한다. 이를 위해 온라인과 오프라인 교육이 혼합되는 블렌디드 러닝(Blended Learning), 영상으로 사전 예습을 하고 그것을 기반으로 모여서 토론을 하는 플립 러닝(Flipped Learning)의 방식을 다채롭게 사용하며 학습에 대한 동기부여를 해야 한다. 뿐만 아니라 토의 토론의 협동형 수업과 프로젝트식 수업을 적재적소에 활용하며 학생들의 학습을 촉진해야 한다.

이번 코로나19 사태에서 보았듯이, 지식 전달 수업에 모든 교사가 매달릴 필요가 없다. 소수의 '일타강사'도 좋고, EBS 강사도 좋고, 아니면 학교 내의 잘 가르치는 몇몇의 교사가 담당해도 무방하다. 중요한 것은 배운 지식을 토의, 토론하며 의사소통 역량, 문제해결 역량 등 미래 사회의 핵심 역량을 키우는 것이다. 〈OECD DeSeCo〉나 〈Partnership for 21 Century Skill〉 등 국제적인 교육 혁신 보고서도 미래 핵심 역량을 강조하고 있다. 역량을 강조하는 핀란드의 새로운 교육과정에서도 교과서의 틀에서 벗어나 우리 생활 주변에서 일어나는 현상을 중심으로 프로젝트 학습을 하는 '현상기반학습(Phenomenon Based Learning)'을 강조하고 있다. 더 이상 교과서 지식과 강의 전달에 머물러서는 안 된다. 그 부분은 언제든지 다른 교사로, 혹은 다른 영상으로 대체될 수 있다. 또한 그 지식과 정보를 외우는 것이 더 이상 유효하지 않을 수 있다. 교사들은 학생들의 실제 역량을 키울 수 있는 교육에 집중해야 한다.

한발 더 나아가, 앞으로는 토론 수업도 교실 밖 어디에서든 가능하다는 전제가 필요하다. 왜냐하면 이번 코로나19 사태와 같은 팬데믹 현상이 얼마든지 다시 발생해 학교를 강제로 문 닫게 할 가능성이 있기 때문이다. 팬데믹 현상이 아니더라도 학교와 집이 멀리 떨어져 있는 경우나 대회 출전, 병결 등 개인적 이유로 등교가 어려운 경우, 혹은 일정 기간 다른 지역에 체류해야 하는 경우에도 온라인 수업을 듣는 것이 좋다. 다양한 온라인 교육 기술이 개발되고 뒷받침되면 훨씬 수월해지겠지만, 교사들이 온라인상에서 토의 및 토론을 통해 협력을 이끌어내고 학생들의 사회성 증진을 위한 교육에 노력을 기울여야 할 것이다.

교사 중심이 아닌 학생 중심의 학생 주도성 교육하기

교사 위주의 교육이 아닌 학생을 중심에 두고 학생의 주도성을 살리고 키우는 교육으로 전환되어야 한다. 학생 주도성은 '학생 스스로 목적의식을 가지고 적극적으로 학습에 임하며 자신의 선택에 대해 스스로 책임지는 태도'라고 영국의 저술가 찰스 리드비터(Charles Leadbeater)는 정의 내리고 있다. 세계적으로 교육 혁신을 이끌고 있는 OECD에서도 'Education 2030(교육과 기술의 미래)'을 추진하며 미래 교육의 핵심으로 학생 주도성을 강조하고 있다. 학생 주도성은 학습 결과에도 긍정적인 영향을 미친다. 2017년에 발표된 PISA의 연구 결과에서도 학생이 스스로 학습 과정과 절차를 결정했을 때 학업 성취와 긍정적 관계를 갖는 것으로 나타났다.

학생 주도성 교육에서도 교사의 역할은 중요하다. 'OECD Education 2030' 학습 프레임에 따르면, 학생의 주도성을 키우기 위해 교사는 학생의 개인적 특성과 학습에 영향을 주는 친구, 가족 등의 관계를 잘 파악해야 한다. 또한 교사는 개별 학생들의 열정과 동기를 부여할 수 있도록 개인화된 학습 환경을 마련해주며, 디지털 시대에 맞는 디지털 문해력과 데이터 활용 능력을 갖출 수 있도록 학습의 토대를 마련해주는 것이 필요하다.

캐나다 브리티시컬럼비아 고등학교와 영국의 메튜 고등학교는 21세기 학생들을 위한 교육 방법으로 탐구 학습과 실행 학습을 선택하였다. OECD의 슐라이허(Schleicher)가 작성한 〈21세기 학습자 연구〉에서 멕시코 학교에서 있었던 실제 세상의 문제를 해결하는 프로젝트(real-world project) 사례를 소개하였는데, 이 사례에서도 학생 주도 프로젝트 수업 활동을 통해 진정한 학습과 실전 경험을 제공하였다.[5] 그리고 우리나라 경기도의 아홉 개 고등학교를 대상으로 학생 주도 프로젝트를 실시한 필자의 연구에서도, 학생들은 학생이 주체가 되는 수업에 참여하여 본인 실생활과 맞닿아 있는 문제를 해결하는 학습이 매우 의미 있다고 입을 모았다. 미래의 수업은 학생 주도의 수업이 많아져야 하고, 후배들만큼은 이런 교육을 받아야 한다는 이야기였다. 코로나19 이후 초회복 사회에서, 교사들은 기존의 틀을 벗어나 학생 스스로 기획하고 체험하고 변화시키는 경험을 할 수 있도록 수업의 방향을 전환해야 한다.

학생들의 디지털 리터러시 역량 강화와 격차 완화하기[6]

디지털은 교육의 중심으로 들어오게 될 것이다. 지금의 학생들에게는 이미 디지털이 삶의 일부이고, 성인이 되고 나서는 더 큰 비중을 차지할 가능성이 높다. 코로나19로 학생은 물론 교사들도 디지털로 이뤄지는 교육을 강제로 경험하고 있다. 모바일과 IT 기기 등 디지털을 통해 학습하고 생활하는 것이 삶의 상당 부분을 차지하고 있다. 미래의 학습 환경을 위한 과제는 학교 내 울타리를 넘어 학교 밖과 온라인 영역까지 확장하는 것이며, 교과서 등 문서 중심의 교육을 넘어 IT, 인공지능 기술을 활용한 학습으로 확장하는 것이다. 여기서 디지털 리터러시 교육이 요구된다.

디지털 리터러시 교육은 코딩 교육처럼 정해진 정보 기술을 익히는 교육이 아니다. 디지털 리터러시 교육은 디지털을 사회와 일상에 적용시키는 것이며, 시민 의식과 사회참여의 차원까지 확대되고 있다. 그런데 학생들은 페이스북, 유튜브 등 디지털 미디어를 친근하게 사용하고 있지만 교사 집단은 수업에서의 방해와 온라인상의 왕따 등 생활지도 문제로 학생들의 디지털 미디어 사용에 대해서 부정적인 인식을 안고 있음을 한국교육개발원 이성회 박사는 밝히고 있다.[7] 또한 강원도 혁신학교를 연구한 필자의 연구 결과에서도 '새로 등장하는 기술이나 지식, 정보 등을 잘 다룰 수 있는 능력'은 교사와 학부모 집단에서는 과잉 영역으로 분류되었지만, 학생들은 집중해야 할 영역으로 인식하고 있다.[8] 디지털 교육에 대한 교사의 인식 전환이 필요한 대목이다.

한편 디지털을 사용할 수 있는 기회와 디지털을 활용하는 역량의 격차는 점점 커지고 있다. 우리는 코로나19 사태로 다시 한번 디지털 정보 격차를 확인할 수 있었다. 읍면 지역의 디지털 기기 부족, 취약계층 아이들의 디지털 활용 능력 부족 현상을 목도하였다. 성적이 높은 학생일수록 학습을 위한 스마트폰 사용 비율이 높았으며, 사회경제적 배경이 좋은 학생일수록 인터넷을 진로 탐색 도구로 의미 있게 활용하는 것으로 이성회 박사의 연구에서는 나타났다. 정재기의 연구에서는 부모의 사회경제적 지위가 낮을수록 "정보 지향적 인터넷 이용"보다는 "오락 지향적 인터넷 이용" 성향이 높음을 발견하였으며, 1차적 정보 격차인 '디지털 기기'의 접근성 격차와 2차적 정보 격차인 '양질의 디지털 정보' 접근 격차가 증가하고 있다.[9]

따라서 코로나19 이후 초회복 사회에서는 디지털 기기에 대한 접근 격차뿐만 아니라 디지털 미디어 기기의 활용 격차를 줄이는 노력이 뒷받침되어야 한다. 그리고 교사들이 학생들의 디지털 접근과 정보 활용을 부정적인 시각으로만 보지 않고, 다양한 교육 경험을 제공하는 도구로 인식하는 디지털 세대에 대한 교사의 인식 전환과 교사의 학생 디지털 문화에 대한 연수도 필요할 것이다.

'칸막이 교육 체제'에서 벗어나 '개방형 교육 체제'로 전환하기

학교는 그동안 칸막이 교육 체제였다. 여기서 칸막이는 세 가지 면에서 폐쇄성을 의미하는데, 이를 극복해 개방형 교육 체제로 전환해야 한다.

첫째, 교실 출석을 기준으로 진급하는 방식의 폐쇄성을 극복해야 한다. 그동안 학생의 진급은 학업적 성취 기준 도달과는 상관이 없었다. 코로나19 때에도 그 방식은 교실 출석에서 온라인 출석으로 바뀐 것에 지나지 않았다. 두 방식 모두 학생을 가둬두고 묶어두는 폐쇄적 방식이다. 기존의 교실 출석으로 다시 환원되는 것이 우리가 지향하는 초회복 사회의 모습은 아니다. 학생들의 물리적 출석이 아닌 학습적 성장과 목표로 하는 학습 수준의 도달이 중요한 것이다. 아이들이 실제로 배우고 있는가를 짚어봐야 한다. 교육적 과정과 그 실제적인 결과가 중요시되는 것이 우리가 희망하는 초회복적 교육의 모습이다.

둘째, 평가의 폐쇄성을 극복해야 한다. 기존의 고부담 표준화 평가 방식은 객관성의 탈을 쓰고 평균적 인간을 길러내는 도구였다. 가장 많이 사용되는 지필식 선다형 시험 방식은 엘리엇 워쇼(Elliot Washor)와 찰스 모즈카우스키(Charles Mojkowski)가 말한 것처럼 '불필요한 추려 내기와 선발하기'에 기초한 것이다. 학생의 배움을 통제하며 '서열'을 중시하는 폐쇄적인 평가에서 벗어나, 배움을 촉진하며 '성장'을 북돋는 유연한 평가로 탈바꿈해야 한다. 예컨대 선다형 지필평가보다는 프로젝트 보고서와 발표, 전시 등 학습의 질과 깊이를 평가하며 학생에게 의미 있는 피드백을 담은 평가로 전환해야 한다. 학교 내신 평가를 넘어서서 수능과 대학의 입시 체제도 이 시대에 맞는 창의적 인재를 양성하는 평가로 파격적인 전환을 이뤄내야 한다. 물론 이는 만만치 않은 과정임에 분명하지만, 코로나19 시대를 전환점으로 삼아 새로운 평가 체제 도입을 이끌어내야 한다. 우리 교육의 초회복을 이뤄내려면 대안적인 평가 방식과 입시 체제 변화를 통해 학생들이 진정으로 배우고 희망을 키우는 교육으로 나아가야 할 것이다.

셋째, 각 교과 간에 벽이 쳐져 있는 폐쇄성에서 벗어나야 한다. 지금까지의 교육은 각 교과 간에 완고한 경계가 형성되어 있고, 그 벽 안에서만 수업과 학습이 이루어졌다. 삶과 연결된 프로젝트형 통합 수업은 몇몇 혁신적 교사와 학교에서만 시행되고 있다. 교과 칸막이의 폐쇄성에서 벗어나 교과 간에 융합이 이뤄지고 삶과 연결되는, 그래서 학교와 지역사회의 경계를 넘나드는 개방형 교육 체제로의 전환이 필요하다.

코로나19는 완고한 우리 교육 체제의 담벼락에 균열을 내고 있다. 동시에 교육을 바라보는 우리의 시선도 달라지고 있다. 기존의 관행적인 학교 틀과 교사 중심에서 벗어날 수 있는 기회가 되고 있다. 등교 개학만이 아니라 온라인 개학도 가능할 뿐만 아니라, 우리가 우려했던 것보다 온라인 수업이 현실적으로 가능하고, 더 만족스러울 수 있다는 것을 경험하고 있다. 그러나 아직은 미완이다. 코로나19로 인해 준비 없이 새로운 세상에 도착해 있기 때문이다. 과거의 교육으로 돌아가지 않기 위해서, 초회복적인 교육의 모습을 실현하기 위해서 우리가 준비하고 변해야 하는 것이 많다는 것을 확인하고 있다.

'칸 아카데미' 설립자인 살만 칸은 최근 〈월스트리트저널〉에 기고한

"Online Education That Fits Each Child(개별 학생에게 적합한 온라인 교육)"라는 글을 통해 "학생과 교사들이 예고 없이 교육 장소를 바꿀 준비를 해야 한다. 자리에 앉아 있는 시간으로 수업 시간을 산정하는 방식도 더 유효하지 않을 것"이라고 주장했다. 결국 학생들에게 최적화한 교육 방식을 찾는 유연함으로 불확실성을 돌파해야 한다는 의미이다. 일찍이 자발성과 자기 통제성을 강조한 아동교육자인 몬테소리 역시 '교육은 더 이상 지식 전달에 주력할 게 아니라 새로운 길을 택해 인간 잠재력을 발산하게 해야 한다'고 역설했다. 우리 모두가 무심코 잊고 있었던 배움의 본질을 코로나19라는 예기치 못한 침입자가 다시 일깨워준 셈이 됐다. 이제 공은 우리 교사와 학교와 학부모와 학생들에게 넘어왔다.

끊임없는 변화의 시대, 노동자의 새로운 생존전략

반가운 한국직업능력개발원 연구위원

미래에 대비하기 위해 우리는 무엇을 배우고 어떤 역량을 갖추어야 할까? 각종 매체와 소위 전문가들은 이러저러한 직업이 유망하고 그 직업을 갖기 위해 특정 기술을 열심히 습득해야 한다고 한다. 하지만 미래 예측이라는 것은 움직이는 과녁에 화살을 맞히는 것과 같다. 4차 산업혁명으로 기술 발전의 속도가 더 빨라지고, 최근의 코로나19는 이러한 변화를 더욱 촉진하고 있다. 더 빨라진 과녁을 과연 맞힐 수 있을까?

미래에는 문서를 작성하는 직업이 유망하다는 이야기를 듣고 우리 청년들은 타자기가 되어 졸업하고, 계산을 하는 직업이 유망하다는 이야기에 계산기가 되어 졸업하려고 한다. 그러나 당분간은 그렇게 타자기와 계산기로 살 수 있더라도 이런 기술은 곧 쓸모가 없어진다. 기술 변화의 속도는 더 빨라지고 우리의 수명은 더 늘어난다.

100세 시대, 몇 번의 직업 전환이 필요하다. 그렇다면 우리는 타자기와 계산기가 아니라 성능 좋은 컴퓨터가 되어, 때에 따라서는 워드프로세서를 깔아서 문서 작업을 하고, 상황이 바뀌면 엑셀 프로그램을 깔아서 계산

작업을 해야 하는 것은 아닐까? 우리에게 필요한 역량은 구닥다리 타자기나 계산기가 아니라 고성능 슈퍼컴퓨터가 될 수 있는 능력이다.

포스트 코로나 시대, 노동자에게 필요한 역량은 무엇일까?

작금의 코로나19 사태가 일회성 이벤트가 아니라면 4차 산업혁명의 변화는 보다 빨라질 것이다. 4차 산업혁명은 물리 세계의 '아톰(atom)'과 사이버 세계의 '비트(bit)' 간 호환을 특징으로 하는바, 이는 비대면과 대면의 실질적 구분이 무의미해지는 것을 의미한다. 이는 포스트 코로나의 비대면 확대와 정확히 맞닿아 있다. 포스트 코로나 시대 필요한 역량이라는 것은 결국 4차 산업혁명의 파고에서 인간 노동이 살아남기 위해 필요한 능력과 같다.

디지털 전환 등 기술 변화로 인해 미래에 어떠한 역량이 더 필요한지에 대해서는 연구자들 간에 대체적으로 합의가 되어 있다. 버짓 에버하드(Birgit Eberhard) 등의 연구자에 따르면, 미래에는 분석적 스킬, 인지적 스킬, 사회적 스킬이 중요해진다.[10] 국내에서도 미래에 중요한 역량을 기업에 직접 조사해보았는데 문제 처리 능력, 공동체 윤리, 팀워크 능력 등이 중요할 것으로 예측되었다.[11] 요컨대 과거에는 생산 노동자들이 경험과 반복적 훈련을 통해 습득할 수 있는 육체적 스킬(motor skills)이 강조되었지만 미래에는 지식 노동자들의 인지적 스킬(cognitive skills), 문제 해결 스킬(problem-solving skills), 사회적 스킬(social skills)이 보다 중요해질 것이다. 특정 기업에만 필요한 특수적 스킬이 아닌 일반적인 문제 해결 능력과 협업하고 소통할 수 있는 능력이 강조된다.

　　　　　4장 교육과 배움, 새 시대의 작동법을 습득하라

이런 역량의 핵심에 인지적 역량이 있다. 즉, 탁월한 뇌를 보유하는 것이다. 사람들은 육체적 스킬, 인지적 스킬, 사회적 스킬을 구분하며 마치 이들이 상호 배치되는 것으로 인식하는 경향이 있다. 하지만 육체적 스킬과 사회적 스킬은 인간의 인지능력과 밀접한 관련을 가진다. 뇌는 움직이는 생명체에서 발생하고 진화하였다. 동물은 뇌가 있지만 식물은 없다. 멍게의 유충은 움직이기 때문에 뇌를 가지지만, 성충이 되어 움직임이 필요 없어지면 뇌가 없어진다. 움직임은 생명체 입장에서 처리해야 할 외부 환경의 정보량을 엄청나게 증폭시키기 때문에 육체 활동의 증가는 더 큰 인지 역량을 요구하는 것이다. 한편 인지능력이 가장 요구되는 것은 타인의 마음을 읽는 일이다. 다른 영장류와 인간을 구분하는 가장 강력한 뇌의 기능은 사실상 인간의 사회적 상호작용과 관련이 있다. 생명체 입장에서 움직임은 더 많은 정보처리를 요구하고, 또 다른 움직이는 생명체와의 상호작용은 처리해야 할 정보량을 폭발적으로 늘린다. 사회적 스킬은 고도의 인지 역량에 다름 아니다. 당신이 진정으로 똑똑한 사람이라면 친절한 사람일 것이다.

요컨대 육체적 스킬, 인지적 스킬, 사회적 스킬은 모두 인지능력과 관련이 있고, 지금까지 인간 인지능력은 비약적으로 발달해왔다. 미래 역시 그러할 것이다. 이는 결국 더 복잡한 문제를 해결하기 위한 자연스러운 진화의 과정이며, 뛰어난 학습능력과 협업 능력으로 발현된다. 그렇다면 구체적으로 필요한 역량은 무엇인가?

포스트 코로나 시대, 한국 노동자의 메타인지는 준비되어 있는가?

많은 뇌 과학자들과 인지 심리학자들의 연구에 따르면 인간은 강하지만 인공지능은 약한 거의 유일한 영역이 메타인지이다. 메타인지는 내 인지를 보는 또 다른 인지를 의미한다. 소크라테스가 말하는 '너 자신을 아는' 역량이 바로 메타인지이다. 소크라테스가 현명한 사람인 이유는 바로 자신이 무엇을 알고 무엇을 모르는지 잘 아는 사람이었기 때문이다. 포스트 코로나19 시대, 미래에는 소크라테스의 이 능력을 일상의 노동자도 갖추어야 한다.

인간은 진화의 과정에서 무엇을 모르는지 빠르게 판단하는 능력을 가지게 되었고, 이것은 능동적이고 전략적 학습을 위한 인지의 틀을 제공한다. 내가 무엇을 모르는지 알고, 그것에 호기심을 가져야 배울 수 있는 법이다. 빠르게 변화하는 환경에 적응하기 위해서는 지속적인 학습이 중요하며, 이것을 효과적으로 할 수 있게 하는 핵심 역량이 메타인지이다. 개개인이 자신의 메타인지를 바탕으로 스스로 동기부여되어 학습 전략을 세울 수 있을 때, 적절한 교육과 학습 지원을 통해 필요한 역량을 강화할 수 있다.

과거의 기술 진보 속도에서는 전통적 교육 훈련 방식으로도 스킬 격차(skill gap)를 메울 수 있었다. 하지만 4차 산업혁명 시대의 기술 진보 속도에서는 이러한 방식이 더 이상 불가능하다. 앞의 장에서도 학령기 교육에서 학생이 스스로 동기부여되는 학습이 강조된 바 있는데, 성인도 마찬가지이다.

기술 변화에 따라 유망한 특정 산업을 예측하여 맞춤형으로 교육과정을

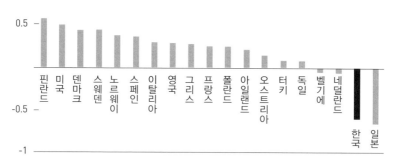

한국 노동자의 메타인지 국제 비교

(단위: 표준점수)

핀란드 / 미국 / 덴마크 / 스웨덴 / 노르웨이 / 스페인 / 이탈리아 / 영국 / 그리스 / 프랑스 / 폴란드 / 아일랜드 / 오스트리아 / 터키 / 독일 / 벨기에 / 네덜란드 / 한국 / 일본

자료: 반가운 외(2019)의 수치를 그림으로 재구성

설계해 소위 '미스매치'를 줄이는 방식으로는 한계가 있다. 기술이 빠르게 변하는 상황에서는 이러한 움직이는 과녁 맞추기식 접근은 가능하지도 않다. 이제 개인은 스스로 학습 전략을 세우고 동기부여되어 끊임없이 자신의 역량을 업그레이드해나가야 한다. 교육 훈련 기관이 아니라 개인이 중심이 되어 대응하고 적응해나가야 한다.

물론 양질의 교육 훈련 공급도 중요하다. 하지만 좋은 교재와 기관은 그 다음의 문제다. 내가 스스로 학습하고자 하는 마음만 있다면, 무엇이나 학습 교재이고 누구나 스승이다. 제도적, 정책적 접근은 개인이 스스로 하고자 하는 마음을 지원하는 것이 되어야 한다. 이것이 미래 필요한 역량과 학습에서 '초회복'의 모습이다.

그렇다면 현재 한국 성인 노동자의 모습은 어떠할까? 위의 그래프와 같이 한국 성인 노동자는 메타인지 수준이 매우 낮다. 이는 한국 노동자가 자기주도 학습을 통한 역량 개발에 커다란 장애가 있음을 의미한다. 청년들은 사교육과 과도한 입시 공부로 스스로 동기부여되어 공부하는 능력을 잃어버렸다. 성인이 되어서도 한국의 조직문화가 메타인지의 성장을 방해한다. 자율과 재량이 없는 위계적인 조직에서 학습 역량은 사치다. 문제 해결을 요구하지 않는 조직에서는 내가 무엇을 아는지 모르는지 스스로 이해할 필요가 없다. 시키는 일이나 주어진 시간 내에 밤을 새워서라도 처리하는 것이 내게 필요한 능력의 전부이기 때문이다.

포스트 코로나 시대, 한국 노동자의 협업 능력은 준비되어 있는가?

미래에는 기술 변화로 인해 발생하는 새로운 요구에 하나의 새로운 직무(job)로 대응하는 기존의 방식이 더 이상 작동하지 않는다. 기존에 있던 여러 사람의 과업(task)을 잘 버무려 대응하는 방식이 보편화된다. 예컨대 나의 과업 1, 3과 타인의 과업 2, 4를 결합하여 하나의 직무를 처리하는 방식이다. 이제 타인과 나의 역량을 잘 섞어서 문제를 해결해내는 협업 능력이 무엇보다 중요해지게 된다. 이것이 앞서 강조한 사회적 스킬이다.

다만 인간의 협업 능력을 요구하지 않고 테일러주의적 기술을 활용하여 철저한 분업 시스템으로 업무를 처리할 수도 있다. 앞 장에서 경영과 노동 간의 신뢰 수준에 따라 원격근무가 자율과 재량을 주는 방식이 아닌 또 다른 통제의 방식으로도 갈 수 있다고 하였는데, 똑같은 논리가 여기서도 적용된다. 인간 간 협력을 통해 새로운 과업에 대응하기보다 노동 과정을 철저히 쪼개어 원자화된 노동을 기계적으로 연결해 최종 산출물을 만들어낼 수도 있는 것이다. 하지만 이러한 노동 과정은 단기적으로 가능하더라도 장기적으로는 모두 인공지능에 의해 대체될 것이다.

그렇다면 현재 한국 성인 노동자들의 일터 내 협력 수준은 어떠할까?

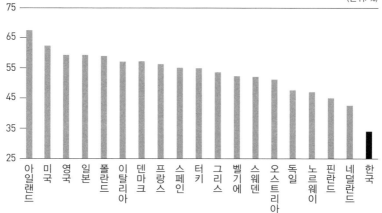

한국 노동자의 협력 수준 국제 비교

(단위: %)

자료: 반가운 외(2019)의 수치를 그림으로 재구성

233쪽의 그래프와 같이 한국 성인 노동자(25~44세 기준)는 협력 수준이 낮다. 각자도생의 외로운 경쟁을 하고 있는 한국의 핵심 노동력들은 서로 협력하며 일하고 있지 못한 것이다.

포스트 코로나는 4차 산업혁명을 가속화할 것으로 예상되고, 비대면의 근무 환경에서도 집단의 성과를 내기 위해서는 협업하고 의사소통하는 역량이 더욱 중요해질 것이다. 비대면 근무에서 가장 걱정스러운 것은 창의성과 혁신이다. 인간이 창의성을 발휘하기 위해서는 능력 있는 개인 간의 네트워크가 잘 구축되어 있어야 하고, 보다 많은 대면 기회를 제공해야 한다는 연구가 많다. 포스트 코로나 시대 비대면이 갖는 한계가 바로 여기에 있다. 이것을 어떻게 극복할 것인가가 결국 포스트 코로나 시대에서 큰 도전이 될 것이다.

그렇다면 초회복을 위해 메타인지와 협업 능력을 어떻게 기를 것인가? 빠른 기술 변화에 대응하기 위해서는 노동자가 새로운 것을 학습할 수 있는 능력이 무엇보다 중요하다고 하였다. 한국 성인의 낮은 메타인지를 향상시키기 위해서는 지금처럼 단기 훈련 처방이 아니라, 새로운 학습과 교육의 기회를 노동자 개개인이 일상적으로 가질 수 있어야 한다. 일과 일, 일과 가사 등의 인생 전환기에 반드시 학습이 들어가야 한다. 40세 학생, 50세 학생, 60세 학생이 자연스러워지는 '학습사회(learnfare society)'를 위한 보편적이고 광범위한 사회적 지원이 필요하다. 이때, 학습사회는 반드시 개인에게 보다 많은 안정감과 여유를 주는 '복지국가(welfare state)'와 함께 가야 한다. 여유가 있을 때 학습 역량은 커진다. 아난디 마니(Anandi Mani) 등 연구자들의 연구에 따르면 빈곤은 개인의 인지 역량을 크게 제약하여 정상적인 사람의 IQ를 14 정도 떨어뜨리는데, 이는 밤을 꼬박 새운 다음 날 멍한 상태와 같다고 한다.[12] 빈곤한 개인은 이런 상태로 인생을 살아가는데, 어떻게 제대로 된 학습이 가능하겠는가? 전문직에게는 시간의 여유를, 빈곤층에게는 소득의 여유를 주어야 제대로 된 학습사회도 가능하다.

린다 그래튼(Lynda Gratton)과 앤드루 스콧(Andrew Scott)이 《100세 인생》이라는 책에서 갈파했듯이 여가는 이제 더 이상 오락(recreation)이 아니라 자기 자신을 재창조(re-creation)하는 것이 되어야 한다. 그러기 위해서는 평소에도 끊임없이 학습하고 동료들과 좋은 관계를 유지하며 일과 삶의 균형을 맞추는 노력이 무엇보다 중요하다. 그리고 울리히 슈나벨(Ulrich Schnabel)의 말대로 '아무것도 하지 않는 시간의 힘'을 믿어야 한다. 쉬는 것은 뇌에게 엄청난 투자를 하는 것이다.

인간이 아무것도 하지 않을 때 뇌도 아무것도 하지 않을까? 그렇지 않다. 그때 뇌에서 작동하는 영역이 바로 '디폴트 모드 네트워크'이다. 이 영역은 반성적 사고를 주관하는 영역이다. 과거에 내가 했던 행동을 되새기고 제대로 평가하게 되면 이를 바탕으로 미래에 대한 보다 나은 전망을 할 수 있다. 휴식이 메타인지를 향상시키는 것이다. 쉬지 않는 것이 효율적일 수는 있으나 결코 창조적일 수는 없다.

더 빨리 변하는 세상, 중심을 잡고 제대로 된 학습 전략을 세워 대응하기 위해서는 아무것도 하지 않는 시간의 힘을 통해 여가가 재창조의 기회가 되게 하여야 한다. 잠들면 죽기 때문에 평생 잠들지 못하는 '온딘이 저주'는 바로 메타인지를 키울 기회를 놓쳐버린 불쌍한 현대인의 모습이다. 쉬지 않고 일만 하면 멍청해진다. 초회복의 사회에서 우리는 온딘의 저주에 빠지지 말고 나 자신을 반추하고 알아가는 소크라테스가 되어야 한다. 이것이 역량과 학습 영역에서의 '초회복'이다.

협업 능력은 어떻게 길러질까? 기본적으로 협력은 상호 신뢰에서 나온다. 신뢰(trust)는 결국 믿을 만한가(trustworthiness)에 대한 나의 주관적 평가이고, 이것은 상대방이 나를 위해 일할 의지가 있는가(will do)와 일할 능력이 있는가(can do)로 결정된다. 이 둘 중 하나라도 없다면 결국 상대는 나의 신뢰를 저버리게 된다. 할 의지는 있으나 능력이 안 되거나, 능력은 있으나 나를 배신하는 두 경우 모두 나는 상대를 신뢰할 수 없게 된다. 신뢰가 없다면 협력도 없다. 서로 협력하기 위해 결국 우리는 서로가 서로에게 능력 있는 인간인 동시에 서로에게 친절한 인간이 되어야 한다. 이는 사실상 고대 그리스 철학자들이 강조한 덕성 있는 인간이 되는 것과 정확히 일치한다.

아리스토텔레스는 덕성 있는 시민이 되기 위해서 로고스와 에토스를 강조하였다. 로고스가 논리적 근거를 활용해 객관적으로 설명하는 이성을 의미한다면, 에토스는 품성이나 품격에서 나오는 인간적 신뢰감을 말한다. 이는 놀랍게도 포스트 코로나로 더 빨리 다가온 4차 산업혁명 시대 인간에게 요구하는 역량과 정확히 일치한다. 아리스토텔레스는 더 똑똑하고 더 윤리적인 인간이 되기 위해서 공동체에 참여하여 토론하는 것이 무엇보다 중요하다고 한다. 토론의 과정에서 이성이 고도로 발달하고, 남을 설득시키기 위한 나의 말은 스스로에게 일종의 '공약의 부담'이 되어 윤리의식도 함께 발달한다.

결국 초회복 사회에서 우리에게 필요한 역량은 공동체 속에서 참여와 토론을 통해 길러진다. 참여와 토론은 공동체 구성원이 서로 최대한 동등할 때 제대로 이루어진다. 각자의 역량과 시민권을 바탕으로 모두가 교섭력을 가지고 있을 때, 로고스와 에토스가 발휘되는 덕성 있는 시민이 된다. 그리고 이 시민은 고대 그리스 시대 노예가 아닌 인공지능 로봇을 비서로 둔 역량 있는 인간 노동자가 된다. 나에게 여유와 학습의 기회를 주는 공동체 속에서 나는 똑똑하고 친절한 사람이 된다.

5장
___

파국을 막으려면
경제부터 뒤집어야 한다

마이너스 성장 시대, 경제의 채점 기준이 바뀐다

이원재 LAB2050 대표

마이너스 성장의 충격

"지금 세계경제가 무너지고 있다". 〈파이낸셜 타임즈〉의 유명 칼럼니스트 마틴 울프(Martin Wolf)가 2020년 초 쓴 칼럼 제목이다. IMF가 내놓은 세계경제 전망을 보고 쓴 글이다.

IMF는 팬데믹이 불어닥친 세계를 '대봉쇄(great lockdown)' 상태라고 불렀다. 마틴 울프는 그보다 어쩌면 더 심각한, '대폐쇄(great shutdown)' 상태라고 부른다. 충분히 발전한 자본주의 국가 중 절반이 봉쇄 상태를 경험했다. 경기 부진이나 불황, 심지어 공황과도 다른 상황이다.

이전 위기들은 공급과잉으로, 금융경색으로, 환율 변동, 수입 급감으로 인해 위험이 커져서 거래가 줄어드는 것이었다. 지금은 접촉 자체가 위험이고, 접촉을 필연적으로 수반하는 '거래 자체'가 위험이고, '생산 자체'가 위험이라서 경제가 위축되는 위기다. 위기의 깊이가 다르다. 뿌리를 건드리고 있다.

IMF는 선진국 경제가 2020년 6.1퍼센트 마이너스 성장을 기록할 것이라고 내다봤다. 한국이 IMF 구제금융의 충격을 맞은 1998년의 성장률이 마이너스 5.5퍼센트였다. 당시 경찰에는 하루가 멀다 하게 'IMF형 자살'이라는 사건이 접수됐다. 평생직장이라 여겼던 곳에서 하루아침에 해고된 가장은 어린아이를 남겨두고 목을 매고, 두 자식이 동시에 실직하는 모습을 목격한 노인은 부담이 되기 싫다며 고층 아파트에서 몸을 던졌다. 부도난 기업의 임원이, 취업이 막막해신 청년이, 임금체불로 고통받던 노동자와 손님이 사라진 자영업자가 극단적 선택을 했다. 증권사 객장에는 전 재산이 반 토막 난 소액 투자자들이 들이닥쳐 몸싸움이 벌어졌다. 사람들은 빚을 져서 고통받고 빚을 돌려받지 못해 고통받았다. 사람들의 삶에는 천둥과 번개가 치고 발밑의 땅이 무너지는 것 같은 변화가 오고 있었다. IMF는 그 정도 규모의 메가톤급 위기가 선진국 전체를 덮친다고 예측한 것이다.

마이너스 성장의 숨은 편익

다만 코로나19 때문에 생긴 대봉쇄와 마이너스 경제성장이 경제 위기임은 분명하지만, 사회의 모든 영역이 위기를 맞는 것은 아니다. 경제성장률로는 측정되지 않는 다른 편익을 높이기도 한다. 환경이 대표적인 분야다. 대봉쇄 기간에 탄소 배출 등 대기오염이 획기적으로 줄어들었다는 다양한 증거가 나오고 있다. 측정되는 마이너스 편익과 측정되지 않는 플러스 편익이 교차하는 장면이다. 좀 더 구체적으로 다음과 같은 사례들을 생각해볼 수 있다.

- 이동이 줄면서 항공 산업, 자동차 산업, 운수 서비스업 등은 수입 감소로 마이너스 편익이 생기지만, 탄소 등 오염 물질 배출이 줄어들면서 맑은 공기라는 플러스 편익이 생긴다.
- 원격근무, 재택근무가 늘어나면서 사무실 밀집 지역 식당가에는 수입 감소로 마이너스 편익이 생기지만, 주거지에서 자기 자신이나 가족을 위해 음식을 만드는 서비스가 늘어나면서 플러스 편익이 생긴다.
- 영화관에 관객이 끊기면서 수입 감소로 마이너스 편익이 생기지만, 스트리밍 서비스 등을 통해 좋은 영화를 값싸게 감상하는 시간이 늘어나면서 플러스 편익이 생긴다.
- 유흥가 술집에 손님이 줄면서 수입 감소로 마이너스 편익이 생기지만, 가족과 함께 보내는 저녁 시간이 늘면서 관계가 개선되어 플러스 편익이 생긴다.
- 국제 콘퍼런스 등 대형 행사가 잇따라 취소되면서 컨벤션 산업에는 마이너스 편익이 생기지만, 화상회의와 온라인 중계를 통한 지식 교류가 늘어나면서 이에 따른 플러스 편익이 생긴다.

특히 이번 코로나19 대봉쇄 상황에서는 이전의 경제 위기와는 다른 장면이 펼쳐졌다. 마이너스 성장의 편익을 대중이 느끼기 시작해서다. 과거 경제 위기가 사회 전 부문의 위기로 여겨졌던 것과 달리, 이번 불황은 경제 위기이기는 하지만 환경에는 기회가 될 수도 있다는 사실이 여러 차례 언론과 SNS를 통해 회자되었다.

측정되는 생산이 줄어들어 고통스러운 것은 사실이지만, 이면에는 대기오염 감소 등 편익도 있었다. 또한 측정되는 생산이 줄어든 것은 사실이지만, 돌봄 서비스 등 측정되지 않는 생산은 물물교환과 선물경제 영역으로 숨어들어가면서 마이너스 경제성장을 과장하기도 한다.

새로운 표준 : 뉴 GDP

경제성장이란 무엇일까? 한 사회의 경제 규모를 측정하는 유력한 지표는 국내총생산(GDP)이다. GDP란 한 나라에서 1년간 생산된 부가가치의 합이다. 우리는 이 수치가 높아지면 잘살게 되는 것이라고 믿었고, 이 수치가 낮아지면 못살게 되는 것이라고 믿었다. 일부 경제 위기 기간을 제외하면 GDP는 늘 늘어왔기 때문에 이 증가율을 경제성장률이라고 불러왔다. GDP가 줄어든다는 건 매우 예외적인 현상이었기 때문에 역성장, 마이너스 성장이라고 부른다. 이는 받아들일 수 없을 정도로 큰 경제 위기일 수 있다.

그런데 코로나19 이후, GDP에 대한 믿음이 흔들리고 있다. GDP가 낮아지더라도 좋아지는 것들이 있다는 점을 알게 되었기 때문이다. 그 GDP가 무엇인지 좀 더 뜯어보자.

A라는 나라에서는 가사를 자기 가족이 전담한다. 보육도, 빨래도, 설거지, 요리도 모두 마찬가지다. B라는 나라에서는 모든 가사는 외부에 돈을 주고 맡긴다. 내가 다른 집에 가서 빨래를 하며 돈을 받고, 그 돈을 모두 우리 집 빨래를 남에게 맡기는 데 쓰는 나라다.

다른 조건이 모두 같을 때, A라는 나라와 B라는 나라의 GDP 중 어느 쪽이 더 클까? B가 더 크다. 일어난 일은 모두 같다. 하지만 B에서는 더 많은 활동이 돈으로 거래되어 부가가치와 소득으로 계산된다. A 나라에서의 가사는 부가가치와 소득으로 측정되지 않고, 따라서 GDP에도 포함되지 않는다.

사실 경제란 돈이 아니라 실물이다. 자동차와 컴퓨터 같은 제품과, 가사나 교육, 의료와 같은 서비스의 총합이 한 나라의 경제 규모다. 화폐는 이를 측정해서 파악하기 편하게 해주는 도구일 뿐이다. 똑같은 자동차가 만들어져서 사람들이 편리하게 사용하고 있다면, 돈을 받고 거래된 자동차가 돈을 받지 않고 무상으로 증여된 자동차보다 더 큰 가치를 지닌다고 말할 수는 없는 것이다.

GDP는 이렇게 분명하게 존재하지만 시장에서 거래되지 않는 비시장 영역의 가치를 측정하지 못한다. 똑같은 일을 해도, 채용되어 임금을 받고 하는 일이 자원봉사로 하는 일보다 더 가치 있게 여겨진다. 현재의 평가 방법대로라면, 근교에서 진행되는 '외갓집 체험' 프로그램에 아이를 보내는 것은 경제성장에 도움이 되는 일이지만, 진짜 외갓집에 보내 체험을 시키는 일은 경제성장에 영향을 끼치지 못한다.

같은 일을 해도 돈을 더 버는 사람이 더 중요하게 여겨지고, 좋은 물건이라도 공짜로 받으면 하찮게 여기는 문화도 여기서 나온다. 경제성장률 산정 방법이, 무엇이든 시장에서 거래되고 돈으로 환산되어야만 가치가 있다고 여기는 문화로까지 이어지는 것이다.

GDP에는 또 다른 문제도 있다. 양적 측면만 평가하고 질적 측면은 빼놓는다는 점이다. 여러 기술 혁신의 성과가 그렇다. 통신사가 신기술 개발에 성공해 추가 비용을 들이지 않고 무료로 통화 품질을 두 배 개선했다고 하자. 이를 이용하는 소비자의 입장에서는 서비스가 두 배로 좋아진 것이다. 그러나 이는 경제성장에 도움이 되는 일이 아니다. 요금을 올리고 기업 매출이 올라가야 부가가치를 측정할 수 있기 때문이다. 그러니 기업이 일으키는 다양한 기술혁신의 성과도, 직접 이익으로 이어지지 않는다면 설령 소비자의 만족도를 높였더라도 제대로 GDP에 측정되지 않는 경우가 많게 된다.

경제성장을 측정해 발표하는 지표가 바뀐다면, 우리 사회에는 근본적 변화가 올 것이다. 기업 경영에, 개인 소비생활에, 투자 활동 패턴에 매우 큰 변화가 일어날 것이다. 그 모든 활동의 '성과 평가' 기준이 바뀔 것이기 때문이다. 시험 점수를 매기는 기준이 바뀌면 공부 패턴이 근본적으로 달라지는 것과 마찬가지다. 성과 측정 기준이 바뀌면 정부의 정책 결정 패턴이 근본적으로 달라질 것이다. 그런데 국가의 평가 기준이 바뀌면, 기업과 개인의 평가 기준도 바뀔 수밖에 없다. 새로운 가치 기준이 생겨나게 된다.

다른 경제의 가능성

이런 새로운 가치 기준이 '사회적 가치'이다. 사회적 가치는 경제적 가치보다 넓은 개념이다. 경제적 가치가 재무적 가치, 즉 '돈이 되는 가치'만을 일컫는 반면, 사회적 가치란 외부성, 공공재, 가치재 등의 시장 실패 요인 때문에 사회적으로 필요한 양만큼 공급되지 못하는 부가가치를 모두 포함한다. 사회 구성원들에게 중요한 가치지만 시장에서 거래되어 재무적 가치로 드러나지 않는 것까지를 포괄하는 종합적 가치다.

즉 과거 우리 경제를 표현하던 기업 이익, 경제성장률, 1인당 국민소득 같은 핵심 지표는 현대의 기업과 개인이 필요로 하는 가치를 제대로 측정하지 못하며, 이에 따라 생산에 비효율이 생기게 된다는 관점이다. 사회적 가치를 시장에서 제대로 평가받지 못하나 분명히 수요가 존재하는 서비스로 정의하는 관점이다.

사회책임투자(SRI), 사회책임경영(CSR), 공유가치창조경영(CSV), 사회적기업 등 다양한 영역에서 비슷한 시도를 진행했다. UNEP FI(유엔환경계획 금융 이니셔티브)에서는 금융 투자자들의 투자 의사 결정에 환경적 가치가 포괄될 수 있는 평가 방식을 내놓았다. GRI(Global Reporting Initiative)에서는 기업이 재무성과를 공시하듯 사회환경적 성과를 공시할 수 있는 가이드라인을 제공한다. ISO(국제표준기구)에서는 기업의 사회적 책임을 지키는 경영 표준을 제안했다.

이런 새로운 가치들이 코로나19 사태를 맞으면서 새롭게 주목받을 수 있는 환경이 됐다. 마이너스 성장이 가져온 플러스 편익이 분명히 드러난다면, 이를 계산해 코로나19 사태의 손익계산서는 수정되어야 한다. 한번 수정된 계산 방식은 지속적으로 적용되는 게 맞다. 코로나19 사태를 우리 경제의 근본적 계산 방식을 되돌리는 계기로 만들어야 한다. 지구적 관점에서 볼 때 선진국 경제는, 이미 마이너스 상태이나 플러스로 '계산되고만' 있었는지도 모른다. 진짜 성장이 무엇인지, 경제·사회·환경적 관점을 모두 담아 새롭게 정의할 필요가 있다.

뉴딜을 넘어

과거 세계경제 위기 당시 데이터를 살펴보면, 위기 초기에는 분명하게 탄소 배출이 줄어든다. 그런데 조금 시간이 지나면 다시 줄어든 만큼을 회복한 뒤 오히려 배출이 더 늘어난다. 대공황 이후 반복되는 패턴이다.

이는 대공황 때 시작된 '뉴딜'의 악몽이 반복되면서 나타난 현상인 것으로 보인다. 경제 위기 직후마다 측정되는 경제성장률과 일자리를 늘리기 위한 대규모 정부 지출이 반복되는데, 이는 측정되지 않는 가치를 파괴하는 결과를 가져왔을 것이다. 경제 회복 과정에서 건설 등 에너지 다소비 업종에 과잉투자가 일어난다.

　전 세계 정부는 코로나19로 다가온 경제 불황을 극복하기 위한 재정투자 패키지를 속속 발표하고 있다. 다시 '뉴딜'이다. 그러나 단순히 위기 이전으로 되돌아가는 '고통의 회복'이 아니라 위기 이전의 문제를 해결하는 '고통의 극복'이 되려면, 이번 뉴딜은 달라야 한다. 새로운 가치를 회복하는 뉴딜이어야 한다. 그래야만 인류는, 상상해보지 않았던 '마이너스 자본주의'를 견뎌내면서 '플러스 사회'를 만들어갈 수 있을 것이다.

빛 많은 정부는 위험한 정부일까

전용복 경성대학교 국제무역통상학과 교수

이중의 사회 혁신

코로나19 이후의 세상은 지구 생태계와 양립할 수 있고, 동시에 사회경제적 약자를 보호하는 경제사회 체제여야 한다. 지금까지 그랬던 것처럼 지구 생태계를 착취하는 구조는 코로나19보다 더 큰 재앙을 불러올 수 있다. 또한 현재처럼 사회경제적 약자를 보호하지 않고 방치하는 체제는 인간 사회 전체를 취약하게 만든다. 약한 한쪽이 무너지면 강자로 여겨지는 다른 한쪽도 무사하지 못하기 때문이다.

이 이중의 '사회 혁신'은 결코 자연적으로 이루어지지 않는다. 이를 위해서는 투자와 비용이 들기 때문이다. 생태 친화적 사회경제 체제로 전환하려면 탄소 배출을 줄여 기후변화를 막아야 한다. 새로운 투자 없이 탄소 배출을 막는 방법은 성장을 멈추거나 역성장하는 것이다. 하지만 이는 엄청난 고통이 뒤따른다. 부자와 기업의 이윤 감소야 그렇다 하더라도, 역성장에 따른 실업은 말 그대로 생존 자체에 대한 위협이다. 현재의 우리 사회는 가장 큰 충격을 받게 될 사회적 약자를 보호하지 않는다.

결국 코로나19 이후 강건한 사회로의 체제 전환 문제는 비용을 분담하는 문제이다. 누가 어떻게 그 투자 비용을 부담해야 할까? 현재 그럴 역량을 가진 주체는 오직 정부뿐이다. 두 가지 이유에서 그렇다. 우선 정부는 사회 혁신 저항을 최소화할 수 있다. 성공적 체제 전환을 위해서는 정치적 합의를 끌어내는 일이 중요하다. 하지만 모든 개혁이 그렇듯, 사회 혁신은 승자와 패자를 동시에 만들어낸다. 이로부터 손해를 보는 집단이 대량 발생하면, 이들은 저항할 것이고, 그 결과 사회 혁신 자체가 좌초될 위험이 있다. 사회 혁신의 비용 전부를 민간에게만 떠넘겨서는 안 된다. 정부가 그 비용을 대신 질 수 있다.

정부 재정에 대한 올바른 관점

정부가 사회 혁신 비용을 부담해야 하는 두 번째 이유는 정부가 충분한 역량을 보유하고 있기 때문이다. 체제 전환 비용을 정부가 부담한다는 말은 정부가 빚을 져야 한다는 말이다. 그 비용을 댄다고 세금을 더 걷는 것도 비용을 민간에 떠넘기는 일이기 때문이다. 현재, 정부가 빚을 지면 위험하다는 관념이 지배하고 있지만, 그 근거는 빈약하다. 도그마적 주류 경제학 이론에서 벗어나서 보면, 정부는 이러한 체제 전환에 필요한 비용을 충분히 지불할 수 있다.

주요 선진국들 경제가 코로나19발 경제 위기 상황에서 이를 행동으로 보여주고 있다. 정부채무 비율이 우리나라(2019년 말 GDP 대비 38%)보다 훨씬 높은 나라들이 대규모 경기부양책을 실행하고 있는 것이다. 우선 미국은 2019년 정부채무 비율이 135퍼센트였지만, 긴급 재난 대응 정책에 2020년 예산 대비 재정지출을 47.5퍼센트로 책정하고 실행하고 있다. 2018년 정부부채 비율 239퍼센트로 세계에서 가장 큰 부채를 진 일본 정부도 2020년 예산 대비 38.5퍼센트를, 2018년 70퍼센트, 122퍼센트의 정부채무 비율을 기록한 독일과 프랑스도 각각 2020년 예산 대비 17퍼센트, 18.3퍼센트를 재난 대응 자금으로 집행하기로 결정했다. 이것이 정부채무 비율을 얼마나 더 높일지는 올해 GDP가 결정되어야 알 수 있지만, 정부채무 부담을 크게 높일 것임은 분명하다. 그럼에도 불구하고, 이들 국가는 정부가 더 많은 빚을 지기로 결정했다. 우리나라 정부라고 못할 일이 아니다.

우리나라는 기축통화국이 아니라서 안 될까? 가장 흔한 질문이지만, 조금만 생각해보면 이 또한 막연한 공포임을 알 수 있다. 우선 일본과 독일, 프랑스 등도 기축통화를 보유하고 있지 않다. 2008년 세계 금융위기 이후 국채 위기를 경험한 포르투갈, 아일랜드, 이탈리아, 그리스, 스페인 등도 독일과 프랑스처럼 유로화를 사용한다. 유로화 사용 여부가 국채 위기와 별 상관이 없다는 뜻이다. 일본 엔화가 기축통화가 아님에도 일본 정부는 오랫동안 국채 위기 없이 매우 높은 빚을 지고 있다.

우리나라 원화는 기축통화가 아니라서 정부 빚을 늘리면 위험하다는 관념의 근저에는 외환위기에 대한 우려가 깔려 있다. 정부가 국채를 발행하여 빚을 늘리면, 정부의 채무 불이행 가능성이 커지고, 외국인 자본이 한꺼번에 이탈할 것이란 걱정이다. 이에 대해 가장 간단한 답변은, 정부가 자국 통화(원화)로 빚을 지는 한 그 빚을 갚지 못할 가능성은 전혀 없다는 사실을 지적하는 것이다. 현재 우리나라 전체 국채의 99퍼센트는 원화 표시이고, 앞으로도 그래야 할 것이다. 채권자가 상환을 요구하면, 정부는 국가 주권인 발권력을 행사하여 현금으로 지불하면 그만이다. 그래서 지난 100년 동안 전 세계 역사에서 정부가 빚을 상환한, 즉 정부 빚의 절대액이 줄어든 사례는 없다. 이유는 너무나 단순하다. 꼬박꼬박 이자가 지급되면서 떼일 염려가 전혀 없는 저축 수단(국채)을 포기할 투자자는 없기 때문이다.

경제와 재정의 작동 원리로 보아도 정부채무에 대한 공포는 지나치게 과장되어 있다. 자본주의 사회에서 비용은 대개 '돈'이다. 물질적 자원과 노동 모두 돈으로 동원할 수 있기 때문이다. 그래서 물리적으로는 가능하지만, 돈이 없어서 실행하지 못하는 일이 다반사이다. 돈이 부족할 때 지출하는 방법은 빚을 지는 일인데, 민간이 빚이 늘어나면 파산하기 쉽다. 하지만 정부는 다르다. 정부의 예산제약은 민간의 그것처럼 엄격하지 않다. 정부는 스스로 화폐를 만들어내 지출하기 때문이다. 전환 비용을 정부가 댈 수 있다는 말이다.

현재의 경제 제도는 정부의 화폐 발행권을 엄격히 제한하여, 정부도 가정경제나 기업처럼 운영해야 한다고 강요한다. 현 제도는 정부가 세입보다 더 많이 지출하려면 국채를 발행해 빚을 내야 하고, 그것도 꼭 민간부문(주로 은행들)으로부터 빌리도록 규정해놓았다. 통화 발행권은 국가 주권의 일부인데, 정부가 그 행사를 포기한 것이다. 그러고 나서 정부 빚이 많으면 위험하다고 강변한다. 정부가 파산할 수 있다는 위협도 있고, 정부 규모가 커지면 경제 전체에 부정적인 영향을 미친다는 세련된 주장도 있다.

하지만 정부 빚이 늘어나면 위험하다는 주장 대부분은 실체를 오해하거나 왜곡한 결론이다. 오히려 민간경제에 부채가 적은 건강한 경제를 위해서라면 정부가 빚을 져야 한다. 정부가 빚을 회피하면 민간이 대신 빚을

5장 파국을 막으려면 경제부터 뒤집어야 한다

저야 한다. 민간은행이 통화(돈)를 공급하는 현대 통화제도에서는 경제가 성장함에 따라 부채도 비례적으로 증가할 수밖에 없다. 통화 발행권이 없는 민간의 부채는 위험하지만, 정부 부채는 전혀 그렇지 않다. 정부가 빚을 져서 체제 전환 비용을 마련할 수 있다는 뜻이다.

체제 전환이나 경제 위기가 아니더라도 정부는 빚을 질 운명이다. 그리고 정부에게 빚이란 일반 가정이나 기업이 지는 빚과는 성격이 전혀 다르다. 어쩌면 정부의 빚은 빚이라 부르기도 어색한 종류의 것이다. 이를 좀 더 자세히 살펴보자. 우리는 일상생활에서 은행 예금을 돈으로 사용한다. 인터넷 쇼핑, 신용카드에서부터 집을 사면서 지급하는 돈도 은행 예금이다. 시중 통화량을 측정하는 지표는 다양하지만, 그 가운데 우리 일상생활과 가장 밀접한 통화량 지표는 M2라 할 것이다. 여기에는 현금, 요구불예금, 수시 입출식 저축성 예금, 만기 2년 미만 정기예금 등이 포함되어 있기 때문이다. 여기서 '현금'만 우리나라 중앙은행인 한국은행이 발행해 공급한 통화이다. 한국은행 통계에 따르면, 2020년 4월 말 현재 우리나라 M2는 약 3011.4조 원이고 이 가운데 현금은 122.1조 원이었다. 비율로 환산하면, 약 4.05퍼센트의 돈만이 한국은행이 발행한 돈이다. 그럼 95.95퍼센트의 돈은 누가 발행한 걸까? 민간은행들이다. 다른 말로, 우리는 한국은행이 아니라 민간은행이 발행한 돈으로 경제활동을 해가고 있다.

그래서 은행으로부터 대출받은 돈으로 거래하는 한, 경제가 성장한다고 해도 빚도 비례적으로 증가하기 마련이다. 경제성장이란 더 많은 재화와 서비스의 생산과 매매이다. 더 많이 생산하고 거래하려면 더 많은 돈이 필요한데, 은행이 통화 공급을 독점하므로 은행 대출 외에는 그 돈을 마련할 수 없기 때문이다. 이렇게 은행에 의존하는 경제는 '빚의 덫'에 갇히게 된다. 물질적으로 풍요롭더라도 빚에 허덕이는 이유가 여기에 있다. 물론 민간의 빚 총량은 사회경제적 지위에 따라 불평등하게 분배된다.

반대로 정부가 지출을 늘리면 민간의 부채 증가 없이도 경제에 필요한 돈을 마련할 수 있다. 정부가 지출하면 경제가 필요로 하는 돈이 공급된다. 정부가 직접 고용하여 임금을 지급하거나 민간으로부터 어떤 물품을 매입하는 등 정부가 지출하면 민간이 빚을 지지 않고 돈을 얻을 수 있다. 그런데 정부가 지출하는 돈은 민간은행이 대출로 창조하는 예금이 아니다. 정부는 중앙은행이 발행하는 돈, '지급준비금'이라는 통화를 사용한다. 다른 말로, 정부는 이미 민간과는 달리 중앙은행이 발행하는 통화를 사용한다. 이는 민간 대신 정부가 빚을 지더라도, 그것은 궁극적으로는 중앙은행에 대한 빚으로 남는다는 뜻이다. 정부 기구 중 하나인 중앙은행에 대한 빚은 갚을 필요도 없다. 그저 정부와 중앙은행의 장부상 기록으로만 남는다. 지속가능한 체제로의 전환 비용도 이렇게 정부 지출로 마련할 수 있다.

다른 측면에서 보면, 이는 '정부가 빚을 지지 않으면, 민간이 대신 빚을 진다'는 의미이기도 하다. 대부분의 경제학 원론 교과서에 소개되는 국민계정 항등식만 자세히 보더라도 이를 알 수 있다. 국민계정 항등식에 따르면, '정부의 재정 수지 + 민간의 재정 수지 + 해외 수지 $\equiv$ 0'이다. 외국에서 벌어 오는 돈(해외 수지)이 일정하다면, 정부 재정 수지 흑자가 커질수록 민간의 적자가 커진다. 둘을 합하여 0이 되어야 하기 때문이다. 반대로 정부가 적자 재정을 운영하면 민간은 흑자를 본다. 따라서 재정건전성 집착은 민간을 희생하더라도 정부의 회계장부만 깨끗이 하겠다는 뜻이다. 건전한 회계장부는 도대체 어디에 사용하려는 것일까?

현재의 통화제도를 유지하기 위해서라도 정부는 빚을 져야 한다. 더 정확히 말하면, 통화정책을 위해서라도 정부는 국채를 발행해야 한다. 우리나라뿐만 아니라 세계 중앙은행 대부분은 기준금리를 통화정책 수단으로 활용하고 있다. 기준금리를 정해놓고, 특정 시장금리가 이 수준을 벗어나지 못하게 하는 방식이다. 여기서 통제하려는 특정 시장금리란 중앙은행 화폐인 지급준비금을 은행들 사이에서 빌리고 빌려줄 때 적용되는 금리이다. 예를 들어 시중에 지급준비금이 너무 많이 풀리면 통제 대상 시장금리가 기준금리 이하로 떨어질 수 있다. 기준금리를 방어하려는 중앙은행은 남아도는 지급준비금을 흡수해야 한다. 이때 중앙은행은 국채를 판다. 국채 보유자에게는 이자가 지급되므로, 이는 시중에 남아도는 지급준비금에 이자를 지급하는 방법이다. 따라서 국채 없이는 통화정책을 펴기도 어렵다. 이는 국채를 단지 정부 적자를 메꾸는 수단으로만 생각하는 통념과는 다르다.

　그런데 한국은행은 통화정책에 필요한 채권을 스스로 발행해서 사용하고 있는 것으로 보인다. 2020년 3월 말 현재 한국은행이 보유한 국채는 17.4조 원에 지나지 않지만, '통화안정화증권'이라는 한국은행 채권 발행 잔액은 165.7조 원 이상이다. 채권을 발행했다는 말은 민간에 돈을 빌렸다는 뜻이다. 돈을 찍어내는 한국은행이 무슨 이유로 민간에 빚을 질까? 이는 통화정책 수단이라는 관점에서 보면 이해가 간다. 지난 20여 년 동안 우리 정부는 2009년과 2019년을 제외하고 매년 흑자 재정을 유지해왔다. 국채를 발행하지 않은 것이다. 그래서 통화정책을 위한 국채가 부족해졌고, 한국은행 스스로 채권을 발행해 사용했다고 이해할 수 있다. 다른 말로, 경제적 순리에 따른다고 하더라도 정부는 최소 165.7조 원의 국채를 발행했어야 한다. 그동안 정부가 회피했던 책임을 지게 한다는 의미에서 이 통화안정화증권을 국채로 교체하기만 해도 당장 165.7조 원의 재원을 마련할 수 있다. 이것이야말로 '비정상의 정상화'라 부를 수 있다.

국채는 정부가 지는 빚이고, 국채 보유자가 상환을 요구하면 중앙은행이 통화를 발행해 갚으면 그만이다. 국채가 부도날 수는 없다. 그래서 시장에서도 국채를 무위험 자산이라 부른다. 떼일 염려가 없다는 뜻이다. 또한 정부 지출이 늘어난다고 인플레이션 등 부정적인 경제문제가 일어나는 것도 아니다. 시중에서 통용되는 돈은 민간은행이 공급하고, 정부가 지출할 때 증가하는 중앙은행 통화인 지급준비금의 양과 별 상관이 없기 때문이다. 체제 전환 비용을 민간에 떠넘기면, 저항도 클 뿐만 아니라 민간의 빚도 덩달아 늘어난다.

요약하면 체제 전환 비용뿐만 아니라 평상시에도 정부가 빚을 져야 한다. 그래야만 민간경제는 부채의 덫에서 벗어나게 된다. 정부의 빚은 궁극적으로 중앙은행에 대한 빚으로 나타난다. 그런데 중앙은행은 정부 기구이므로, 갚을 필요가 없는 명목상의 빚일 뿐이다. 주어진 자원과 노동력 범위 내에서라면, 정부가 더 많이 지출한다고 부정적인 경제문제가 발생하는 것도 아니다. 오히려 경제 전체의 부채가 줄어 건강한 경제체제로 전환된다.

현재 우리나라에는 엄청난 유휴 생산능력이 존재한다. 비싼 돈을 들여 설치한 제조업의 총생산능력 중 겨우 73퍼센트만이 가동되고 있고, 400만 명 이상의 실질적 실업자가 존재한다(통계청 〈경제활동인구조사〉 실업 보조지표 3). 이들은 돈만 투입되면 즉시 활동할 준비가 되어 있다. 이 대량의 유휴 생산능력을 정부와 중앙은행이 협력하여 체제 전환에 활용한다면, 모두가 승자가 된다. 그래서 체제 전환에 대한 저항도 최소화할 수 있다. 빚이라 부르기도 애매한 정부 부채에 대한 부정적 관념만 극복하면 된다.

역사적 사례 ① 중국의 전환

중앙은행과 정부가 체제 전환 비용을 지불하는 방식은 다양할 수 있다. 정부가 비용을 대서 경제사회적 전환을 이룬 두 가지 역사적 경험을 소개하는 데에서 아이디어를 얻어보자. 첫 번째는 중국이 계획경제에서 시장경제로 전환하는 데 정부가 수행한 역할이다. 잘 알려진 것처럼, 중국은 1980년부터 기존의 계획경제에서 시장경제로 이행하기 시작하여, 현재 미국과 세계 경제 패권을 두고 경쟁할 만큼 성장했다. 경제체제를 성공적으로 전환한 셈이다. 하지만 이런 체제 전환이 결코 쉬운 일이 아니다. 구소련과 동구권 국가들도 계획경제에서 시장경제로 전환하긴 했지만, 중국처럼 성공적이진 않았다. 시장경제로 전환한 이후 실업이 만연하고 주기적으로 경제 위기를 겪을 만큼 불안정한 경제가 되었기 때문이다.

중국과 구소련에서 체제 전환의 결과가 서로 달랐던 이유는 체제 전환의 사회적 비용을 감당하는 방식의 차이 때문이었다. 구소련과 동구권 경제는 계획경제 체제에서 국가가 소유하고 경영하던 경제적 자산을 '하루아침에 민영화'했다. 민영화란 경영의 목적이 이윤 극대화로 전환된다는 의미인데, 민영화된 기업들은 즉시 구조조정을 단행했다. 구조조정으로 해고된 노동자들은 실업자가 되었고, 이들의 소득 단절은 내수를 파괴해버렸다. 이후 중소기업들이 연쇄적으로 파산했고 소수 기업에 경제가 집중되었다. 이후의 과정은 소득 불평등이 어떻게 경제를 불안정하게 만드는지 원형 그대로 보여주었다.

이와는 반대로, 중국은 체제를 점진적으로 전환해나가는 방식을 택했다. 개혁 과정에서 발생할 수 있는 사회경제적 혼란을 최소화하고자 했기 때문이다. 개혁은 필연적으로 승자와 패자를 동시에 양산할 것인데, 패자가 많으면 개혁에 대한 지항 또한 필연적이고, 이들의 저항으로 개혁 자체가 좌초될 수도 있다. 따라서 중국 정부는 국유기업에 대한 개혁을 미루고 시장원리로 운영되는 경제 부문이 먼저 성장하도록 했다. 후자가 충분히 성장한다면 전자에 대한 개혁이 낳을 실업을 흡수할 수 있기 때문이다.

체제 전환에 따른 사회 혼란을 피하고자 국유기업 개혁이 미뤄지면서 비용이 발생했다. 당시 중국의 국유기업은 흑자보다는 적자가 일상처럼 되어버린 비효율성의 상징이었다. 체제가 전환되는 과정에서도 그들의 재무적 수익성은 개선되지 않았고, 억지로 고용을 유지하는 동안 발생한 적자는 누군가 부담해야 했다. 중국 정부는 자신이 소유하고 경영하던 국유 은행 대출을 통해 그 비용을 댔다. 국유기업이 대출금을 상환하지 않으니 국유 은행의 대출 채권은 부실화되었다. 이런 식으로 20년이 지나 1998~99년 아시아 외환위기가 발발하자 중국 국유 은행들의 부실채권 문제가 세계적인 이목을 끌었다. 세계 금융기관들은 중국 국유 은행들의 부실채권 규모가 전체 여신의 20~40퍼센트에 달한다고 주장했다. 이를 바탕으로 중국 경제의 금융위기를 심각하게 경고하기도 했다. 이들의 부실채권 규모 추정이 사실이고 중국 국유 은행들과 경제가 시장의 원리로만 운영된다면, 금융위기가 발생한다 하더라도 전혀 이상하지 않았을 것이다.

하지만 당시 심각한 외환위기와 금융위기로 홍역을 치른 아시아 경제들과 달리 중국에서는 금융위기도 경제 위기도 없었다. 아시아 외환위기가 가장 심각했던 1999년에도 중국 경제는 7.7퍼센트 성장했다. 그 배경에는 중국 정부의 역할이 크게 작용했다. 첫째, 중국 정부는 외환(外患)에 대응하여 4조 위안(1998년 GDP 8조 5200억 위안의 약 47%) 규모의 경기부양책을 서둘러 발표하고 실행했다. 이러한 대규모 재정 정책은 내수를 강화하여 기업들의 연쇄 도산을 막았다. 또한 이는 금융시장까지 안정시켰다. 정부 지출 확대로 늘어난 자금이 금융기관들의 자산 건전성을 강화했기 때문이다.

둘째, 당시 금융위기를 막은 더 직접적인 원인은 정부가 부실채권을 인수한 데에 있었다. 중국 국유 은행들의 부실채권은 누적된 개혁 비용이고, 당시 중국 전체 여신의 80퍼센트 이상을 차지하던 4대 국유 은행들이 지불했다. 이 부실채권을 털어내기 위해, 1999년 중국 재무부와 인민은행의 출자로 각 국유 은행을 담당하는 네 개의 '자산관리공사'가 설립됐다. 이들은 국유 은행들이 보유하고 있던 1.4조 위안 규모의 부실채권을 액면가 그대로 인수했다(1998년 GDP 8.52조 위안의 16.4%에 해당하는 어마어마한 규모이다). 이후 2004~05년에도 약 1조 위안 규모의 국유 은행 부실채권을 추가로 인수함으로써, 중국의 체제 전환 비용은 완전히 처리되었다. 이를 통해 중국의 국유 은행들은 홍콩과 미국 주식시장에 상장될 만큼 건전한 재무구조를 갖추게 되었다. 이후 국유기업 개혁도 실행되었다.

선진 자본주의 금융 전문가들은 이를 맹렬히 비판했다. 이들은 "국유 은행의 위험을 자산관리공사로 떠넘긴 것에 불과하고, 그 위험은 머지않아 자산관리공사의 위기로 나타날 것"이라 경고했다. 다른 말로, 자산관리공사의 국유 은행 부실채권 인수는 밑돌 빼 윗돌 괴는 속임수에 지나지 않고, 부실채권이라는 위험은 중국 경제에 여전히 남아 있다는 것이다.

하지만 이후 20년이 지난 오늘날 그들의 예상은 틀린 것으로 판명되었다. 그들의 경고와 예측이 틀리게 된 가장 중요한 원인은 정부도 가계나 기업과 똑같이 엄격한 예산제약하에서 운영된다고 잘못 가정한 데에 있다. 가계와 기업은 자신이 얻은 소득 내에서만 지출해야 파산하지 않고 지속할 수 있다. 또는 부실채권으로 자산이 묶이거나 상각되면 운영에 큰 타격을 받는다. 이와는 반대로 정부는 예산제약이 없다. 정부는 스스로 통화를 발행하여 지급하고, 발행한 통화에 대해서도 후에 그 무엇으로도 상환할 필요가 없기 때문이다. 설사 그 재원을 국채발행으로 조달했다 하더라도 이 사실은 변하지 않는다. 자신이 정한 화폐단위로 발행한 부채(국채)의 상환 요구가 들어오면 간단히 통화를 발행해 상환하면 그만이다. 아울러 당분간 돌려받을 의도가 없는 부실채권을 보유하여 자금이 묶인다 하더라도 정부의 운영에는 아무런 문제가 발생하지 않는다. 그 자산은 그대로 두고 새로운 통화를 발행하면 되기 때문이다.

정부가 자산관리공사라는 하부기관을 통해 인수한 부실채권은 실제로 상각처리 하지 않는 한 장부상 기록으로만 남게 된다. 정부는 이 자산을 매각하거나 회수할 필요가 전혀 없다. 자산관리공사는 이 부실채권을 영구히 보관하면 그만이다. 설사 해당 국유기업이 파산하여 그에 대한 채권을 최종 상각처리 한다 하더라도 그들이 말하는 '위험'은 존재하지 않는다. 자산관리공사라는 정부의 한 부문에 '회계적' 손실이 발생한다 하더라도 민간경제에 아무런 영향도 미치지 않기 때문이다. 이는 서구의 '양적완화정책'에도 적용되는 원리이다. 예를 들어 2008년 세계 금융위기 이후 지난 10여 년 동안 최대 4조 달러에 달하는 민간은행 부실채권을 연준이 통화를 발행하여 매입했지만 '연준의 부실자산(채권)' 보유를 이유로 위험을 경고하는 사람은 아무도 없었고, 실제로도 그랬다.

이 조치로 재정 보수주의자들이 우려하는 부정적인 경제 현상도 일어나지 않았다. 예를 들어 중앙은행이 통화를 발행해 자금을 지원했으므로, 통화량이 크게 증가(GDP의 16% 이상!)하고 물가가 상승했을 것이라 예상했을지 모른다. 하지만 현실에서 이런 일은 일어나지 않았다. 통화증발이 물가상승 압력을 유발할 때는 생산능력 이상으로 '신규 구매력'을 확대하는 경우일 것이다. 하지만 정부가 부실채권을 매입한 일로 실물 부문에 갑자기 대규모 수요가 창출된 것이 아니었다. 그것은 '이미 실현된 과거의 지출 기록', 즉 국유 은행이 과거에 발행한 채권을 다른 형태의 자산으로 대체한 것에 불과했다. 부실채권이 정부가 제공하는 '새 돈'으로 전환되어 은행들이 대출을 급격히 늘린 것도 아니었다. 은행들의 대출과 그에 따른 지출이 물가상승 압력을 낳는다면, 중앙은행의 자금지원보다 훨씬 이전에 그랬어야 했다. 하지만 그런 일은 과거에도 일어나지 않았다.

역사적 사례 ② 캐나다, 1939~74년

중국의 역사적 경험은 정부가 통화를 발행해 전환 비용을 조달한 경우에 속한다. 이와 유사하게 중앙은행이 정부에 자금을 공급하여 경제와 사회의 발전에 크게 기여했던 역사적 사례는 무수히 많다. 그 가운데 가장 규모가 크고 오랫동안 실행된 사례로 1939~74년 사이 캐나다의 경우를 들수 있다. 캐나다 중앙은행(Bank of Canada)은 1938년 국유화되었다. 이후 1939년부터 1974년까지 캐나다 중앙은행은 화폐를 발행하여 정부 예산의 20~30퍼센트를 제공했다. 캐나다 정부는 이를 재원으로 대규모 공공 인프라와 사회 서비스 시설을 구축했다. 이 시기에 이런 방법으로 캐나다 대륙 간 횡단철도와 고속도로가 건설되었고, 수많은 공립학교와 병원들도 지어졌다. 심지어 제2차 세계대전에 대규모로 참전했고, 전쟁에서 사상한 군인들의 가족과 돌아온 베테랑들에게 대규모 연금과 직업교육을 제공하기도 했다. 캐나다의 근간이 이 시기에 형성되었다 해도 과언이 아닐 것이다. 그럼에도 캐나다 정부의 부채는 거의 증가하지 않았다. 캐나다 중앙은행이 정부에 자금을 공급했기 때문이었다. 또한 이렇게 중앙은행이 정부의 재정을 보조하는 것에 대한 우려(예컨대 인플레이션)도 나타나지 않았다.

하지만 캐나다 정부는 1974년 돌연 이 제도를 폐지했다. 대신 정부가 조세 수입보다 더 많이 지출하고자 한다면 민간은행들로부터 돈을 빌리도록 했다. 다시 말해, 정부의 재정 원천에서 부채로부터 자유로운 공공 화폐(public money)를 배제하고, 납세자의 돈(taxpayer money)과 '민간은행에 대한 부채'로만 한정한 것이다. 그 결과 정부부채는 기하급수적으로 증가했고, 1990년대 초반에는 재정위기가 나타나기도 했다(이것이 캐나다 국채의 채무 불이행 가능성 확대를 의미하진 않는다. 다만 예산에서 이자 지출이 차지하는 비중이 급등했고, 이에 따라 재정 여력에 대한 '우려'가 커졌음을 의미한다). 이에 캐나다 정부는 재정지출을 삭감할 수밖에 없게 되었다. 1990년대 초반부터 시작된 재정지출 삭감의 결과 경제와 사회 전체가 침체 상태로 빠져들었다. 최근 '화폐·경제 개혁 위원회(the Committee on Monetary and Economic Reform)'라는 캐나다 시민단체는 1974년의 정책 전환이 캐나다 헌법 위반이라며 정식으로 법정 소송을 제기하도 했다. 1939~74년 사이의 제도를 회복하자는 것이다.

상상력을 넓히는 어색한 질문들

이런 역사적 사례에도 불구하고, 정부가 체제 전환의 비용을 조달해야 한다는 주장을 '위험한 생각'으로 간주하는 분위기가 지배하고 있다. 감염병보다 아사(餓死)의 위험이 커진 상황에서도 우리 정부는 '건전한 정부 재정'을 주장하며, 국민에 대한 직접 지원을 한사코 꺼렸다. 정부부채가 위험하다는 관념 때문이다. 하지만 이는 '쓸데없는' 걱정이다. 정부의 재정도 가정경제 또는 기업과 마찬가지 원리로 운영된다는 잘못된 전제 때문에 생긴 믿음이다. 민간은 수입 범위에서 지출해야 한다. 수입보다 지출을 더 많이 하려면 빚을 져야 하는데, 빚이 누적되면 파산할 수 있다. 재정 보수주의자들은 정부도 마찬가지라 믿는다. 정부부채가 증가하면 정부의 채무 불이행 가능성이 커지고, 이로부터 외국인 자본 이탈 등 모든 부정적인 경제적 결과가 나온다.

하지만 이는 정부와 민간의 재정 운영 원리에서 결정적으로 중요한 차이를 무시하는 주장이다. 정부는 스스로 화폐를 발행할 수 있지만, 민간은 그렇지 않다. 그 어느 때보다 상상력이 필요한 대목이다. 통념과 달라 어색하지만, 꼭 필요한 질문은 '정부는 스스로 화폐를 발행할 수 있는데, 왜 빚을 내야 할까?'이다. 또는 '정부는 빚을 지더라도, 중앙은행을 놔두고 왜 꼭 민간 금융기관으로부터만 빌려야 할까?'이다. 앞서 소개한 중국과 캐나다 사례는 이 두 가지 질문에 명확한 답을 제시한다. 정부는 체제 전환 비용을 마련하는 데 제한이 없고, 중앙은행을 활용할 수 있다는 것이다. 또한 그것이 부정적인 경제적 결과를 초래하는 것도 아니다. 예를 들어 중국 사례로부터 교훈을 얻는다면, 중국 국유 은행들과 유사한 정책은행을 설립하여 활용할 수 있다. 현재 민간은행이 독점하는 시중 화폐 발행권 일부를 정부 기구는 왜 사용할 수 없다는 말인가? 이 정책은행들은 스스로 신용을 창조하여 녹색전환과 고용보장, 복지제도 확대 등 사회 혁신에 필요한 투자에 자금을 공급할 수 있다. 시행착오를 겪으며 설사 부실채권이 발생한다고 하더라도, 추후 정부와 중앙은행이 인수하여 원전 폐기물보다 더 깊이 묻어버려도 된다. 정부의 빚이 늘어난다고 심각한 문제가 일어나는 것도 아니다. 국내 통화로 갚아야 하는 국채라면 채무 불이행 가능성이 전혀 없기 때문이다.

정부 역량을 제한하는 모든 관념은 통화 발행권이라는 국가 주권을 민간은행에 양도한 데서 비롯된다. 통념과는 다르게, 민간이 사용하는 통화 중 거의 모든 통화(2020년 2월 말 현재 우리나라 M2 통화량의 96%)는 민간은행이 대출을 통해 제공한다. 인터넷 쇼핑이나 계좌 이체, 신용카드 등 일상에서 '돈'으로 사용하는 것 모두가 민간은행이 발행한 통화이다. 지폐와 동전은 한국은행이 발행하지만, 이마저도 민간은행에 예금이 있어야 얻을 수 있다. 민간은행이 통화 발행권을 행사하는 극단적 형태가 정부조차 세입보다 더 지출하려면 민간은행으로부터 빌려 쓰도록 한 제도이다. 그래서 더 어색하지만 성실한 질문은 '왜 주권국가 정부는 주권 일부를 민간은행에 넘겨줘야 할까?'이다.

코로나19 이후의 초회복은 과거 수준의 복귀가 아니라, 새로운 세상으로 나아가는 방향이어야 한다. 이러한 체제 전환에는 반드시 비용이 든다. 누가 어떻게 그 비용을 분담해야 할지 논쟁하고 정치적 합의에 이르기까지는 오랜 시간이 필요할 것이다. 어쩌면 수십 년의 토론과 합의 과정이 필요할지도 모른다. 하지만 우리에겐 시간이 별로 없다. 정부가 일단 그 비용을 부담하고, 필요하다면 차후 회수하는 문제를 공론화할 수 있다. 정부의 빚이 위험한 것도 아니다. 정부부채 증가가 정 껄끄러우면, 민간은행에 전적으로 의존하는 현 통화 체제를 개혁하는 논의를 시작해도 된다. 예산제약에서 벗어나면 다음 세상을 상상하는 데에도 자유로워진다. 재정에 대한 전향적 관점이 시급한 이유이다.

재난지원금부터 기본소득까지, 더 넓은 안전망 만들기

윤형중 정책 연구자

코로나19로 인해 전례 없는 정책이 등장했다. 바로 정부가 전 국민에게 현금을 지급한 정책이다(보다 정확히는 구매할 때 현금처럼 사용 가능한 카드 포인트나 지역 상품권 등의 형태로 지급했다). 정부는 2020년 5월 11일부터 총 14조 2448억 원 규모의 긴급재난지원금을 전 국민에게 지급하기 시작했고, 한 달도 지나지 않은 2020년 6월 8일 기준으로 총예산의 95.4퍼센트인 13조 5908억 원을 지급했다. 비록 모든 개개인이 직접 수령하지 않고 세대주가 대표로 받았지만, 정부가 전 국민에게 현금을 지급한 첫 번째 정책인 것은 분명했다. 정부는 2020년 상반기에만 세 차례 총 59조 2000억 원의 추가경정예산을 편성해 수십여 개의 정책들을 쏟아냈지만, 2차 추경으로 진행된 긴급재난지원금만큼 논쟁적인 정책은 없었다.

긴급재난지원금이 열게 될 새로운 세상

코로나19가 발생하기 이전과 이후가 다른 세상이듯, 긴급재난지원금 역

5장 파국을 막으려면 경제부터 뒤집어야 한다

시 마찬가지다. 모든 국민이 정부로부터 현금을 받은 이 경험은 우리를 어느 세상으로 이끌까. 혹자는 이제 기본소득이 대선 의제이자 시대적 화두가 될 것이라 전망하고, 누군가는 감당할 수 없는 복지 확대로 이어지는 판도라의 상자를 열었다고 걱정한다. 또 일부 복지 전문가들은 이 기회에 복지를 확대해야지 기본소득에 한눈을 팔면 안 된다고 단언한다. 그들은 '기본소득이 복지국가의 원리와 상충한다'고도 주장한다. 모두가 일리 있는 주장이지만, 결국 이 경험이 만들어갈 세상은 이제부터 어떤 논의가 펼쳐지는가와 더 관련이 깊다. 그러기 위해선 우선 이 정책이 어떤 과정을 통해 실행됐는지, 또 이 정책과 우리가 이전에 가지고 있던 문제들이 어떤 관계가 있는지부터 살펴볼 필요가 있다.

긴급재난지원금이란 정책은 '재난기본소득' 논의에서 비롯됐다. 필자는 코로나19 신규 확진자가 하루에 두 자릿수로 늘어나던 2월 25일에 〈미디어오늘〉에 "재난 기본소득을 검토해보자"는 칼럼을 기고하며 이 용어를 만든 당사자다. 필자는 칼럼 게재 이후 '재난기본소득'이 논란이 되고, 찬반 격론이 치열해지는 상황을 전혀 예상하지 못했다. 오히려 예기치 않게 흘러가는 논의의 방향을 바꾸기 위해 논쟁에 참여한 편이었다. 처음 기고한 칼럼에서 필자는 "스스로 감지한 위험의 정도에 따라 멈추는 선택을 해야 하지만, 실제 일을 멈추는 사람은 경제 형편과 직장에서의 입지가 괜찮은 사람에 한정된다"며 모든 이들에게 잠시 멈출 권리를 보장하자는 방역 차원의 재난기본소득을 주장했다.

재난기본소득 논란의 파급력은 상당했다. 이재웅 쏘카 대표가 필자의 칼럼을 소셜 미디어에 공유하며 "경계에 서 있는 소상공인, 프리랜서, 비정규직, 학생, 실업자 1000만 명에게 마스크를 살 수 있는, 집세를 낼 수 있는, 아이들을 챙길 수 있는, 집에서 라면이라도 먹을 수 있는 소득이 필요하다"며 1000만 명에게 50만 원씩을 지급하자고 주장했고, 이 내용을 청와대 청원에 올렸다. 이어서 신생 정당인 시대전환과 기본소득당, 기성 정치권인 더불어민주당과 당시의 자유한국당, 청와대와 기획재정부, 광역과 기초지자체들까지 이 사안에 대한 입장을 밝히며 논쟁에 참여했다. 재난기본소득이 순식간에 유명해진 이유는 무엇이었을까. 많은 이들이 '어쩌면 나도 정부로부터 현금을 받을 수도 있겠다'는 기대감을 가진 것이 아니었을까 짐작해본다. 기초연금과 아동수당으로 인해 이전과는 조금 달라지긴 했으나, 여전히 많은 사람들이 국가로부터 직접 현금을 받는 경험이 드물 뿐 아니라, 코로나19와 같은 재난 상황에도 정부에게 도움을 받을 거란 기대가 작지 않았을까.

재난기본소득 논쟁에서 밝힌 3가지 입장

재난기본소득이 화제가 된 이후 초기 논의를 지켜보며 필자는 크게 세 가지 입장을 밝혔었다. 일단 재난기본소득을 배타적인 재난 대책으로 고려하지 말자고 주장했다. 둘째로는 코로나19 위기로 인한 소득지원이 시급하니 '선별과 보편'을 둘러싼 논쟁을 길게 끌고 가기보단 최대한 느슨한 선별수당을 집행해 국민들에게 신속하게 소득지원을 하자는 입장을 밝혔다. 세 번째 주장은 이번 기회에 보편적으로 지급하고 누진적으로 세금 제도를 개편해 선별적으로 환수하면 재난에도 효과적으로 대응하고, 구조적으로 불평등을 완화할 수 있다는 것이었다.

당시의 세 가지 입장에는 나름의 이유들이 있었다. 첫 번째 입장은 공론장의 불균형을 고려한 것이었다. 2020년 3월 당시 한국 사회의 공론장에서 재난기본소득은 마치 블랙홀처럼 주변의 모든 관심을 빨아들이고 있었다. 하지만 재난기본소득이 실시돼도 재정 여건상 모든 이들에게 생계를 유지할 만큼의 충분한 소득을 지원하지 못하기에 코로나19로 인해 겪는 다양한 피해 상황, 정부 정책의 사각지대, 추가로 필요한 정책 등에 대한 심도 있는 논의가 필요했다. 재난 지원의 사각지대를 빠르게 해소하면서도 여러 다른 지원 수요를 반영하기 위해선 재난기본소득과 여타 재난 대책이 병행될 필요가 있었다. 한국에 앞서 모든 성인에게 1인당 160만 원가량의 현금을 지급한 홍콩 정부도 임대료 지원, 사업등록세 면제, 관광과 의료 분야의 자금 지원 등 여러 정책들을 함께 내놨다. 재난기본소득과 마찬가지로 재난 이후의 논의될 기본소득도 반드시 다른 정책들을 위축시키거나 폐지시키는 배타적인 방안으로 논의될 필요는 없다. 특히 2018년 기준 국내총생산 대비 공공사회지출이 11.1퍼센트로 OECD 평균인 20.1퍼센트의 절반 남짓한 한국의 복지 수준을 감안하면 기본소득은 복지 전반을 위축시키거나 축소시키기보단, 병행하는 수단으로서 고려되어야 한다.

기존 경제 위기와는 다른 코로나19 위기

'느슨한 선별'을 해서라도 빠르게 현금 수당을 지급하자는 두 번째 입장은 코로나19 경제 위기의 특징과 기본소득이란 의제의 특수성을 고려한 것이었다. 기본소득은 모두에게 아무 조건 없이 현금을 준다는 특징이 인상적이지만, 그 외의 성격에 대해선 대부분의 전문가들조차 충분히 이해하지 못하거나 오해를 하고 있는 의제다. 대표적으로 '충분하게 현금을 지급하지 않으면 기본소득이 아니다'는 등의 개념에 대한 오해를 비롯해 '기본소득은 필연적으로 복지 정책을 위축시킨다', '기본소득은 저소득층의 가처분소득을 줄인다' 등의 인식들도 특정한 경우에만 발생할 수 있는 부정적인 영향을 마치 기본소득의 특징인 것처럼 오해하는 사례다. 무엇보다 기본소득에 대한 제대로 된 논의가 가능하려면 장단점을 따져볼 수 있는 구체적인 기본소득 모형들이 있어야 하는데, 아직 정책 수준의 기본소득 모형들이 충분히 제시되지 못했다. 논의의 수준도 초기 단계인 데다 아직 정책화되지 않은 기본소득에 대한 논의를 진행하기엔 코로나19가 주는 위기가 엄중했고 촉박했다. 그래서 기본소득에 대한 무수한 오해와 비난에도 불구하고, 이 논의의 시시비비를 가리기보단 신속하게 현금 수당을 광범위하게 지급하자고 주장한 것이다.

현금 수당의 지급 대상을 '최대한 느슨하게 선별'하자고 주장한 이유는 선별을 안 할수록 지급에 걸리는 시간이 짧아지는 데다 감염병의 특성상 피해자를 선별하기 어렵고 기존의 지원 체계에 한계가 있기 때문이었다. 일단 이런 주장을 했던 초기엔 '선별이냐 아니냐'는 논쟁이 아닌 '현금 수당이 적절한가'라는 논의가 벌어졌다. 코로나19로 인해 격세지감이 들지만, 2019년 9월 정부가 국회에 사상 첫 500조 원이 넘는 예산안을 제출했던 시기부터 많은 언론에서 '초슈퍼 예산으로 인한 재정건전성이 우려된다', '무분별한 현금성 복지가 늘어나고 있다'는 내용을 전하는 보도들이 쏟아졌다. 〈조선일보〉가 2019년 10월 연속 보도한 기획기사들의 문패가 '오늘만 보는 현금복지'였다. 현금성 복지에 대한 비판 논리는 일정 규모의 재정이 지출될 때 경제가 활성화되는 효과인 재정승수가 낮다는 점이다. 이는 여러 연구에서 일관되게 증명된 사실이다. 정부가 가계에 직접 현금을 지급하는 공적 이전지출의 재정승수는 다른 재정지출들인 정부 투자(도로나 교량 공사처럼 사회간접자본 투자 등), 정부 소비(인력 채용이나 재화·서비스 구매 등), 기업에 제공하는 현금 지원보다 낮다. 그럼에도 불구하고 기초생활보장급여, 기초연금, 아동수당 등 여러 복지 정책이 현금성 수당으로 운영되는 이유가 있다. 이 정책의 기본 목적은 경제 효과가 아니라 특정 계층을 대상으로 한 소득보장 혹은 소득지원이기 때문이다. 게다가 한국의 경우 2017년 기준 국내총생산 대비 복지 지출의 비중이 11.1퍼센트로 OECD 평균의 55퍼센트에 불과한 최하위권일 뿐 아니라, 복지 지출 대비 현금 지출의 비중이 40.0퍼센트로 이 역시 OECD 국가들 가운데 최하위권이다.

코로나19가 야기한 경제 위기도 단순히 경제 효과가 높은 대책만 선택할 순 없는 상황이었다. 1920년대의 미국에서 시작된 대공황, 2008년 글로벌 금융위기 때에는 금융 부문의 부실이 실물로 옮겨지거나, 수요와 공급의 불균형으로 인해 기업 부문의 위기가 경제 전반으로 확대되었다. 그러나 코로나19로 인한 경제 위기는 오히려 실물 부문에서 시작됐고, 그 가운데서도 주로 생산과 영업 현장처럼 대면 접촉이 잦을수록, 밀폐된 환경일수록 경제활동이 위축되는 특징이 있었다. 정부의 소득지원이 없다면 많은 이들의 생계가 위협받을 뿐만 아니라, 어쩔 수 없는 경제활동의 영위로 방역이 실패할 가능성이 컸다. 일반적인 경제 위기라면 재정의 효율성을 따지는 재정승수가 중요한 판단 기준일 것이나, 코로나19가 야기한 경제 위기의 특성을 고려한다면 재정승수가 높은 수단만 사용할 순 없었다. 재정승수가 높은 도로 건설을 대규모로 추진한다고 해도, 코로나19로 인해 매출이 급감한 식당 주인의 형편이 나아질 리는 만무했기 때문이다.

기존의 복지 정책에서 사용된 지원 체계의 한계도 이 논의에 중요한 영향을 미친 요인이었다. 총 11조 7000억 원 규모의 1차 추경안에 담긴 주요 정책들에는 취약계층을 대상으로 하는 소득지원 정책들이 다수 담겼다. 기초생활보장대상자인 생계급여 수급자, 공공이 창출한 노인 일자리 종사자, 아동수당 수급자를 대상으로 현금과 다름없는 소비 쿠폰을 지급하고, 취업 지원 프로그램인 취업 성공 패키지와 저소득층의 사회보험료를 지원하는 두루누리 지원 사업의 대상을 확대하는 데 총 3조 5000억 원의 예산이 편성됐다. 특히 아동수당 수급자들은 여러 소득 계층이 섞여 있어 '취약계층을 지원한다'는 취지에 맞지 않음에도 불구하고, 정부가 기존 지원 체계를 이용해 빠르게 소득을 지원할 수 있단 점이 고려됐다. 그러나 이런 취약계층 지원은 코로나19로 인해 직접적인 타격을 입은 자영업자에게 도움이 되지 않았다. 그래서 1차 추경에 중소기업과 영세 자영업자 대상의 저금리 대출 지원, 소득공제율 인하나 개별소비세 인하 등을 통한 소비 촉진 정책이 담겼다. 하지만 역설적이게도 이런 정책들에서 기존 지원 체계의 한계가 드러났다. 영업에 직접적인 타격을 입은 자영업자들이 이용할 만한 정책은 대출밖에 없는 데다 저금리 대출을 이용하기 위해 필요한 소상공인 자격 인증과 매출 감소 증빙 등의 서류 준비 절차도 복잡했다. 게다가 프리랜서나 고용보험에 미가입된 비정규직, 특수고용직 등의 일자리 상실이나 소득 급감에 대응하는 정책도 부재했다. 기존의 지원 체계로는 이들을 지원할 수 없었다. 새로운 정책을 만들고 심사를 거쳐 지원하는 과정이 신속하게 이뤄지기 어려웠다. 느슨한 선별수당이든, 보편수당이든, 신속한 지원이 절실한 상황이었다.

재정건전성과 현금성 복지에 대한 도그마

현금성 수당에 대한 회의적인 반응이 바뀐 것은 코로나19 감염이 전 세계로 확대되면서 해외 각국 정부가 전격적으로 현금성 수당을 고려하고, 그레고리 맨큐 등 유명 경제학자들이 현금 지원의 필요성을 언급한 시기부터다. 정부나 정치권이 국내에서 시작된 논의에 반응하기보단, 해외에서 거리낌 없이 상당한 규모의 재정지출을 동반하면서도 현금 지원을 배제하지 않는 대책들을 강구하는 것을 보며 태도가 바뀌었고, 이후 국내에서의 논의 구도가 급변했다. 정부는 현금 지원을 정책화하면서도 기본소득 논의와의 차별화를 위해 '긴급재난지원금'이라고 명명했고, 전 국민의 70퍼센트를 대상으로 40만 원(1인가구 기준)~100만 원(4인 이상 가구 기준)을 지급하겠다고 밝혔다. 이때부터 '선별지급인가, 보편지급인가'라는 논의가 본격적으로 시작됐다.

현금성 수당에서 '재정승수'와 마찬가지로, 선별 논쟁에서 중요한 영향을 미친 논리는 '재정건전성'이었다. 재정건전성을 이유로 전 국민 현금 지원에 끝까지 반대했던 인물은 기획재정부의 수장인 홍남기 장관이었다. 그는 집권 여당이 총선에서 "긴급재난지원금 지급 대상을 전 국민으로 확대하겠다"는 공약을 내걸고 승리한 직후에도 '전 국민 지급 절대 불가' 입장을 고집하며 긴급재난지원금의 '긴급성'을 퇴색시키는 데 결정적인 역할을 했다. 전 국민의 70퍼센트에게 지급하려 했던 긴급재난지원금을 모두에게 확대하는 데 필요한 추가 예산은 4조 5000억 원이다. 연간 500조 원이 넘는 한국 정부의 재정 규모를 고려하면 이 금액이 재정건전성의 상징이 된 것이 의아하지만, 고소득층과 자산가에게도 현금을 지급해 정부의 재정이 비효율적으로 쓰인다는 지적은 타당하다. 하지만 긴급재난지원금 선별 논쟁에서 고려해야 할 것은 재정건전성만이 아니었다. 소득 하위 70퍼센트 계층을 나누는 기준으로 사용될 예정인 건강보험료 납부 금액은 1년 전의 소득이 기준이고, 특히 이번 코로나19로 직격탄을 맞은 자영업자, 개인사업자의 경우 2년 전의 소득이 기준이 된다. 2년 전 장사가 잘된 가게 주인은 코로나19로 인해 폐업 직전이어도 재난지원금 지급 대상에서 제외되는 것이다. 소득 상위 30퍼센트 계층의 언저리에 있는 이들은 약간의 차이로 재난지원금을 받거나 못 받는 '소득 역전' 현상이 발생하기도 했다. 무엇보다 다른 대책들이 부족한 상황에서 '선별 논쟁'을 벌이느라, 혹은 지원 대상을 선별하느라 현금 지원이 지체되는 것이 문제였다.

돌이켜 보면 긴급재난지원금은 '어떤 경우에도 재정건전성은 중요하다', '현금성 복지는 나쁘다'는 신념을 공유하는 일부 재정 관료, 경제학자, 보수 정당과 언론의 반대를 뚫고서 시행됐다. 재정건전성과 현금성 복지에 대해서는 단일하고 경직적인 잣대를 가질수록 합리적인 의견을 내기 어렵다. 국제 비교와 경제 상황에 대한 종합적인 고려를 통해 상황에 맞는 정부 지출과 부채, 현금성 복지의 규모 등을 정할 필요가 있다. 앞서 현금성 복지의 규모가 국제 비교에서도 한국의 수준이 낮다는 통계와 마찬가지로, 한국의 재정건전성도 다른 국가들에 비해 여건이 나은 편이다. 한국 정부의 부채 규모는 기획재정부 추산 2019년 728.8조 원으로 국내총생산(GDP) 대비 38.1퍼센트였고, 이는 OECD 국가들 중에서도 가장 낮은 축에 속한다. 2018년 기준으로 정부와 비영리 공공기관 채무를 합친 일반정부부채(D2)가 GDP에서 차지하는 비중이 OECD 평균이 109.2퍼센트였고, 가장 높은 일본이 224.1퍼센트, 미국 106.9퍼센트, 프랑스 122.5퍼센트인 데 반해 한국은 40.1퍼센트였다. 비상식량을 축적하는 이유가 위기 시에 대응하기 위함인 것처럼, 재정건전성을 유지하는 이유도 마찬가지 다. 오히려 위기 시에 재정을 아끼면 잠재성장률을 훼손하고, 세수 기반 이 무너져 장기적인 재정건전성에도 악영향을 미친다. 이는 한국보다 정 부부채 비율이 큰 국가들이 한국보다 더 적극적으로 재정을 지출하며 코 로나19 경제 위기에 대응하는 이유다. 상대적으로 양호한 국가부채 비율 에도 불구하고 국내에서 유독 재정건전성에 집착하는 목소리가 강한 이 유는 우리 사회가 겪은 집단적 트라우마 때문이다. 1997년 국제통화기금 (IMF)의 구제금융을 받은 이후 침체된 경제와 대량 실업 사태는 가계나 기 업뿐 아니라 정부 역시 과도한 빚을 져선 안 된다는 '국가부도 트라우마' 를 남겼고, 이는 과도한 재정건전성 집착으로 이어졌다. 이로 인해 갈수록 불평등이 심화돼 오히려 건전 재정의 기반이 무너져가는데도 재정 여력이 있는 정부는 소극적인 대응에 그쳤고, 이런 집착은 또 다른 위기 시에도 정부가 빚을 져선 안 된다는 '도그마'로 작동했다.

세금 개편과 결부된 기본소득의 가능성

긴급재난지원금이 실시되기까지의 논의에서 의외의 수확은 세금 제도의 가능성을 발견한 것이다. 논의의 구도가 단순히 '선별지원 vs 보편지원'으 로 한정되지 않고, '선별지원'과 '보편지원 선별환수'가 경합하는 논쟁으 로 진화한 것이다. 김경수 경상남도지사가 처음 사용한 '선별환수'라는 표 현은 모두에게 재난기본소득을 지급하되 고소득자에겐 선별적으로 과세 한다는 의미를 담고 있다. 한정된 예산을 전제하면 선별지원과 보편지원은 그 나름의 장단점이 뚜렷하다. 선별지원은 선별에 시간과 비용이 드는 데 반해 보다 어려운 이들에게 자원을 몰아줄 수 있고, 보편지원은 선별할 필요가 없는 대신에 도움이 불필요한 이들마저 지원하느라 정작 어려운 이들에게 충분한 지원을 할 수 없다. 하지만 보편지원하되 선별환수하면 양쪽의 장점을 두루 취할 수 있다. 선별에 시간과 비용을 들이지 않으면서도 어려운 이들에게 집중적인 지원이 가능하기 때문이다. 게다가 국세청이 담당하는 선별환수는 각급 지자체와 주민센터 등 일선 현장에서 담당하는 선별지원보다 훨씬 쉽다. 보편수당과 결합된 선별적 과세를 아직 해본 적이 없고, 가보지 않은 길에 대한 막연한 우려가 있을 뿐이다.

복지나 급여를 세금과 결합해서 보는 시각은 기존의 안전망을 재편하는 새로운 가능성을 제시한다. 우리의 복지 체계가 가진 문제는 그동안 누차 지적된 바 있다. 기초생활보장 대상자의 생계급여 지급 기준인 최저생계비가 '기준 중위소득'의 30퍼센트에 그치고, 이마저도 부양의무자 기준 등으로 광범위한 사각지대를 만들어내며 수급률은 전 국민의 3.4퍼센트(2018년 기준)에 그친다. 사회보험의 경우 비정규직과 특수고용직 등이 광범위하게 배제되고, 실업이나 산업재해, 노후 소득상실의 위험이 적은 고소득자와 정규직 노동자에겐 단단한 버팀목이 되는 실정이다. 기초연금은 노인빈곤율을 국제 평균 수준으로 낮추지 못하고, 아동수당이 지급된 이후에도 출생아 수의 숫자는 가파르게 줄고 있다. 세계에서 가장 빠른 고령화 속도로 인해 국민연금과 건강보험의 장기적 지속가능성이 심각한 위협을 받고 있다. 이런 상황에 대응하려면 보다 넓고 튼튼한 안전망을 만들어야 하지만, 세금 제도의 개편과 연계된 복지 논쟁이 이뤄진 적은 드물다. 간혹 조세저항이 낮은 부가가치세나 소득세 과표 구간 조정 등이 증세 전략으로 제시되곤 하지만, 이는 필요한 수준의 복지를 빠르게 확충하기엔 미흡한 전략이다.

세금 제도에도 구조적인 문제가 누적돼 있다. 소득이 많을수록 높은 세율이 부과되는 수직적 형평성이 훼손됐고, 모든 소득은 과세에 있어 동일한 취급을 받아야 한다는 수평적 형평성 모두 현실 세금 제도에선 무의미한 실정이다. 소득세의 각종 비과세 감면 제도가 고소득층에 유리하고, 근로소득보다 자본소득, 상속 및 증여소득, 양도소득에 훨씬 큰 혜택을 주는 것도 오랜 기간 지적됐지만 쉽게 바뀌지 않는다. 이런 문제의 개혁은 고소득층뿐 아니라 전반적인 증세로 이어지기 때문이다. 누구도 증세를 달가워하지 않기 때문에 세제의 불공정도 쉽사리 개선되지 않는다.

결국 변화의 열쇠는 세금 제도의 개편과 결부된 복지 정책으로 중산층을 복지 동맹에 참여시키는 것이다. 그래야 전반적 증세가 가능하고, 그 재원으로 안전망도 강화할 수 있다. 세금과 복지의 문제를 별개로 지적하는 것이 아닌, 세금 개편과 결부된 복지 정책이 처음 공론화된 의제가 긴급재난지원금의 '보편지급, 선별환수'였다. 비록 그 방향대로 정책이 현실화되진 않았지만, 이후 기본소득으로 논의가 전이된 것이 새로운 가능성을 열어주고 있다. 결국 기본소득도 어딘가에서 재원을 확보해 지급해야 하기 때문이다.

코로나19라는 재난 이후 우리는 어떤 사회에 살 것인가는 어쩌면 우리가 선택하기 나름이다. 역사적 경험에서 보면 위기 이후의 세상은 대체로 나빠졌다. 글로벌 금융위기 이후 불평등이 전 세계적인 화두로 떠오른 것은 결코 우연이 아니다. 위기 이후의 세상이 이전보다 더 불평등해졌기 때문이다. 결국 자산 시장의 거품으로 이어진 양적완화처럼 위기 시 구조적 문제를 고려하지 않는 대증요법은 기존의 문제를 악화시킨다. 반면 위기 시 기존의 문제를 정확히 진단하고, 응축된 사회적 에너지를 잘 사용한다면 문제가 오히려 개선될 수 있다. 코로나19 이후 보다 넓고 튼튼한 안전망을 만드는 것도 어쩌면 우리의 선택이다.

지역화폐, 경제위기 속 구원투수가 될 수 있을까

서재교 우리사회적경제연구소 대표

경제 침체기 지역화폐의 역할

코로나19로 인한 경제 침체가 예사롭지 않다. 한국은행이 발표한 2020년 1분기 국내총생산(GDP) 성장률(-1.4%)은 글로벌 금융위기가 정점에 달했던 2008년 4분기(-3.3%) 이후 11년 3개월 만에 최저치였다. 고용 지표는 더 암울하다. 통계청이 발표한 2020년 3월 일시 휴직자 수 160만 7000여 명은 통계청이 관련 자료를 수집한 1982년 7월 이후 가장 높은 수치다. 2019년 3월 일시 휴직자 수(34만 7000명)에 견준 증가폭 363퍼센트는 IMF 외환위기 때도, 미국발 글로벌 금융위기 때도 볼 수 없었던 숫자다.

예상을 뛰어넘는 빠른 경기 침체에 정부도 전에 없던 강력한 카드를 빼들었다. 11조 7000억 원 규모의 1차 추경에 이어, 14조 3000억 원 규모의 2차 추경을 통해 전 국민 긴급재난지원금을 지급하기로 했다. 전 국민을 대상으로 한 조건 없는 소득 지원은 전례 없는 정책이다. 그런데 긴급재난지원금을 현금이 아닌 지역화폐로 지급하기로 했다는 점도 전례 없는 파격이다. 특히 2020년 8월로 소멸 시효까지 정해 발행했다는 점은 더욱 파격이다.

현재 우리가 사용하는 지역화폐의 뿌리는 1832년 협동조합의 아버지로 불리는 영국의 로버트 오웬(Robert Owen)이 고안한 '노동 증서'에서 찾을 수 있다. 상품을 만드는 데 들어간 가치를 평균 노동시간으로 환산해 노동 증서를 발행해주면, 이를 다른 참가자가 생산한 제품이나 서비스와 교환할 수 있도록 한 것이다. 이는 1990년대 후반 레츠(LETS, Local Exchange Trading System)나 타임달러(Time Dollar)와 같이 시간에 기반한 지역화폐 모델로 이어졌다. 지역화폐 발행이 활성화되기 시작한 계기는 2008년 글로벌 금융위기와 2010년 유럽 재정위기 때다. 경제력이 다른 국가가 유로화라는 단일 화폐를 사용하다 보니 통화정책 부재로 인한 어려움이 불거졌다. 자연스레 지역화폐와 같은 새로운 금융 시스템에 대한 관심이 높아진 것이다. 현재 영국에만 500여 종, 프랑스는 250여 종, 미국 200여 종, 일본 500여 종, 호주 · 뉴질랜드에도 300여 종 등 전 세계 약 3000여 종의 지역화폐가 사용되는 것으로 알려져 있다.[1]

지역화폐로서 긴급재난지원금의 효과

지역화폐는 이렇게 다양한 형태로 존재하지만 대개 발생 원인은 비슷하다. 법정화폐가 제 역할과 기능을 다 하지 못해 사회문제가 불거졌을 때 이를 해결하기 위해 생겨났다는 공통점을 갖고 있다. 지역화폐는 호황일 때는 잠잠했다가 대공황과 같은 불황이 찾아오면 홀연히 나타나 요긴하게 활용되곤 했다.

정부가 긴급재난지원금을 지역화폐로 지급하기로 한 이유도 크게 다르지 않다. 코로나19 위기로 법정화폐가 시중에 돌지 않자 보완 화폐로 만들어졌다는 점에서 그렇다. 실물경제에 가장 빠른 속도로 스며들어 경기를 부양함으로써 위기 취약계층인 영세 소상공인과 취업 취약계층을 보호하는 것이 이번 지역화폐가 안고 있는 미션이다. 지역화폐 종류는 다양해졌다. 신용카드, 선불카드, 지역사랑상품권 등 다양한 선택지를 뒀다. 하지만 사용처는 세대주가 거주하는 주민등록상의 시·도로 제한해 지역성을 강화했다. 골목상권의 영세 소상공인을 보호하기 위해 대형 할인마트와 온라인에서의 사용은 금지하고, 코로나19 위기의 시급성을 고려해 빠른 사용을 유도하고자 8월 31일까지 사용하지 못한 지역화폐는 회수한다는 원칙도 추가했다.

국내에 지역화폐가 처음 소개된 것은 1990년 중반이지만 본격적으로 사용되기 시작한 것은 2006년 성남시가 발행한 지역화폐 20억 원이 마중물이 됐다. 행정안전부 발표에 따르면, 올해 전국 지자체가 4월 30일까지 발행한 지역화폐만 3조 원이 넘는다.[2] 지난해 같은 기간 발행한 3114억 원의 10배에 이르고 이미 지난해 전체 발행액 3조 2000억 원에 육박한다. 지역화폐 발행이 급증한 것은 지역화폐 발행 유통이 지역 경제 활성화에 효과가 있다는 실증 자료들이 발표되면서부터다. 2019년 한국지방행정연구원이 발표한 〈지역사랑상품권 전국 확대 발행의 경제적 효과 분석〉에 따르면, 2019년 1월에서 7월까지 전국 지역화폐 발행 규모는 총 1조 2279억 원이었다. 발행에 따른 생산 유발액은 3조 2128억 원, 부가가치 유발액은 1조 3837억 원, 취업 유발 인원은 2만 9360명이 될 것으로 보고서는 추산했다.[3] 지역화폐의 승수효과는 생산 유발액 기준 1.78배, 부가가치 유발액 기준 0.76배에 달하는 숫자다.

발행 방법도 다변화되고 있다. 서울시는 제로페이 기반 모바일 상품권으로 발행되며, 경기도 시흥시는 블록체인 '모나체인'으로 만든 한국조폐공사의 지역화폐 결제 플랫폼 '착'을 적용한다. 경기도 성남시, 전라북도 군산시, 경상북도 영주시, 충청북도 제천시의 지역화폐도 QR코드 결제가 가능하다.[4]

지역화폐 발행 규모가 가장 큰 곳은 경기도다. 경기도는 영세 자영업자와 소상공인 지원을 위해 '경기지역화폐'를 발행하고 있는데, 올해 경기도가 계획하고 있는 지역화폐 발행 규모는 8000억 원이다. 지난해 5612억 원과 비교해 61퍼센트 증가한 숫자다.[5] 사용처는 골목상권에 집중돼 있었다. 경기도가 2020년 2월 18일 발표한 보도자료(《너도나도 찾는 경기지역화폐》)에 따르면, 지난해 경기의 지역화폐 5612억 원 가운데 83퍼센트가 일반음식점과 슈퍼마켓 등 골목상권을 중심으로 사용됐다.

서울시도 최근 지역화폐 사용처와 관련된 현황 자료를 발표했는데, 경기도와 비슷한 결과를 보여줬다. 4월 1일부터 5월 6일까지 제로페이로 결제된 '서울시 재난긴급생활지원비 업종별 결제 현황'[6]을 살펴보면, 전체 결제 금액 약 333억 2500만 원 가운데 65.1퍼센트인 216억 8500여 만 원(65.1%)이 재래시장, 동네 마트, 편의점과 같은 도·소매업체에서 결제된 것으로 나타났다. 숙박 및 음식점에서도 83억 8300여만 원(25.2%)이 사용돼 서울시가 지원한 재난긴급생활비의 90퍼센트 이상이 생필품 구매와 의식주를 해결하는 데 쓰인 것이다.

통계청에서 발표한 2018년 기준 지역 내 총생산 자료를 업종별로 살펴보면 서울시가 창출한 지역 내 총생산 422조 원 가운데 도·소매업이 차지하는 비중은 무려 14.7퍼센트(약 62조 원)에 달했다. 경기도의 도·소매업 비중도 5.89퍼센트(약 27조 원)를 기록해 서울시와 지방 광역시를 제외하면 가장 높은 수치를 기록했다. 반면 서울시와 경기도의 공공부문(공공행정, 국방 및 사회보장 행정) 비중은 3.9퍼센트, 4.3퍼센트를 기록해 전국 평균 6.1퍼센트보다 훨씬 낮았다. 요컨대 서울시와 경기도는 이미 많은 인구와 고도로 발달한 민간 소비 시장을 갖추고 있어 지역화폐가 빠른 속도로 실물경제 전반에 스며들 수 있는 조건을 갖추고 있는 셈이다.

산업구조에 따른 지역화폐의 효과와 차이

그런데 비수도권 지역 영세 소상공인들도 서울시나 경기도와 같이 지역화폐의 수혜를 입었을까? 비수도권 지역(강원·충청·전라·경상도 지역)의 도·소매업 비중은 5퍼센트에도 채 미치지 못하는 것으로 나타났다. 반면 공공부문(공공행정, 국방 및 사회보장 행정) 비중은 강원도가 21.8퍼센트, 전라북도가 10.7퍼센트로 조사돼 상대적으로 높았다. 긴급재난지원금이 빠른 속도로 지역의 영세 소상공인과 실물경제 전반으로 흡수될 수 있을지 의문부호가 달린다.

긴급재난지원금으로 지급되는 지역화폐의 효과성에 대한 의문은 또 있다. 제주특별자치도, 강원도는 숙박 및 음식점업이 주력 산업으로 이번 코로나19 위기로 직격탄을 맞았다. 2018년 기준 제주특별자치도와 강원도의 지역 내 총생산에서 숙박 및 음식점업이 차지하는 비중은 각각 5.97퍼센트(약 1조 원), 3.97퍼센트(약 2조 원)로 17개 시·도 가운데 가장 큰 수치였다. 특히 강원도 내에서도 유명 관광지로 손꼽히는 속초시(8.3%), 강릉시(5.2%)의 숙박 및 음식점업 비중은 전국에서도 가장 높은 수준이었다.

하지만 이들 지역의 숙박시설과 음식점은 애초에 수도권과 달리 지역화폐를 손에 든 지역 주민을 위해 만들어진 시설이 아니다. 예컨대 강릉시의 숙박시설은 타지에서 온 관광객을 위한 것이다. 해안선을 따라 늘어선 유명 음식점도 크게 다르지 않다. 실제 대표적인 지역의 지역화폐 성공 사례로 꼽히는 강원도 화천의 '화천사랑상품권'도 지역민 대상 지역화폐를 관광 분야로 확대하면서 급격히 확대됐다. 화천군에서는 산천어축제 입장권을 사면 지역화폐인 '화천사랑상품권'을 받는다. 이상고온 현상으로 어려움을 겪었던 올해를 제외하면 산천어축제를 찾는 방문객은 연간 150만 명에 이른다. 결국 이들 지역은 지역화폐가 아니라, 코로나19가 잠잠해지고 외부 관광객이 늘어나야 근본적인 문제 해결이 가능하다.

요컨대 코로나19 위기를 타개하기 위해 정부에서 발행한 긴급재난지원금은 수도권과 같이 빠른 속도로 영세 소상공인 지갑으로 흘러들 수 있는 산업구조를 갖춘 곳이어야 일정 수준 이상의 효과를 기대할 수 있다.

지역 현실에 맞는 맞춤형 지역화폐 개발

이처럼 코로나19는 수도권과 비수도권 간 산업구조 차이에 따라 서로 다른 위기 양상으로 나타나고 있다. 특히 코로나19로 인해 하늘길이 막히면서 외국인 근로자 부재가 초래한 농촌의 일손 부족 문제는 시사하는 바가 크다. 비수도권 지역이 차지하는 농어업 비중은 전체의 약 89퍼센트에 이른다. 사실상 국가의 식량 생산 기지인 셈이다. 곱씹어보면 코로나19로 인해 빚어진 농촌의 일손 부족 문제는 단순히 몇몇 지역사회의 문제를 넘어 국가적 재난으로 이어질 수 있는 문제다. 코로나19 위기로 인해 어려움에 처한 도시의 영세 소상공인과 견줘 농촌의 일손 부족 문제를 결코 가볍게 여길 수 없는 이유다.

노동력 교환형 지역화폐를 통해 지역 내 자원봉사 인력과 일시적 실업 문제를 겪고 있는 이들 모두를 노동에 참여시켜 코로나19로 인한 일손 부족 문제를 해결할 수 있다. 시간 기반 지역화폐로 잘 알려진 레츠와 유사하다. 시간을 맞바꾸도록 중개한다는 의미에서 타임뱅크라는 이름으로 소개되기도 한다.

이런 지역화폐 발행 시스템에서는 노동력을 제공하는 주민과 받는 주민 모두 화폐 발행자가 될 수 있다. 운영 방법은 간단하다. 노동력을 제공하고 충전한 포인트는 '지역화폐 시스템 관리자'에게 통보하고 사용하면 된다. 이렇게 되면 지역화폐 거래에 참여하는 모든 사람의 포인트 합은 항상 '제로'가 된다. 노동력을 제공한 대가는 다른 사람의 노동력으로 받아도 되고, 포인트의 시장 가치에 해당하는 지역화폐로 받을 수도 있다. 지역화폐 시스템 관리자는 정부의 지원을 받는 민간 사업자가 주도하는 것이 효율적이다. 사회적기업이나 사회적협동조합 등이 운영 주체가 될 수 있다. 거래의 범위는 굳이 공동체를 고집하지 않아도 된다. 기초자치단체나 광역자치단체로 확대할 수 있다. 다만 광역자치단체로 확대할 경우 상대적으로 소비 시장이 큰 도시로 소비 쏠림이 발생할 수 있다는 점에 주의해야한다. 지역 내 농·어업 비중이 상대적으로 높은 전라북도(7.39%), 전라남도(7.03%), 경상북도(5.24%) 등에서 고려해볼 필요가 있다.

노동력 교환형 지역화폐는 도시의 봉사활동에도 적용할 수 있다. 서울시 노원구는 2016년부터 추진해온 지역화폐를 활성화하기 위하여 블록체인 기반의 지역화폐 노원(NOWON)을 개발하여 2018년 2월 상용화를 추진하면서 봉사 시간을 지역화폐로 환산해 지역 내 가맹점에서 재화와 서비스를 구매할 수 있도록 했다.

민간 주도 거버넌스를 통한 지역화폐 지속가능성 강화

지역화폐는 법정화폐가 제대로 기능하지 않아 발생하는 지역 문제 해결에 역점을 두어야 한다. 따라서 지역화폐 발행과 운영은 정부와 민간의 협력을 통해 진행하는 것이 효과적일 것이다. 실행은 지역에 기반을 둔 민간 주체가 맡고, 정책 지원은 정부가 맡는 방식을 생각해볼 수 있다. 예컨대 지역사회의 이익을 대변하고 정부 정책의 공공성을 뒷받침할 수 있는 사회적기업, 사회적협동조합 등 사회적경제 조직은 지역화폐를 운영할 수 있는 정부의 대표적인 파트너가 될 수 있다.

최근 가장 성공한 지역화폐 가운데 하나로 알려진 영국의 '브리스톨 파운드(Bristol Pound)'도 사업의 주체는 국내 사회적기업과 유사한 형태인 '지역공동체기업(CIC, Community Interest Company)'이다. 브리스톨 파운드는 미국발 금융위기가 닥쳐 지역 경제가 위축되자 자금의 역외 유출을 막고, 지역 내 소매점과 민간 시장 활성화를 위해 탄생했다. 민간이 자율적으로 운영하고 시 정부가 지역화폐 활성화에 드는 비용을 지원해준다.[7] 브리스톨 시장은 급여 전액을, 시 직원들은 급여 일부를 지역화폐로 받고, 지방세와 에너지 요금의 일부도 브리스톨 파운드로 납부할 수 있도록 해 화제가 된 바 있다.

국내에서도 민관 협치를 통해 지역화폐를 발행하고 운영하는 지역이 있다. 경기도 시흥시는 2018년 지역화폐 발행을 추진하면서 운영과 관련한 최고 심의·의결기관으로 민관 협의기구 '시흥화폐발행위원회'를 세웠다. 시흥화폐발행위원회는 공무원 포함 행정 부문 10명과 분야별 민간위원인 위촉직 19명, 총 29명으로 구성돼 있다.

사회자본 축적을 통한 문제 해결형 지역화폐에 주목

포스트 코로나 시대에도 지역화폐는 지속 성장할 것으로 예상된다. 코로나19를 계기로 실제 지역화폐에 대한 인식도 많이 바뀌었다. 편의점을 비롯한 유통 업체를 중심으로 지역화폐 모시기에 한창이다. 가맹점 구하기에 어려움을 겪던 시절이 불과 몇 달 전의 일임을 생각해보면 격세지감이다. 편의점 CU는 제로페이와 코나카드 등 지역화폐를 사용하는 고객들에겐 5퍼센트 할인 혜택을 제공하는 지역화폐 특별 할인 행사를 진행했고, 이마트24도 제로페이 간편결제 앱인 '비플제로페이'로 신선식품을 구매하는 고객에게 20퍼센트 캐시백 혜택을 제공한 바 있다.[8]

관건은 지속가능성이다. '법정화폐가 다 하지 못하는, 자본주의 시장경제의 빈틈을 메우는 보완 화폐로서의 역할을 지속할 수 있을 것인가?'의 문제다. 해법은 크게 두 가지다. 우선 지역화폐 본연의 문제 해결 기능에 집중해야 한다. 정부 주도하에 무턱대고 양적 확대에만 집착해선 지속가능성을 담보 받을 수 없다. 실제로 시행 초 할인율이 높아 폭발적인 인기를 끌었던 '인천e음카드'는 지난해 8월과 10월 재정 부담 때문에 두 차례나 할인율을 조정했다.[9] 2019년 시 전체 예산이 11조 원에 달하는 거대 지자체에도 728억 원에 달하는 캐시백 금액은 여간 부담스러운 금액이 아니었던 셈이다. 단순히 지역화폐의 '화폐' 기능에서 눈을 돌려 '지역'의 문제에 천착해야 한다.

다른 하나는 지역사회 내 사회자본 축적을 강화하는 방식의 방향 수정이 필요하다. 이를 위해 사회적경제 기업 등 지역사회에 기반을 두고 있는 조직과의 협력을 강화해야 한다.

앞서 설명대로 지역화폐 양적 확대의 허상을 확인했다면 지역화폐가 지향해야 할 성장 경로는 명확해졌다. 높은 할인율과 캐시백 등 재정지출을 확대하는 방식이 아니라 기부와 모금, 윤리적 소비 등 지역사회 내 사회자본 축적을 통해 지역사회가 주도하는 성장 경로를 택해야 한다. 이를 위해 지역화폐 사용처를 돌봄, 교육, 육아 등 우리 삶과 밀접한 사회 서비스로 확대하고 포인트나 마일리지, 캐시백 등은 지역사회에 기반을 둔 시민단체나 사회적경제 기업에서 사용할 수 있도록 유도해야 한다.

법정화폐와 달리 지역화폐는 숱한 생성과 소멸을 반복한 역사를 갖고 있다. 하지만 우리 기억에 남아 있는 지역화폐는 딱히 없다. 지역이 가진 문제 해결에 도움이 되지 못한 탓이다. 이번 긴급재난지원금도 마찬가지다. 엄연히 다른 진단 결과에 같은 처방전을 쥐여준 꼴이다.

비수도권 지역은 인구 감소, 소비 시장 침체, 고용 감소 등 산적한 문제도 많을뿐더러, 이들 문제가 상호 연결돼 해법을 구하기가 더 어렵다. 복잡한 실타래를 풀어야 할 법정화폐가 제구실을 다 하도록 지역화폐의 역할과 필요성이 큰 셈이다. 지역화폐 활성화를 위해선 지자체와 광역자치단체 간 경계를 허물고 생산자, 소비자, 시민단체 등 다양한 이해관계자가 머리를 맞대야 한다. '지역'이 갖는 폐쇄성에서 탈피해 지역 간 포용과 사회적 책임에 기반한 지역화폐로 탈바꿈해야 한다. 지역화폐가 지역사회 문제를 해결하는 데 기여하는 화폐로 진화해야, 끊임없이 한계를 지적받는 법정화폐를 보완하는 대안으로 자리 잡을 수 있을 것이다.

6장

위기의 순간,
사회는 나를 지켜줄 수
있을까

'K-방역'이 남긴
좋은 관료제라는 숙제

김보영 영남대학교 새마을국제개발학과 부교수

K-방역의 탄생

"우리나라가 이제 선진국이 된 것 같아."

2020년 4월 11일, 제21대 국회의원 선거 사전투표를 하기 위해 거리두기를 지키면서 길게 줄을 서 있는데 어디선가 들려온 말이었다. 당시 많은 사람들이 공감하던 분위기였다. 집권 여당에 비례용 위성정당 의석수까지 합해 180석에 달하는 대승을 안겨준 선거 결과의 가장 큰 공헌은 코로나19 확산에 대한 성공적 방역에 있었다는 분석을 부정할 사람은 많지 않다.

이는 2월 중순부터 우리나라 감염자 수가 폭발적으로 증가하며 중국에 이어 세계에서 두 번째로 감염자 수가 많은 나라로 꼽히고, 수많은 사람들이 마스크 몇 장을 구하기 위해 수 시간씩 기다리면서 정부에 불만과 원망을 쏟아낼 때만 해도 상상하기 어려운 것이었다.

하지만 3월 초 수백 명 규모로 늘어나던 일일 감염자 수가 100명 내외로 진정되기 시작하면서 분위기는 바뀌기 시작했다. 서구 언론들은 권위주의 체제인 중국과 대조되는 성공적인 위기 극복의 사례로 한국을 주목하기 시작했다. 더 큰 반전은 3월 중순부터 일어났다. 유럽이 새로운 코로나19 대유행의 진원지로 부상하면서 이탈리아, 스페인, 프랑스, 영국, 독일 등이 전국적인 이동제한령(national lockdown)을 내리기 시작한 것이다. 평소 선진국으로 우러르던 국가들이 전국적인 봉쇄를 넘어 아예 온 국민을 집 안에 가두어버리는 사태를 목도하게 된 것이다. 마스크 사태도 출생연도에 따라 요일을 나누어 일정량을 구매할 수 있도록 하는 공적 공급 마스크 구매 5부제를 시작하면서 진정 국면으로 접어들자 국민들의 정부에 대한 신뢰와 지지는 급격하게 상승하였다.

우리나라는 이미 경제 규모(GDP) 면에서 이미 1990년대부터 경제 위기 시기를 제외하고 190여 개국 중 10위권 초반까지 상승하고, 문화면에서는 K-Pop을 앞세운 한류가 세계적인 유행을 낳고 있지만 사회적인 측면에서는 여전히 선진국 콤플렉스의 강박이 지배했었다. 어떠한 정책이나 제도에 대해서도 서구 선진국과 비교해서 얼마나 뒤떨어지는가를 성토하는 것이 언론이나 학계의 일반적인 행태였다. 하지만 코로나19의 대유행 앞에서 우리나라는 심각한 확산 사태에서도 지역봉쇄나 이동제한 없이도 상황을 잘 통제하고 있는 반면, 서구 국가들은 몇 주 동안 자국 내 초기 확산을 방관하다가 수천 명의 확진자가 쏟아지자 뒤늦게 대부분의 사회경제 활동을 중단시키는 초유의 상황을 맞이하게 된 것이다.

우리나라의 대응은 확산 초기부터 신속하고 또 전면적이었다. 2주 남짓한 짧은 기간 안에 우리나라 방역 전략의 핵심으로 꼽히는 대규모 검사 능력을 갖추었다. 코로나19 검사 키트를 개발하고 검진을 수행할 수 있는 전국적으로 100개 가까운 공공과 민간 연구실의 네트워크를 완비한 것은

17일 만에 이루어진 일이었다. 2월 초부터 한 달도 안 되는 기간 동안 네 개 회사에서 진단 키트 생산이 가능하도록 신속하게 '긴급사용승인'을 하고 1주일에 14만 건의 검사를 수행할 수 있는 기반을 갖추었다. 실제 매일같이 2만 건 가까이 이루어질 수 있었던 검사 능력은 인구 대비로는 전 세계에서 가장 큰 규모였다. 이 때문에 서구 국가에서 한국과 비교하여 검사 능력이 얼마나 되느냐가 각 나라 정부의 방역 역량을 평가하는 하나의 기준으로 통하기도 하였다.

서구 언론에서는 이 같은 한국의 성공적인 방역의 요인으로 '빨리빨리' 문화를 언급하기도 하고, 시민들이 정부의 방역 지침을 잘 따르는 권위주의적이고 유교주의적인 문화 덕이라고 진단하기도 했다. 하지만 부인할 수 없는 점은 서구의 정부가 매우 안일하고 느리게 대응한 것과 대조적으로 우리나라 정부는 초반부터 매우 빠르고, 투명하며, 효과적으로 움직인 결과, 집에 갇혀 지내는 서구 국민들과 비교하기 어려울 정도로 자유로운 삶을 국민들이 누리고 있다는 것이다. 이제는 우리나라 행정이 선진국의 반열에 올라선 것이라고 자신할 수 있을까? 하지만 1차 대유행의 진원지가 되었던 대구 상황을 보면 성공적 방역의 경험을 일반화하기가 쉽지 않다는 것을 알 수 있다.

대구시의 실패는 한국 관료제의 민낯?

수천 명의 코로나19 확진자와 자가격리자가 쏟아져 나왔던 대구에서 어느 정도의 행정 혼란은 불가피한 일이었다. 반면 그만큼 대구시에 대한 중앙정부와 전국적인 지원 역시 전폭적이었다. 중앙정부는 수천억 원의 긴급 대책 예산을 대구시에 신속하게 배정하고, 전국적으로 2000여 명의 의료 인력이 대구로 달려가 방역 일선에 뛰어들었다. 하지만 대구시의 행정은 이러한 지원과 자원을 운용하는 기본적인 업무조차 제대로 감당하지 못했다. 타지에서 온 의료 인력이 제때에 수당을 받기는커녕 숙박비도 제대로 받지 못해, 카드 결제일을 넘겨 생계에 곤란을 겪는 경우까지 발생했다. 3월 초부터 대구에서 근무했던 의료 인력의 수당과 여비 지급이 완료된 것은 두 달 가까이 지난 5월 초였다.[1]

재난의 직접적인 피해에 노출된 시민들에 대한 지원 역시 늑장 행정의 연속이었다. 코로나19 확산 초기에 행정안전부에서 긴급대책비로 100억 원을 긴급하게 교부했으나 대구시는 이에 대한 집행 결정에만 일주일을 허비하고, 행정안전부의 독촉을 받기까지 하였다.[2] 중위소득 이하 64만 가구에 지급하겠다고 한 긴급생계자금의 경우에는 '긴급'이라는 명칭이 무색하게 당시 20여 일이나 남겨놓은 총선 이후로 지급을 미루겠다고 발표하여 모두를 아연실색하게 만들었다. 총선까지는 바쁘다는 게 이유였다.[3] 이마저 대규모 부정 수급 문제가 터져나왔다. 공무원, 교사, 공공기관 직원 등은 지원 대상에서 제외한다고 했는데 뒤늦게 확인한 결과 이에 해당하는 4000명 가까운 사람이 총 25억 원을 받아 간 것으로 드러났다.[4] 같은 중위소득 이하인데 왜 공무원들을 제외하는지는 논란의 여지가 있지만 대구시가 스스로 이와 같은 방침을 정하고도 이를 확인할 기본적인 절차도 마련하지 않는 미숙함을 드러낸 것이다.

대구시의 어처구니없는 행정은 이 정도에서 끝이 아니었다. 복지부가 저소득층을 위한 소비 쿠폰 지급에 600억 원을 배정하였지만 대구시는 이역시 지급을 차일피일 미루다가 지적이 일자 선불카드 제작 업체의 경영

문제로 납품이 늦어지고 있다고 해명했다. 그런데 주변 지자체들은 같은 업체로부터 이미 납품을 받고 있는 상황이었다.[5] 그런가 하면 코로나19의 산발적인 감염이 이어지고 있는 상황에서 의료진의 노고를 격려한다며 놀이공원에서 대규모 드론쇼 관람 행사를 계획해 코로나19 거점 병원 등에 참석자 명단을 제출하라고 공문을 보내기도 했다.[6] 이는 당연히 의료계와 언론의 거센 반발로 철회됐다.

이와 같은 연이은 실책에도 대구시는 책임 회피로 일관하였다. 가장 크게 문제가 되었던 의료진 수당 미지급 문제에 대해서 언론이 보도하자 오보라면서 해명했지만 그 과정에서 오히려 수백 명의 의료진 수당이 미지급된 사실이 확인되기도 하였다. 그러면서 이렇게 수당 지급이 늦어진 것이 지급 시기에 대한 복지부 지침의 변경 때문이라고 해명했지만, 정작 보건복지부(중앙사고수습본부)의 수당 관련 지침은 해당 지역과 의료진의 상황에 맞게 지급하라는 내용이어서 지침에 따라 지급 시기를 변경하고 말고 할 일이 없었다.[7] 초유의 감염병 사태에 신속하게 방역 역량을 동원하여 세계적으로 성공적인 대응을 보여 준 이른바 K-방역의 성공과 대구시의 모습은 무척이나 대조적이다. 위기 상황에 맞지 않는 늑장 행정으로 전국에서 기꺼이 달려와준 의료진들에게 오히려 피해를 안기고, 긴급한 상황에서 예산이 급히 주어져도 정작 지급은 미루면서 엉뚱한 남 탓을 하는 거짓 해명으로 책임 회피에 급급했다. 뿐만 아니라, 의료진을 동원하는 전시성 행사를 추진해서 망신을 사는 모습은 단순한 위기 상황의 혼란으로 이해하기에는 도를 넘어섰다.

대구시 출입한 기자들의 전언에 따르면, 대구시장을 비롯하여 비서실, 기획조정실로 이어지는 시장 직속 라인의 정책 조정 기능이 거의 작동하지 않았다는 분석이다. 그래서 위기 상황에서 전체적인 행정을 효율적으로 조직하고, 효과적으로 이끄는 리더십은커녕 부서 간의 서로 떠넘기기조차 조정이 안 되고, 각 부서에서 추진하는 내용도 내부 검토 과정도 없이 발표되다 보니 부적합한 조치와 해명들이 그대로 외부에 노출되었다는 것이다. 한 대구시 공무원도 긴급 상황에서 그에 맞게 대응을 하려면 누군가가 책임을 지고 관료조직을 움직여야 하는데 아무도 그런 책임을 지려 하지 않으니 제대로 된 대응이 될 수 없었다고 토로하였다. 그렇다면 이른바 K-방역의 성공과 대구시의 실패 중에서 어느 것이 우리 정부 행정의 현실에 보다 가까운 것일까? 이 고민에 앞서 우리나라 관료제의 역사를 돌아보면서 이로 인해 형성된 독특한 특성을 살펴볼 필요가 있다.

한국 관료제가 지나온 길

19세기 말과 20세기 초 독일의 법률가이자 사회학자로 사회학과 정책학의 성립에 큰 영향을 끼친 막스 베버는 당시 정부의 대규모 조직으로 등장하는 관료제(bureaucracy)를 근대적 합리성의 상징으로 이해했다. 지배를 하는 개인의 자의적인 의지에 따라서 지배와 복종의 관계가 이루어지는 전근대적인 정부에 반해, 근대적 정부의 관료제란 법률·행정적 지침과 같이 예측이 가능한 규칙에 의해서 합리적 위계에 따라 움직이는 조직인 것이다. 그래서 관료제는 혈통이나 가문, 재산과 관계없이 일정한 자격 조건만 가지면 능력에 따라 누구나 공정하게 임용될 수 있으며 그래서 특정 개인이나 이익집단에 휘둘리지 않는 자율성을 가지고, 공식적인 기준에 따라 부여된 권한과 의무를 가지고, 합리적인 의사 결정에 따라 효율적으로 정부의 정책을 집행할 수 있는 조직으로 규정했다.

우리나라 관료제는 다양한 역사적 전통 위에 서 있다.[8] 조선 시대는 왕정 국가임에도 당시 국가 이념이었던 유교적 가치의 수호자로서 양반 중심의 관료가 위치하고 있었다. 전근대 시대의 한계가 분명히 존재했지만 그래도 과거시험이라는 능력 중심의 공개채용 제도를 통하여 인재를 등용하고, 기능적으로 분화된 행정기구와 상대적으로 분명한 승진제도 등 근대적 관료제 요소가 적지 않았다. 이와 같은 전통으로 지금까지도 우리나라에서 공직 진출과 승진은 상당히 명예로운 일로 여겨진다. 또한 한국 근현대사에 있어서 일제강점기의 경험과 해방 이후 미군정도 한국식 관료제를 형성하는 데에 영향을 미쳤다.

진정한 의미의 근대적 관료제는 우리나라에서 1960~70년대 이른바 개발독재 시대를 거치면서 성립되었다고 볼 수 있다. 당시 군사 쿠데타로 집권한 군부 세력은 취약한 정권의 정당성을 확보하기 위한 수단으로 국가 주도의 경제개발을 최우선으로 추진하였고, 이에 필요한 전제 조건으로 유능한 관료제의 시급함을 인식하고 있었다.[9] 우리나라의 군대는 세계적인 냉전과 북한과의 체제 경쟁 속에서 미국의 전폭적인 지원 아래 체계적인 교육 훈련 체계를 빠르게 구축하였다. 또한 대규모 장교단을 대상으로 해외 파견 교육까지 진행하면서 군의 장교들은 합리적 분석 능력과 의사 결정 과정을 체득하게 되었다. 아직 전쟁의 참화에서 완전히 회복되기 전인 1950년대에 이미 군은 조직 운영과 관리 기법 측면에서 우리나라에서 가장 서구화되고 근대화된 영역 중 하나가 된 것이다. 이러한 배경으로 당시 군부 세력은 경제개발을 위해 효과적인 국가조직의 중요성을 인지할 수 있었다.

이에 1949년 제정되었지만 유명무실한 상태였던 '국가공무원법'을 1963년 전면 개정하여 "공무원의 채용은 공개경쟁시험에 의한다"는 원칙을 최초로 명시하였다. 이전에는 임의적인 전형에 의한 선발이 주를 이루고, 고시에 의한 임용은 5퍼센트가 되지 못할 정도로 여전히 정실주의가 만연하였다. 문제가 많았던 이 전형 제도는 새로 개정된 국가공무원법에 이은 공무원임용전형령에 의해 공식적으로 폐지된다. 공개경쟁채용시험이 관료 충원의 원칙으로 제도화된 것이다. 물론 이러한 능력 중심의 인사 제도가 이때부터 자리 잡은 것은 아니다. 1970년대 초까지는 여전히 5급 이상의 임용자 중 공개채용의 비중은 3분의 1에 불과하고, 나머지는 특별채용이나 특별승진 등에 의한 임용이 대부분이었다. 하지만 70년대 말부터 공개채용자 수가 특별채용자 수를 넘어서기 시작하면서 80년대 들어서는 공개채용이 실제로 중심적인 채용 수단으로 자리 잡기 시작하였다. 이로써 사적 이익에 의해 좌우되지 않고 정치적으로도 어느 정도 독립적인 근대적인 관료제가 정착되기 시작한 것이다.

이렇게 미국에서 제공된 훈련과 연수 과정을 통해 기획과 의사 결정 이론을 습득한 군과 미국 유학을 다녀온 교수 집단에 의해 관료조직이 형성되어갔으며, 기획, 조직, 인사, 재무 등 관리 업무가 행정의 핵심을 이루게 되었다. 우리나라 관료제는 공개경쟁시험에 의한 능력 중심의 인사 제도와 기획·관리 지식으로 무장한 기술 관료를 기반으로 이익집단으로부터 상대적인 자율성을 확보하고 개발 지향적인 권위주의 정부와 결합했으며, 성공적인 경제성장의 한 축을 이루었음은 부인하기는 어렵다.

하지만 민주화 과정과 세계화 등 새로운 사회경제적 도전에 직면한 관료제는 위기에 직면하게 되었다. 먼저, 권위주의 권력과 분리되지 않았던 관료제는 정당성의 위기를 맞이했으며, 동시에 새로운 사회경제적 도전에 유연하게 대처하지 못하는 관료제는 높은 교육 수준으로 무장한 전문가 집단에 비해 전문성이 떨어진다고 여겨지기도 하였다. 대중 민주주의 확대에 따라 정치적 정당성과 전문성의 위기를 겪으며, 행정의 영역은 축소되고 정치의 영역은 확대되었다. 1997년 IMF 위기와 김대중 정부의 출현은 이를 명확히 보여주는 계기가 되었다. 그리고 그 과정에서 권위주의의 일부로 인식되었던 관료제는 개혁의 대상이 되었으며, 국민의 요구에 반응하려는 정치의 통제는 점차 강화되었다. 이러한 개혁은 국민을 통제와 관리의 대상으로 취급하던 관료 사회에 긍정적인 변화를 만들기도 하였다.

권위주의적이고 경직적인 관료제가 변화될 시점에 신공공관리론이 관료제 개혁의 도구로 들어오기 시작한다. 이 이론에서는 국가는 비효율적이라고 비판하고, 민간시장이 보다 효율적이라고 강조한다. 서구에서야 일찍이 복지국가를 통해 커진 정부를 경험한 이후 시작된 신공공관리론은 역설적이게도 한 번도 제대로 국민을 위한 큰 정부를 경험해본 적 없던 대한민국에 너무도 자연스럽게 자리를 잡기 시작했다. 공공부문에서도 민간기업과 같이 '성과'를 요구하기 시작하였으며, 권위주의적인 관료제와 성과에 대한 요구는 자연스럽게 한국 관료제의 특징으로 자리 잡게 되었다.

신공공관리론이 가져온 딜레마

정치인들은 증가하는 사회경제 문제를 해결하기 위해 정부가 커질 필요성을 인정하면서도 동시에 큰 관료제와 국가조직에는 비판적이었다. 이들에게 신공공관리론은 한편으로 딜레마를 가져다주었다. 하지만 신공공관리론은 권위주의적이었던 국가를 개혁 대상으로 보는 민주화와 결합되면서, 정권 초기 관료조직의 대대적인 감축 추진이 개혁의 단골 메뉴가 되었다. 그러다가 그 분위기가 누그러지는 정권 말기에는 다시 확대되는 악순환이 반복되었다. 조직 축소는 관료에게 있어 유일한 인정 체계로 작동하는 승진 기회가 줄어드는 것을 의미했다. 그래서 조직 감축 시기에는 조직 방어에 급급하고, 기회가 있을 때마다 조직을 늘리는 관행이 지배적이었다. 본청의 조직이 확대가 안 된다면 산하의 조직이라도 늘려야 하는 것이었다. 이러한 새로운 (준)공공기관들의 지속적인 설립은 사회경제적 변화에 대응하라는 대중들의 요구와 맞물리며 정당화되었다. 즉, 관료제 자체의 질적 변화를 꾀하지 못하면서 결국 문제를 해결하기 위해 혹은 전문성의 위기를 해결하기 위해 층화(덧붙이기, layering)와 외주화로 문제를 해결하려 했던 것이다.

최근 한국 관료제의 문제는 정치의 질(quality)과 분리하여 논의할 수 없다. 민주화된 국가 체제에서 중요한 정책 결정은 전문 관료가 아닌 민주적으로 선출되고 정치적 정당성을 가지고 있는 정치 영역의 몫이 된다. 민주주의 정치에서 정당은 자신의 가치와 지향을 공유하는 정치집단으로서 선거에 참여하여 국민의 선택을 받는다. 집권 정부란 그러한 가치와 지향에 대해서 민주적 선택을 받아 국가 운영을 담당하고, 그 가치와 지향을 구체적인 정책을 통해 실현하는 것이다. 국가행정은 이러한 정치에 막연히 동조하는 것이 아니라, 집권 세력이 추진하고자 하는 정책의 실현 가능성이나 정책적 효과와 부작용 등에 대해서 독립적인 조언을 제공하고, 가능한 효과적인 방법으로 충실한 집행 역할을 수행한다. 하지만 현재 우리나라 정당들은 합당한 정책 역량이나, 그럴 능력을 갖춘 정치인을 배출하기 위한 안정성을 갖고 있지 못하다. 그러다 보니 정치권력의 관심에 대한 관료들의 민감성이란 단기적인 구색이나 기분 맞추기를 넘어서기가 쉽지 않다.

지금의 총선은 국가 정책을 입안하고, 행정부를 견제하는 국민의 대표를 뽑는 과정이 아니라 선심성 지역 공약을 내세우고, 국가 예산 심의를 해야 할 때 지역구 예산부터 먼저 챙기는, '지역 일꾼'을 뽑는 기형적인 과정이 되었다. 대선에서는 그나마 국가적 어젠다가 다루어지지만, 그 수준은 정당에서 꾸준히 논의되고 축적된 구체적 대안이 아니라, 유력 후보 주변으로 모여든 일회성 자문 그룹의 단순 아이디어 모음집 형태의 공약을 벗어나지 못한다. 그렇게 준비가 안 된 상황에서 집권을 하는 경우가 일반적이었다. 이러한 방식의 선거가 반복될수록 낮은 질의 정치는 관료들에게 포획되기 쉬워진다. 설사 과감한 개혁을 추진하려고 해도 관료조직을 통제할 만한 역량을 갖추고 있지 못하니 안정적인 현재를 건드리는 것을 기피하는 관료조직의 지연 전략과, '재정의 제약'이라는 논리에 속절없이 당하게 된다. 정책을 결정하고 이에 대한 정치적 책임을 져야 하는 정치 영역의 정책 무능력은 민주주의 체제가 제대로 작동하기 어렵게 만든다.[10]

질병관리본부 성공의 비밀

이러한 상황을 고려한다면 우리나라 정부 조직의 현실은 성공한 K-방역보다는 정치의 정책 무능력과 보신주의 행정이 결합된 대구시의 실패에 더 가깝다. 그리고 그러한 현실을 극명하게 보여주었던 것은 2015년 중동호흡기증후군, 메르스 사태였다. 일을 크게 만들기를 꺼리며 집단감염이 발생하는 병원명조차 공개하지 않는 등 정보공개에는 소극적이면서도, 일을 하고 있다고 드러내기 위해 대책본부만 앞다투어 만들어 혼선만 더해졌다. 이에 대한 책임은 정책 결정자가 아닌 관료들에게만 부과되었다. 당시 중앙정부의 총괄책임자로 가장 직접적인 책임을 져야 했던 문형표 복지부 장관은 오히려 국민연금관리공단 이사장으로 영전되었다. 그때 징계를 받았던 공무원 중 한 명은 당시 중앙방역대책본부장으로, 코로나19 초기 방역을 성공적으로 이끌어 국민적 영웅으로 떠오른 정은경 질병관리본부장이다. 또 한 명은 부본부장으로 호흡을 맞추고 있는 권준욱 국립보건원장이다.

K-방역의 성공은 뼈아픈 과거를 통한 학습과 질병관리본부라는 일반 행정조직과는 다른 전문 조직이 만들어낸 예외적 결과에 가깝다. 첫 학습의 교훈은 세월호 사건이었다. 온 국민이 수백 명의 학생들이 배와 함께 가라앉는 것을 지켜보는 가운데 구조는 이루어지지 않고, 스스로 탈출한 학생들만이 살아남을 수 있었던 이 사건은 국가의 존재 이유에 대해서 깊은 생각을 하게 만들었고, 불투명한 행정(관료 집단의 무능과 무책임성)이 가져올 수 있는 참사를 각인시켰다. 이때부터 시작된 박근혜 정권의 몰락은 이러한 무책임한 정부를 시민들이 원하지 않는다는 것을 알려주기도 하였다. 두 번째는 메르스 사태였다. 당시의 처참한 방역 실패 이후 국회, 질병관리본부를 비롯하여 각 관계 중앙부처와 지방자치단체, 의료 관련 협회와, 병원, 시민단체까지 총 31종의 백서출판 작업이 이루어질 정도로 당시 실책에 대한 반성과 대안 모색이 있었고, 이는 방역에 필수적인 제도 개선을 담은 '감염병의 예방 및 관리에 관한 법률' 개정으로 결실을 맺었다.

또한 방역 성공의 중심에 있는 질병관리본부는 일반적인 행정조직과는 다르다. 2004년에 연구 조직인 국립보건원이 확대되면서 출범한 질병관리본부는 질병 영역에서 연구, 정책 수립, 집행을 동시에 책임지는 조직이다. 어떠한 상황이 발생하면 그에 대한 판단은 상위 기관에 맡기고 외부에서 정책과 지침이 결정되는 대로 그에 따른 집행만을 하는 것이 일반적 행정조직이라면, 질병관리본부는 질병이라는 문제의 속성 때문에 처음부터 실험, 의사 결정, 실행을 한 조직 안에서 하도록 만들어진 것이다. 새로운 감염병이 번지기 시작하는 상황에서, 청와대나 국회의 결정을 기다릴 여유는 없다. 실험과 정책 결정과 현장 대응이 동시에 이뤄져야 했다. 그래서 이 본부는 지금처럼 연구실에서 새로운 질병을 찾아낸 뒤, 대응 방안을 과학자들이 정하고, 현장에서 직접 대응하는 조직이 됐다.

일본도 비슷한 조직이 있지만, 일종의 자문 기구에 불과하다. 의사 결정은 기존 행정 부처인 후생성에서 내린다. 처음부터 실험과 행정이 합쳐진 체계로 운영된 질병관리본부는 코로나19 사태 때 빛을 발휘했다. 추적 조사와 역학 조사 등 원인 분석과 그에 따른 대응책 수립과 집행이 빠른 시간 내에 진행될 수 있었다. 문제 해결 중심 조직의 진가를 발휘한 것이다. 물론 이렇게 질병관리본부가 그 진가를 발휘할 수 있었던 것은 실패의 경험을 딛고 질병관리본부가 원칙대로 운영되고 사회의 신뢰를 유지할 수 있도록 리더십을 발휘해준 정은경 본부장과, 야당 시절 세월호 참사와 메르스 사태를 경험한 현 정부가 안전에 대한 중요성을 충분히 체득하고 질병관리본부의 대응에 그만큼 힘을 실어준 배경이 있었다.

그렇다고 환경이 완전히 바뀐 것은 아니었다. 현 정부에서도 보건복지부의 산하기관이었던 질병관리본부가 전문기관으로서 독립적인 전문성을 보장받기보다는 보건복지부 산하조직으로 간부들 인사의 승진 적체 해소용으로 이용되어왔던 것이 현실이다. 질병관리본부에 여섯 개의 국장급

고위직 자리가 있지만 여기에 의사와 같은 전문성을 갖춘 사람은 한 명뿐이었다. 정기석 전 질병관리본부장의 설명에 따르면 복지부 국장의 자리가 한정되어 있으니 질병관리본부의 국장 자리는 승진 때가 된 고위 관료들이 쉬다 가는 자리로 활용되고 있다는 것이다.[11] 그 외에 복지부 내에서도 전문 자격을 갖춘 의사 출신의 고위공무원은 권준욱 부본부장이 유일했다. 그러다 보니 브리핑 자리에서 기자들의 질문에 답을 할 수 있는 전문성을 갖춘 본부장과 부본부장이 직접 나서고 있는 상황이다. 돌이켜 보면 메르스 사태 때에도 당시 국장급이었던 정은경 본부장이 언론 브리핑에 직접 나왔었는데, 전문성을 갖춘 고위급이 없으니 본부장이 되어서도 그 역할을 직접 챙겨야 했던 것이다.

한국 관료제의 현재와 미래

이러한 점을 종합해보면 K-방역의 성공이란 우리나라 정부 행정의 능력이 나타났던 것이라기보다는 뼈아픈 실패의 교훈과 질병관리본부라는 예외적 조직의 특성이 결합된 운 좋은 결과였다. 하지만 앞으로 계속 이러한 예외적인 우연에 기댈 수는 없다. 감염병 위기도 주기적으로 반복되고 있고, 이로 파생된 경제 위기, 기후변화로 인한 환경 위기와 같은 상황들은 노동, 교육, 사회 각 분야의 문제들을 극적으로 드러내고 있다. 이러한 위기를 극복하기 위해서는 명확한 지향과 전략을 가지고 국민의 선택을 받은 집권 세력이 정책과 정부를 이끌고, 이것이 투명하면서도 전문적인 행정조직으로 뒷받침되어야 한다. 하지만 현실에서 정치인들은 가치와 지향이 아니라 여전히 특정 유력 인사의 친소 관계를 중심으로 이합집산을 반복하고 있고, 관료들은 자기 부처와 부서의 조직 보존과 제한된 정책 공간 내에서 경로 의존을 선호한다.

그렇다고 관료들의 전문성이 뛰어난 것도 아니다. 대부분의 관료들은 1년이 멀다 하고 자리를 바꾼다. 우리나라 관료조직에서 발달한 극단적으로 경직된 계급제 구조에는 같은 계급제를 채택하고 있는 독일, 프랑스, 일본 등에서는 찾아볼 수 없는 독특한 관행이 있다. 계급 사이에서만 서열이 있는 것이 아니라 한 계급 안에서도 대부분의 자리가 서열화되어 있는 것이다. 그러다 보니 승진도 어느 자리에서 일정 기간 일을 하면서 능력을 인정받은 사람이 상위 계급 자리로 올라가서 그 능력을 발휘하는 구조가 아니다. 거의 모든 관료들이 일렬종대로 서열화된 자리에서 앞으로 한 칸씩 이동하는 구조다. 이러한 자리의 서열화는 한 부처나 한 지자체 내의 모든 사업과 정책 부서에 걸쳐 있다. 그래서 한 영역에서 전문성을 쌓는 것은 이렇게 업무 영역을 불문한 자리 이동, 즉 승진에 불리하기 때문에 오히려 기피 대상이다. 그래서 공무원 고위급 인사 때마다 "주요 요직을 두루 거쳤다"는 식의 표현이 항상 등장한다. 이렇게 거의 매해 자리 이동으로 업무가 계속 바뀌니 하나의 정책을 계획하고 추진해서 성과를 경험하며 역량을 쌓아가는 환경은커녕 기본적인 책임 소재조차 불분명하다. 방역 일선에서부터 꾸준히 전문 역량을 쌓아와 위기 상황에서 그에 맞는 리더십을 발휘하고 있는 정은경 본부장의 사례는 산하조직 일부 전문 직군에서나 나타날 수 있는 예외일 뿐이다.

이러한 현재가 미래에도 계속된다면 경직되고 권위주의적 관료제는 예산제약을 끊임없이 지적할 것이고, 정치는 이를 뚫고 나갈 비전과 치밀한 전략이 없을 가능성이 높다.

좋은 관료제를 위해 : 정치, 행정, 시민사회의 변화

그렇다면 이번 위기를 통해 생각해볼 수 있는 우리의 바람직한 미래는 무엇일까? 명확한 비전이 있는 정치와 이를 실행할 전문 행정가이다. 행정은 더더욱 투명해야 하며, 불확실한 미래와 위기를 대처할 수 있는 여유가 있어야 한다. 그러기 위해서 일상적 시기의 (활용되지 않는 음압병상들처럼) 부분적 비효율성을 감내할 수 있어야 한다. 행정은 위에서 지시하고 이끌기보다는 밑에서 시민들의 일상적 안정성과 활동을 지지하는 역할을 해야 하며, 또한 이들이 함께하는 공간이어야 한다. 피라미드의 최상층 세모에서(적은 수와 많은 권력)에서 제일 밑의 사다리꼴(많은 수와 피라미드의 기반)이 되어야 한다.

이를 위해 당장 시급한 변화들은 무엇일까? 무엇보다 시급하고 근본적으로 필요한 변화는 우리나라의 정치가 정부 관료들과 소통하고 통제할 수 있을 만큼의 정책 역량을 갖추는 일이다. 하지만 코로나19가 지배한 21대 총선에서 이러한 발전의 기회가 또다시 상실되었다. 준연동형 비례대표제는 선거를 지역구별 선심성 공약 경쟁이 아니라 정당 간의 정책 경쟁으로 변화시키려는 개혁의 시도였다. 준연동형 비례대표제는 흔히 단순히 소수 정당의 진출에 유리한 제도로 알려져 있었다. 하지만 보다 근본적으로 사생결단식 진영 대결 양상을 완화하면서, 정당의 지지만큼 표를 가져가게 하여 각 정당의 정체성이 더 중요하게 만들고, 그 정체성으로 지지를 확보하기 위한 대안과 정책이 더욱 중요해지는 변화를 기대한 제도다. 하지만 여야를 가리지 않고, 비례대표용 위성정당이라는 편법을 동원하고, 코로나19가 모든 쟁점을 다 흡수해버리면서 개혁 자체가 무산되었다.

따라서 선거제 개혁은 이제라도 다시 논의가 되어야 한다. 이참에 '준' 연동형 비례대표제가 아니라 완전한 연동형 비례대표제 논의를 다시 시작하는 것도 개혁 후퇴를 바로잡을 수 있는 방법이다.

이러한 개혁 이전에 정당 스스로 이러한 제도적 한계를 극복할 수 있도록 스스로의 정책 역량을 정당 발전의 중심에 놓는 변화는 당장이라도 시작할 수 있다. 낙선자 자리 정도로 인식하는 정책연구소를 실질적으로 강화하는 등 내부 정책 역량을 축적할 수 있는 구조를 만들어야 한다. 또한 외부의 정치 신인, 다르게 말하면 정치 초보자를 이벤트성으로 영입하여 초선의원으로 국회에 밀어 넣는 인력 수급 방식 역시 변화가 시급하다. 상황이 이렇다 보니 입법기관인 국회에서 국민에 의해 선출된 국회의원이 법을 만드는 것이 아니라 정부부처 관료들이 법을 만들어 청탁하고, 국회 입법공무원인 전문위원의 '검토보고서'가 대부분 법안의 운명을 좌우한다.[12] 정당 내에서 정치 신인들이 경험을 쌓고 훈련되어 역량을 갖춘 정치인으로 성장할 수 있는 구조를 만들고, 그렇게 배출된 실력을 갖춘 정치인이 국민의 선택을 받을 수 있도록 정당은 바뀌어야 한다.

정부 조직 역시 모든 것에 조직 보호 논리가 앞서고, 모두가 한 칸씩 전진하는 승진 구조와 같은 비상식이 하루빨리 혁파되어야 한다. 이 비상식은 조직 내에서 자신의 업무를 통해서 능력을 평가받고, 그 능력에 따라서 더 높은 지위에 올라 역량을 발휘하는 상식으로 전환되어야 한다. 우리와 유사하게 직업공무원제와 계급제를 가지고 있는[13] 프랑스의 경우 계급제를 기본으로 하지만 직급과 직위를 분리하여 업무 수행상 필요한 경우 직급과 관계없이 직책을 부여할 수 있다. 헌법에서 직업공무원제도를 규정하고 있는 독일 역시 공무원일반규정에서 임용 등급과 자격 요건을 충족시키지 않더라도 관할 부서 내에서 승진이 가능하도록 하고 있다.

우리나라에서는 민주화 이후에 직무성과계약제도, 균형성과평가(Balanced Scorecard, BSC), 근무성적평가제도, 다면평가제도 등 다양한 성과 평가 제도를 수도 없이 도입하였지만 경직된 계급제가 지배하는 조직 환경에서 실효성이 있을지는 회의적이다. 사람이 아닌 수행해야 할 업무를 중심으로 직위를 단위로 하는 조직을 구성하고, 그 직위를 수행할 직무와 역량을 규정하여 이에 적합한 사람을 뽑는 미국식 직위분류제 역시 우리나라에서 부분적으로 시도되었지만 역시 경직된 계급제가 지배적인 환경에서 오히려 승진에 대한 불확실성만 높여 단기적 실적 평가에 매몰되는 부작용이 두드러지고 있다. 영국과 미국과 같은 전문 행정가를 만든다며 도입한 고위공무원단 제도 역시 관료들의 권력 눈치 보기만 심화시켰다는 부정적 평가가 우세하다.

현재의 고질화된 구조를 깨기 위해서는 그만큼 치밀하고 근본적인 개혁안과 전략이 필요하다. 프랑스처럼 직급과 직위의 연결고리를 아예 끊어버리든지, 승진을 하지 않더라도 자신의 업무 성과나 전문성에 따라 보수등급이 올라갈 수 있는 보수등급제를 도입하는 등, 계급제의 기본 구조를 무너뜨리는 것부터 고려되어야 한다. 물론 이런 근본 개혁을 위해서는 그만큼 정책 역량을 가지고 관료 사회를 통제할 수 있는 집권 세력과 사회적 세력이 필요하다. 즉, 우리 사회의 기본적인 민주주의 역량이 모든 개혁을 위한 기본 전제가 된다.

좋은 관료제는 참 어렵다. 관료 사회를 집권 세력에 너무 노출하면 관료제가 정치의 하부 공간이 되어 정실주의가 강해질 수 있다. 관피아보다 정피아가 더 무섭다는 말은 여기에서 나온다. 또 관료를 정치로부터 독립하고, 관료 사회를 자유롭게 누구든지 들어올 수 있도록 만든다면 한국 사회의 또 다른 절대 권력인 시장과 기업의 사냥감이 되어버릴 가능성이 있다. 그렇기 때문에 관료제뿐 아니라 정치와 기업까지 감시하고 힘을 제어할 시민사회의 존재가 미래로 갈수록 더욱 중요해진다. 그 시민사회는 자율성과 안정성이 있는 개인들이 있을수록 더욱 견고해질 것이다. 여전히 멀고 지난하게 느껴지는 길이지만 그렇다고 바늘허리에 실을 묶어 꿰맬 수 없는 것 역시 변하지 않는 세상이 이치인 것이다. 게다가 지금의 코로나19는 국가의 기능과 역할을 확대할 것이라는 점에서 이러한 변화는 그만큼 절실하다.

데이터가 여는 '빅마더' 복지 패러다임

최현수 한국보건사회연구원 연구위원

코로나19가 드러낸 사회안전망의 한계와 해법

2020년 4월, 코로나19로 인한 경제 위기에 대응하기 위해 정부가 서둘러 발표했던 긴급재난지원금 지급 방안은 우리 사회에 엄청난 혼란을 가져왔다. 지급 대상 규모(하위 70%)와 선정 방식(가구원수별 건강보험료와 재산에 따라 지급 대상 여부 결정)을 둘러싼 논란으로 인해 긴급재난지원금은 현장에서 또 다른 '재난'이 되어버렸다. 읍면동 주민센터와 건강보험공단 지사에는 코로나19의 영향으로 소득과 매출이 감소했으니 건강보험료를 낮춰 달라는 민원과 소상공인 등 지역가입자에게만 부과됐던 재산 보험료에 대한 불만이 폭주했다. 국민들과 일선 현장의 사회복지공무원 등 업무 담당자들은 대혼란에 빠졌다.

문제는 데이터였다. 고용이 불안정한 노동자의 근로소득 변화 정보를 파악할 수 없었고, 소상공인 등 자영업자의 매출과 사업소득 정보는 2년 전 자료밖에 없다는 것이 문제의 핵심이었다. 코로나19로 인한 경제위기

6장 위기의 순간, 사회는 나를 지켜줄 수 있을까

때문에 지원금을 지급한다면서, 1~2년 전에 소득이 많았다고 지원금을 주지 않거나 과거에 어려웠으니 지원금을 주겠다고 하는 꼴이 됐다. 이를 통해 정부가 각종 복지 정책에 적용하고 있는 소득재산 정보에는 시차 문제가 존재한다는 것을 모두가 알게 되었다. 즉 국민들의 어려운 상황을 실시간으로 포착할 수 있는 데이터가 존재하지 않는 것이다. 그나마 존재하는 데이터도 다양한 정부 부처와 공공기관에 흩어져 연계해야 하고, 금융권에 흩어져 있는 정보는 연계하는 데 시간이 오래 걸린다.

더 중요한 지점은 실시간으로 정보가 파악되는 시스템이 마련되더라도 복지 정책에 활용할 수 있는 전 국민의 소득재산 정보가 사전에 구축될 수 없다는 점이다. 바로 복지제도의 '신청주의' 패러다임 때문이다. 복지급여나 서비스를 지원받기 위해서는 누구나 신청해야 하며, 그 과정에서 개인정보 조회·제공에 동의해야만 소득재산 정보를 조회·활용하는 것이 가능하다는 게 신청주의다. 신청주의는 그동안 '송파 세 모녀 사건'과 같은 복지 사각지대 발생의 중요한 원인으로 지적되어 개선 방안이 마련되기도 했지만, 행정 데이터 기반으로 이러한 문제를 극복하는 데에는 여전히 한계가 존재한다.

긴급재난지원금만 문제가 아니다. 코로나19로 인해 드러난 취약한 노동자의 일자리 감소 문제를 보자. 다양한 업종의 시간제 근로자, 프리랜서 강사나 대리운전 기사 같은 특수형태근로종사자(특고)와 더불어, 최근 몇 년 동안 급격하게 증가한 플랫폼 기업 기반으로 배달 또는 돌봄 노동 등에 종사하는 플랫폼 노동자, 그리고 OECD 국가 중 상대적으로 높은 비중을 차지하면서 코로나19로 인한 매출 급감이나 폐업으로 가장 심각한 영향을 받고 있는 자영업자들이 집중적으로 어려움을 겪었다. 정규직 근로자들은 소득 변동 없이 재택근무를 실시하거나 유급병가나 돌봄 휴가 등을 사용하며 코로나19 상황에 대처할 수 있다. 그러나 일시적으로 무급휴직이나 휴업 상태에 들어간 근로자나 자영업자, 일자리를 잃고 실업에 처한 근로자나 자영업자는 대부분 고용보험에 가입되지 않아 극심한 고통을 겪는다. 사회안전망이 제대로 갖추어진 국가라면 고용안전망이 이들을 보호해야 한다. 이런 고통은 취업자와 기업이 같이 부담해 만든 고용보험과 국가 예산으로 운영하는 실업부조를 통해 완화할 수 있다. 이번 코로나19 사태로 고통받는 이들은 이미 오랫동안 고용보험 등 사회보험의 사각지대에 있던 사람들이기도 하다.

이러한 상황을 변화시키기 위한 대안으로 등장한 것이 '전 국민 고용보험'을 포함한 '소득 중심 사회보험 개편'이다. 정규직 노동자 중심으로 짜여 있는 고용보험을 개편해 프리랜서와 자영업자까지 포함해 모든 취업자로 지원 범위를 넓히는 방안이다. 그런데 여기에도 난관이 있다. 또다시 데이터 문제다. 근로자의 소득 정보는 기업을 통해 파악이 가능하지만, 프리랜서나 자영업자의 상황은 그렇지 않다. 이 문제를 해결할 필요가 있다.

대안은 전 국민 고용보험을 넘어 소득 중심 사회보험 개편을 추진하기 위해서 모든 사람의 소득을 통합 관리하는 시스템이다. 따라서 '실시간 소득·매출 정보 파악 시스템'을 구축하고 데이터 기반의 '국세청 사회적 징수 패러다임'으로 전환해야 한다. 또, 신청주의가 아닌 '찾아주는 복지 패러다임'으로의 전환도 필요하다. 코로나19의 위기에서 우리 사회의 민낯이 드러난 것처럼, 언젠가 우리 사회에 닥쳐올지 모르는 또 다른 위기에 대응할 수 있도록 데이터 기반의 새로운 복지 패러다임으로 변화해야 한다.

기존의 복지는 사각지대가 컸다. 복지제도가 불충분해서 생긴 제도적 사각지대도 있고, 신청해야만 소득·재산 정보를 확인해 복지 서비스를 받을 수 있는 '신청주의'가 만든 사각지대도 있으며, 정규 근로자 등 자격 중심으로 운영되어 생긴 사회보험 사각지대도 있다. 데이터 기반의 새로운 복지 패러다임은 이런 문제를 해결하는 기반이 되어 코로나19 이후 우리 사회에 근본적인 변화와 혁신을 가져다줄 것이다.

'소득 중심의 사회보험'과 '국세청 사회적 징수' 패러다임

데이터 기반의 정책 플랫폼 구축을 기반으로 추진할 수 있는 가장 중요한 변화는 사회보험을 자격 중심에서 소득 중심으로 개편하는 것이다. 이를 뒷받침하려면 국세청 사회적 징수 통합 패러다임으로 전환해야 한다. 연말정산을 위해 활용하는 홈택스 사이트를 기반으로 월 단위 실시간 소득·매출 정보 파악 시스템을 구축하고 각종 사회보험료를 통합해 징수하게 만들면, 정규직인지 비정규직인지, 또는 임금근로자인지 자영업자인지를 가리지 않고 소득을 기준으로 사회보험에도 가입하고 각종 복지급여를 지급할 수 있는 기반이 마련된다.

이것은 영국이 2013년 복지제도 전반을 개편하면서 도입했던 RTI(Real Time Information) 시스템의 기본 원리를 우리 과세 체계와 정보 시스템을 고려해 현실에 맞게 발전시킨 것이다. 노동시장의 변화로 플랫폼 노동자 등 비정형 노동이 증가하고 다양한 단기 일자리를 동시에 가진 노동자가 늘어남에 따라, 영국 국세청은 소득파악 기반으로 마련하기 위해 실시간 소득파악 시스템을 도입했다. 기존에는 사업주가 1개월 또는 그 이상의 주기로 임금 지급을 신고하고 이를 토대로 소득세와 사회보험료를 부과했다. 이를 사업주가 노동자에게 임금을 지급할 때마다 또는 지급하기 전에 (on-or-before) 기본 정보와 임금 등 필수 정보를 시스템을 통해 국세청에 제출하도록 하고, 실질적으로는 전월 발생한 근로소득을 다음 월 특정 일자까지 등록하는 방식으로 변경한 것이다.

우리나라는 현재 사업주가 일용근로자에게 지급한 근로소득 내역을 분기별로 국세청으로 신고하는데, 이를 홈택스를 활용하여 월 단위로 주기를 단축하도록 바꾸는 것이 핵심이다. 예를 들어 사업주가 매월 지급한 1분기 근로소득 내역을 4월 초 신고하는 방식에서, 1월 지급한 근로소득을 2월 초까지 신고하는 방식으로 전환하는 것이다.

이렇게 월 단위 실시간 소득 파악 시스템을 구축한다면, 소득 발생 시 사회보험료를 원천징수하고 최저임금 등 일정 소득 수준 이하의 근로자나 자영업자는 사회보험료 지원(두루누리)을 통해서 직접 환급받도록 운영 체계를 개편할 수 있다. 보건복지부와 고용노동부 산하 개별 사회보험공단이 담당하던 사회보험료 징수와 환급 업무 역시 국세청으로 통합할 수 있다.

이렇게 하면 근로자의 소득 변동도 바로 파악할 수 있고, 여러 사업장에서 단기 일자리를 가진 이른바 'N잡러'의 소득도 통합해 파악할 수 있다. 이런 시스템이 잘 작동하려면, 사회보험법상 근로자에 해당하는 자격 조건 중 근로일수와 근로시간 기준 관련 조항을 전부 폐지해야 한다. 사업주가 국세청에 일용근로소득을 신고하더라도 1개월간 근로일수가 8일 미만이거나, 근로시간이 월 60시간 미만인 노동자는 국민연금법과 고용보험법의 근로자 적용 제외 조항 때문에 사회보험에 근로자로 가입하지 않아도 된다. 이 조항 때문에 근로자임에도 근로자가 아닌 상태로 사각지대에 존재하거나, 자영업자처럼 지역가입자로서 스스로 사회보험료를 부담하는 노동자가 생기게 된다.

이러한 실시간 소득·매출 정보 파악 시스템을 통해 사회보험 사각지대에 놓인 특고 노동자나 플랫폼 노동자, 그리고 1인 소상공인을 포함한 자영업자까지 사회보험 가입과 보험료 지원을 확대할 수 있다. 플랫폼 노동자가 받는 수수료 등의 소득이나, 특고나 자영업자가 사업소득과 부가세를 위해 신고하는 매출 정보를 축적한 데이터 기반으로 근로장려세제(EITC)에서 사용하는 '조정소득'을 산정하면 자영업자나 특고 노동자, 그리고 플랫폼 노동자 역시 근로자가 부담하는 수준과 동일하게 사회보험료를 납부하는 것이 가능해진다. 사업장 제공자인 특고 사업체나 플랫폼 기업은 현행 산재보험과 유사한 방식(노동자 소득 총액의 일정 비율)으로 사회보험료를 부담하거나 해당 노동자들로부터 발생한 기업의 수익이나 이윤에 비례해서 일정 비율 부담하게 하는 새로운 방식도 검토해볼 수 있다.

이는 자영업자 문제 해결에도 도움이 된다. 자영업자는 실질적인 소득 파악이 쉽지 않다는 이유로 고용보험에서는 임의로 가입하게 되어 있다. 건강보험의 경우 지역가입자로 자격을 분리하여 재산에 대해서도 건강보험료를 부과해왔다. 그러나 여기에는 형평성 문제가 있다. 코로나19 위기로 인해 긴급재난지원금 선정 기준 논란을 거치며 드러난 문제다.

신용카드 사용 확대나 현금영수증 제도를 통해 거래나 매출 정보가 많이 투명해졌지만 신고 주기가 길고 필요 경비를 제외한 사업소득 금액이 0이거나 낮은 자영업자의 비중이 상당히 높다. 이는 자신이 '유리 지갑'이라고 생각하는 근로자가 자영업자의 소득 정보를 신뢰하지 않고 불신하는 원인이 됐다. 따라서 근로자와 동일한 사회보험료율 적용이 어려운 상황이었다. 그래서 재산에도 보험료를 부과하다 보니 형평성 문제가 불거졌던 것이다.

실시간 매출 정보 파악 시스템을 가동하면, 자영업자는 부가세나 종합소득세 신고 · 납부와 별도로 매월 등록한 매출 정보를 기반으로 근로자와 유사한 수준으로 사회보험료율을 적용하고 사회보험료 지원을 받는 것이 가능해진다. 업종별 '조정소득(자영사업자 매출에 업종별 조정률을 적용해 산출)'을 만들어 적용하면 된다. 조정소득은 자영업자의 매출을 노동자의 근로소득과 유사하게 환산하는 방식이다. 이렇게 하면 자영업자들이 사회보험뿐 아니라 복지 정책 전반에서 소외되지 않을 수 있다. 국세청으로부터 연계하여 사용되는 과세 목적의 사업소득 금액(총수입금액-필요경비)을 조정소득으로 대체하면 문제가 해결된다.

물론 새롭게 사회보험에 가입함에 따라 발생하는 신규 사회보험료에 대한 부담이 발생할 것이다. 하지만 소득과 매출 수준에 따라 사회보험료 지원을 동시에 확대해 이를 해결할 수 있다. 그동안 독립적 사업자로 간주되어 임금 노동자보다 과도한 보험료를 납부하거나 사회보험 가입을 기피한 특고나 플랫폼 노동자들의 사회보험료 부담이 최소화되도록, 정부가 정확하게 직접 지원하여 사회보험 사각지대로부터 벗어나도록 만들어야 한다.

데이터 기반 복지로 전환한다면, 스스로 직접 찾아가 신청해야 받을 수 있는 복지가 아니라 대상자를 정부가 찾아주는 방식으로 바꿀 수 있다. '차세대 사회보장 정보 시스템' 구축과 함께 추진되는 변화로, 한마디로 모든 복지혜택을 누구나 한눈에 파악할 수 있는 시스템을 구축하는 것이다. 개인 또는 가구 단위로 국세청 홈택스와 유사하게 자신의 소득재산 정보 및 복지급여와 서비스 수혜 이력 등을 한눈에 쉽게 파악하고 편리하게 신청할 수 있는 쌍방향 복지 시스템을 만든다면, 실시간 소득 및 매출 정보 파악과 연계해 우리 사회에 획기적인 변화를 가져올 수 있다. 금융권은 물론 네이버와 카카오 등 IT 기업들까지 높은 관심을 보이고 있는 금융 정보 관련 '마이데이터' 서비스, 즉 사전 동의를 전제로 금융권에 분산된 신용 정보를 통합하여 새로운 서비스를 제공하는 방식과 연계하여 정부 역시 다양한 복지 서비스를 제공할 수 있게 된다.

'K-정책 플랫폼'과 '찾아주는 복지 패러다임'이 불러올 미래

봉준호 감독의 〈기생충〉과 함께 2019년 칸 영화제 황금종려상 후보작으로 지명됐던 켄 로치 감독의 〈미안해요, 리키〉는 불안정한 노동자 부부(택배 노동자인 리키와 돌봄 노동지인 애비)의 삶의 모습과 사회안전망의 한계를 보여준다. 영화 팬들에게 2016년 황금종려상 수상작으로 잘 알려진 〈나, 다니엘 블레이크〉와 함께 두 영화는 코로나19 이전부터 사회에 오랫동안 존재했던 불안정한 노동자의 삶과 정규 노동자 중심의 사회보험이 지닌 사각지대의 문제를 보여준다. 뿐만 아니라 부양의무자 기준과 낮은 소득 기준 등 엄격한 수급자격 조건과 복지 정보 시스템의 한계로 송파 세 모녀 등을 죽음에 이르게 만들었던 공공부조의 사각지대 문제도 떠오르게 한다.

실시간 소득·매출 정보 파악 시스템 기반 소득 중심의 사회보험 개편과 차세대 사회보장 정보 시스템에 기반한 '찾아주는 복지 서비스 패러다임'으로의 전환은 이런 불안정한 삶의 모습을 변화시키기 위한 것이다. 정부가 사회안전망을 통해 적극적으로 지원할 의지가 있었고 데이터가 충분한 사회였다면, 리키의 삶은 그렇게 불안하지도 않았을 것이고, 다니엘 블레이크도 어려운 심사를 거치지 않고 수당을 받았을지도 모른다. 물론 송파 세 모녀를 비롯해 우리 사회의 복지 사각지대에 있었던 이웃들 역시 비극적인 선택을 하지 않았을 수도 있다.

이러한 변화는 단순히 복지뿐만 아니라 다른 영역에도 영향을 끼칠 수 있다. 예컨대 한부모 가족의 아동을 위한 양육비 이행 관리, 정부·지자체의 각종 국고보조금 부정수급 환수 등을 '사회적 징수와 환급 기능'으로 통합하여 국세청에 역할을 부여하고 거버넌스를 조정한다면 정책의 실효성을 높여 사회 전반에 혁신적인 변화가 나타날 수 있을 것이다. 나아가 소상공인 등 자영업자가 실시간 소득·매출 정보 파악 시스템에 직접 등록한 매출 변동 데이터를 기반으로 보다 합리적인 임대료 산정 제도를 도입하는 것도 가능하다. 미국 등 주요 국가뿐만 아니라 우리나라에 들어와 있는 대규모 프랜차이즈도 매출 변동에 따라 임대료가 연동되는 방식으로 계약이 이루어지는 경우가 많다. 신뢰할 수 있는 매출 데이터 기반으로 경기 변동에 따라 임대료가 낮아져 코로나19와 유사한 위기 상황에서는 소상공인의 임대료 부담이 경감될 수 있다.

좀 더 큰 틀에서의 변화는 국민이 국가의 역할을 체감하게 된다는 점이다. 개인 또는 가구 단위로 소득재산 정보 및 복지급여와 서비스 수혜 이력을 파악하고 국세청 홈택스 기반 실시간 소득·매출 정보 파악 시스템과 연계하여 자신이 납부한 세금과 복지 수혜 정보를 동시에 확인할 수 있게 함으로써, 국민들은 자신이 납세자와 복지 수혜자라는 이중적인 지위를 가지고 있으며 자신이 부담하고 있는 세금의 일부가 국가나 지방정부의 다양한 복지급여와 서비스 등의 혜택으로 자신과 가족에게 지원되는 것을 확인할 수 있다. 특히 납세와 복지 수혜 이력 정보 비교를 통해 자신이 연말정산이나 사회보험료 환급을 통해 실제로 세금이나 보험료를 얼마나 내고 돌려받았는지, 아동수당이나 기초연금 등 보편적 성격의 수당과 기초생활보장제도 등 선별적 지원 제도뿐만 아니라 보육료 지원 또는 사회서비스 바우처 등을 통해 가구원 개인마다 얼마나 복지급여나 서비스의 혜택을 받고 있는지 알 수 있게 된다. 이는 향후 우리 사회가 복지국가로 발전하는 데 필수적인 증세에 대한 인식이나 복지 서비스 체감 정도를 변화시킬 것이다.

마지막으로, 앞서 제시한 두 가지 대안 시스템의 연계 구축을 통해 데이터 기반의 'K-정책 플랫폼'을 활용하여, 정부 부처 간, 정부-지자체, 공공-민간 데이터 거버넌스를 확장·운영하기 위한 '데이터청' 신설 또는 통계청의 혁신적인 개편을 통한 '데이터부' 신설 등 미래 사회에 대응할 수 있는 정부 조직 개편을 추진할 수 있다. 데이터청 중심으로 새로운 데이터 거버넌스를 마련한다면 코로나19 이전과는 완전히 다른 정책 패러다임으로 대한민국의 미래를 변화시킬 수 있다. 특히 데이터 기반 정책 플랫폼을 활용한 디지털 행정 혁신을 통해 정부부처 또는 정부-지자체 간 업무 연계 및 협업 체계 확대, 부처 간 국정과제 추진과 정책 어젠다 관리를 위한 책임 장관 및 정책 목표 우선순위 관리제도(Cross-Agency Priority Goals) 도입, 정책 영역별 마이데이터 연계를 통한 맞춤형 서비스 확대, 찾아주는 복지 서비스 패러다임을 지원할 수 있는 적극 행정 및 예산 집행 프로세스의 유연성 확대 등 혁신적인 변화를 일으킬 것이다.

코로나19를 경험하며 우리가 기대하는 새로운 미래는, 국가나 정치권력이 데이터를 축적하여 국민을 감시·통제하는 '빅브라더(Big Brother)'도, 단순히 정부가 규제를 통해서 데이터를 통제하고 디지털 기업을 제약하는 '빅파더(Big Father)'도 아니다. 공공의 정책 영역에서 축적된 데이터를 기반으로, 규제가 아닌 민간과의 연계와 공유를 통해 혁신적 서비스를 촉진하고, 정부나 지자체가 직접 다양한 정책과 서비스를 통해 개인 삶의 안정과 자유를 제공하려고 노력해야 한다. 데이터에 기반해 국민들의 욕구를 예측하여 개인이 체감할 수 있는 세밀한 정책을 찾아주는 크지만 현명하고 따뜻한 '빅마더(Big Mother)' 정부의 시대가 등장할 것이다. 그런 정부가 실현되도록, 대한민국의 새로운 미래를 다시 써내려가야 한다.

정보가 사람을 살리는 시대, 정보의 주인은 누구인가

박상현 사단법인 코드 이사/미디어 디렉터

코로나19 팬데믹 이전까지 빅데이터의 수집과 프라이버시의 문제는 (중국 정부의 빅데이터 수집과 시민 감시의 문제를 제외하면) 대부분 기업들의 행위를 중심으로 논의되어왔다. 물론 기업들의 데이터 수집과 이용에 대한 논의는 여전히 중요하지만 팬데믹은 이런 논의를 새로운 방향으로 확대, 심화하고 있다. 이 문제가 기업을 넘어 정부 및 공공의 영역으로 빠르게 옮겨가고 있고, 감염병 확산 저지라는 시급한 문제 앞에서 프라이버시를 보호하려는 목소리가 묻히는 일이 생긴다. 하지만 그럼에도 불구하고 빅데이터의 공공성에 대해서 구체적으로 논의할 수 있는 중요한 계기가 마련되고 있음을 간과해서는 안 된다.

2020년 5월, 강경화 외교부장관은 코로나19에 대한 한국의 대처 방법과 관련해 해외 매체들과 일련의 화상 인터뷰를 했다. 미국과 영국, 독일 등의 서구 뉴스 매체에서 강경화 장관에게 빼놓지 않고 물었던 질문은 한국이 확진자를 추적하는 과정에서 스마트폰의 위치 정보 데이터를 사용한 것이 프라이버시를 침해한 것은 아닌지, 그것을 감시(surveillance)라고 생각하지는 않는지였다. 강경화 장관은 이 질문에 "나는 추적(tracing)에 감시라는 표현을 사용하고 싶지 않다"면서 "(접촉자) 추적은 환자를 가능한 한 빠른 시간 내에 찾아내어 격리하고, 그것을 통해 사회의 다른 구성원들의 이동의 자유를 보호하는 데 필수적"이라고 강조했다. 그리고 더 나아가 한국의 "질병관리법은 국민들이 자신에게 영향을 미치는 건강 문제에 관해 알 권리를 보장하고 있고, 정부는 국민들에게 질병의 진행 상황과 환자의 이동에 관해 알려야 할 의무가 있다"고 주장했다.

서구 국가들에서 민감하게 생각하는 단어인 '감시'와 접촉자 '추적'을 구분하려는 강경화 장관의 외교적 수사는 돋보였지만, 한국 정부가 중요시하는 것은 환자 본인의 프라이버시가 아닌, 사회의 나머지 구성원들의 이동의 자유과 건강의 보장에 있음이 그의 발언에서 분명하게 드러났다. 물론 이 같은 발언이 알려진 후에도 국내에서 별다른 문제가 되지 않았다. 한국 사회에서는 이동권과 건강이라는 가시적인 이득과 프라이버시의 보호라는 다소 추상적일 수 있는 권리 사이에서 전자를 택하는 것이 서구 사회에서와는 달리 큰 갈등을 일으키지 않는 것으로 보인다.

그럼에도 불구하고 코로나19 팬데믹 사태는 국가가 범죄와 무관한 일반 시민의 위치 정보를 합법적으로 받아내고 공개한 중요한 전환점이 되었음은 부인할 수 없다. 이는 한국에 국한된 문제가 아니며, 전 세계 국가들이 비슷한 갈등 상황에 놓여 있다. 하지만 각국은 정치 상황과 문화, 역사 등에 따라 이 문제에 조금씩 다르게 접근하고 있다. 따라서 궁극적으로 이런 각국의 고민과 모색이 미래의 인류 사회의 프라이버시 수준을 결정하게 될 것이며, 특히 모바일과 사물인터넷(IoT)의 등장으로 빅데이터의 수집과 사용의 문제가 본격적으로 대두된 지 10년이 채 되지 않았음을 고려하면, 지금의 논의는 앞으로의 데이터 환경을 결정하는 중요한 기초 작업이 될 것이다.

코로나19 이전 : 또 다른 빅브라더, 빅테크의 등장

테크 대기업들의 데이터 수집

전체주의 체제에서 감시가 일상화된 사회라는 디스토피아적 미래를 그린 조지 오웰의 소설《1984》는 '정부'에 의한 '시민' 감시를 묘사하고 있다. 이 소설이 쓰인 1949년의 시점에서 오웰이 예상한 감시의 행위자(actor)는 정부였고, 정부의 권한 남용이 문제의 근원이었다. 이 소설이 나온 후 반세기 동안 오웰의 불안한 예측에 해당하는 정부가 없었던 것은 아니지만, 이는 자유민주주의 진영 대 전체주의, 혹은 공산주의 진영의 문제로 인식하는 경향이 두드러졌고, 그런 이유로 민주주의 체제가 정착한 국가들에서는 감시를 사회가 당면한 중요한 문제로 받아들이는 경우는 많지 않았다.

21세기에 들어오면서 감시의 문제가 새롭게 대두된 것은 실리콘밸리를 중심으로 '빅테크(big tech)'라 불리는 대기업, 특히 검색과 소셜 미디어를 기반으로 한 광고를 비즈니스 모델로 삼고 있는 기업들의 등장 때문이다. 흔히 구글과 페이스북, 아마존 등으로 대표되는 이들 기업은 정확한 타깃 광고가 가능하다는 것으로 스스로를 기존의 매스미디어 광고 산업으로부터 차별화했다. 이들이 타깃팅을 정확하게 하기 위해 사용자들의 검색, 웹사이트 방문, 소셜 미디어를 사용하는 행동을 관찰하고 정보를 수집하고 있음이 대중에 알려지면서 이를 감시로 받아들이는 여론이 생겨나기 시작했다.

특히 이들 기업들의 경우 각 영역에서 사실상의 독점적 지위를 누리면서도 독점법의 적용을 피해왔고, 타깃팅의 정교화를 위해, 그리고 개인정보를 바탕으로 한 새로운 서비스 개발을 위해 스마트폰과 사물인터넷 기기 등으로 통해 사용자들이 미처 생각하지 못했던 새롭고 다양한 방법으로 정보를 수집하면서 '빅브라더'가 될 수 있다는 경고가 나오게 되었다. 쇼샤나 주보프(Shoshana Zuboff) 하버드대학교 경영대학원 명예교수는 이들 테크 대기업이 정보를 수집, 독점하는 시대를 "감시 자본주의 시대(the age of surveillance capitalism)"라고 부르면서, 과거 제너럴모터스(GM)가 경영 자본주의(managerial capitalism)를 완성한 것처럼 구글은 감시 자본주의를 완성했다고 주장한다. 또한 이들 실리콘밸리의 대기업들이 도달하지 못하는 중국 시장의 경우 알리바바와 바이두, 텐센트 같은 대기업들이 동일한 방식으로 정보의 수집과 활용은 물론, 시장에서 독점적 지위를 누리고 있다.

국가별 · 지역별 대응 방식

사용자들의 데이터를 수집하는 테크 대기업들을 바라보는 시각은 국가들에 따라 다르지만, 크게 세 가지 접근법이 존재한다. 적극적이고 강력한 사용자 정보 보호법을 만들어 테크 대기업의 독주를 막는 것을 골자로 하는 유럽(EU)식 접근과 기업의 성장을 우선시하여 새로운 산업을 개척할 수 있도록 하되, 필요할 경우 주(state)별로 대응하는 미국식 접근, 그리고 테크 기업들이 정부의 정보수집 요구에 적극 협조하는 중국식 접근이 그것이다.

유럽의 경우 2018년에 '유럽연합 개인정보보호 규정(GDPR)'을 발효해서 유럽경제지역 내에 사는 사람들의 프라이버시와 개인정보를 보호하고 하고 있다. 특히 해외 기업이라도 유럽연합 내에서 사업을 하기 위해서는 이 규칙을 따라야 하기 때문에 결국 다른 지역에도 이 기준이 적용되거나 확대되는 효과를 가지고 있다. 미국의 경우 같은 해에 GDPR에 준하는 '캘리포니아 소비자 프라이버시 법(CCPA)'이 만들어져 2020년 1월에 발효되었다. 이 법에 따르면 기업이 어떤 개인정보를 수집하는지 소비자와 사용자가 알 수 있고, 그렇게 수집된 정보의 판매를 거부할 수 있고, 원하는 경우 기업들이 가지고 있는 자신에 관한 정보를 삭제할 것을 요구할 수 있게 했고, 뉴욕주 역시 '해킹 방지와 전자데이터 보안 개선법(SHIELD)'을 통과시켜 2020년 3월부터 발효되었다. 그러나 미국의 경우 이러한 법안들이 각 주별로 통과되어 적용될 뿐 연방법의 수준에 미치지 못하기 때문에 팬데믹 동안 이루어지는 정보 수집과 관련한 포괄적(overarching) 보호를 제공하지 못한다는 비판을 받는다.

중국의 경우는 미국과 EU보다 뒤늦게 데이터 프라이버시의 법적 틀을 구성하기 시작했고, 대부분 두 지역의 법을 참고로 해서 마련한 것으로 알려져 있다. 하지만 중국의 경우 데이터 관련 법이 개인보다 기업에 초점을 두고 있을 뿐 아니라, 기업을 상대로 한 개인의 정보 보호 장치는 존재하지만, 정부에 의한 정보 침해를 막을 수 있는 의미 있는 장치는 존재하지 않는다는 점에서 서구 국가들의 대응 방식과 큰 차이를 보이고 있다.

두 행위자: 기업과 국가

2001년 9·11 테러 사태 이후에 만들어진 미국의 애국자법(Patriot Act)은 근래 들어 시민의 자유(civil liberties)를 가장 심각하게 침해한 법안으로,

조지 오웰의 소설이 현실에서 이루어졌다는 비판을 받는다. 당시 구글 직원의 증언에 의하면, 구글의 공동 창업자 세르게이 브린은 구글의 검색 로그를 살펴보면 테러리스트를 찾아낼 수 있다고 생각했다고 한다. 당시 구글이 미국 정보기관에 얼마나 협조를 했는지는 알려지지 않았지만, 그 일화는 테크 기업이 사용자들로부터 얻어낸 정보가 국가의 요청에 의해 사용될 수 있음을 보여주는 예로 남아 있다.

당시만 해도 검색엔진이라는 도구만 가졌던 구글은 이후로 안드로이드라는 스마트폰 OS를 갖추면서 수집할 수 있는 정보가 훨씬 많고 정교해졌고, 미국의 경찰을 비롯한 사법기관이 요청할 경우 사용자의 시간별 위치 정보를 제공하는 것으로 알려져 있다. 물론 영장이라는 적법한 절차가 존재하고, 애플 같은 기업의 경우 테러 용의자의 아이폰 잠금장치를 해제하라는 사법기관의 명령을 거부할 수 있었지만, 기업이 수집한 개인정보를 국가가 사용할 수 있다는 점에서 개인정보의 수집과 활용에 이해관계를 가진 두 행위자인 기업과 국가 사이에는 별다른 방화벽이 존재하지 않게 된 것이다.

기업들이 정부의 영향력 아래에 존재하는 중국의 경우 문제는 훨씬 더 심각해서 알리바바와 텐센트 등 사용자들의 정보를 대량으로 수집하는 기업들은 중국 정부에 적극 협조하고 있고, 중국 정부는 사실상 "데이터와 감시를 통한 지배(governance by data and surveillance)"를 하고 있다고 해도 과언이 아니다. 특히 2019년에는 중국 정부가 신장위구르자치구에 거주하는 소수민족의 얼굴을 집단적으로 스캐닝, 데이터베이스화해서 관리한다는 사실이 알려지면서 이에 협조한 센스타임(SenseTime), 하이크비전(Hikvision) 등의 기업과 중국 정부 사이의 관계가 부각되었고, 중국 정부가 사실상 지분을 소유하고 있다는 의심을 받는 화웨이의 경우 미국을 비롯한 서구 국가에서 강력한 규제를 받고 있다.

팬데믹이 만든 새로운 국면

국가와 기업의 협력

2020년 이전에 이미 국가와 기업의 개인정보 사용이 위험한 수준에 도달했다면, 코로나19 팬데믹은 프라이버시와 개인정보를 보호해야 한다는 목소리를 억누르는 새로운 국면을 열었다. 팬데믹에 대처하기 위해 지역과 국가 정부에 권한을 함부로 허용할 경우 시민의 자유를 근본적으로 바꿔놓을 수 있다고 경고가 나올 만큼 국가의 프라이버시와 개인정보 침해는 심각한 수준이다.

중국의 경우 수백 개의 도시에서 시민들이 알리바바의 알리페이, 텐센트의 위챗 등에서 만든 코로나19 추적 앱을 설치해서 코로나19 감염 가능성이 없음을 제시하지 않으면 일상생활이 불가능할 만큼 철저한 추적과 감시가 이루어지고 있다(하지만 앱의 알고리듬이 어떻게 감염 가능성을 계산하는지, 감염이 되지 않았음을 확인한 후에 어떻게 앱의 위험 표시를 없앨 수 있는지 등의 정보는 알 수 없다는 맹점을 갖고 있다).

한국의 경우 코로나19 확산 초기부터 확진자의 스마트폰 위치 정보를 지방자치단체가 가져가 확진자의 지난 2주간의 동선을 공개하고 있고, 필요한 경우 감시카메라와 신용카드 사용 정보까지 살펴볼 수 있는 법적인 근거를 갖고 있는 등, 세계적으로 중국 다음으로 가장 심각한 수준의 프라이버시 침해가 가능하다. 특히 스마트폰의 위치 정보는 통신사로부터 정보를 받고 있고, 이는 이스라엘의 경우도 마찬가지이며, 싱가포르와 대만도 비슷한 방식으로 정보를 수집하고 있다.

반면 사용자의 동의 없이 개인의 위치 정보를 수집하기 힘든 유럽과 미국에서는 통신사 등의 기업이 사용자를 식별할 수 있는 정보를 제거해서 '익명화되고 총계처리된 데이터(aggregated, anonymized data)'를 사용해서 인구 전체의 이동 상황을 살펴보는 것에 그친다. 이렇게 할 경우 바이러스의 확산 가능성을 짐작할 수 있을 뿐, 개별 확진자를 추적(tracing)하는 것은 불가능하다는 점에서 아시아 국가들에서와 같은 제도적 장치에 대한 필요가 제기되고 있다. 하지만 시민의 자유 침해 위험성으로 인해 블루투스와 데이터의 분산저장 등의 기술적 대안 마련에 치중하고 있고, 구글과 애플 같은 기업들이 이에 협조 중이다.

건강과 안전, 그리고 시민의 자유

블루투스와 데이터 분산저장 방식을 사용하는 기술을 사용하는 앱의 경우 익명성을 보장할 수 있다는 장점이 있지만 법적 제도를 통한 강제성이 없이는 분명한 한계를 지니고 있다. 가령 미국의 테크 기업들이 만든 것과 비슷한 방식을 사용하는 싱가포르의 'TraceTogether'라는 앱의 경우 75퍼센트 이상의 국민이 설치하지 않으면 효과를 볼 수 없지만, 4월 1일 현재 앱 설치율이 전체 국민의 12퍼센트에 그치고 있다.

전문가들은 국가가 감염병을 관리하기 위해서는 궁극적으로 '검사'와 '추적' 외의 해결책이 없다고 한다. 그리고 모든 방역 기관들은 전통적으로 이 방법을 사용해왔다. 문제는 코로나19처럼 확산이 빠르고 광범위한 감염병의 경우 전통적인 추적에 드는 인력과 비용이 지나치게 크다는 데 있다. 스마트폰을 사용한 '디지털 추적'이 전 세계에서 강력한 대안으로 등장한 이유는 이미 테크 기업들이 수집하고 있는 정보를 활용하는 데에는 별다른 비용이 들지 않고, 새로운 인프라를 구축할 필요도 없기 때문이다. 결국 이 디지털 대안을 사용하는 것을 막는 유일한 걸림돌은 프라이버시와 개인정보를 포함한 시민의 자유를 보장하는 제도뿐이다. 권위주의 체제를 가진 중국이나, 2015년 메르스 방역 실패 이후 법령을 마련한 한국의 경우는 별다른 어려움이나 반대 없이 디지털 대안을 사용하고 있고, 그렇지 않은 나라들, 특히 시민자유의 보장 역사가 긴 서구 국가들의 경우 이를 실행에 옮기지 못하는 것이 현재의 상황이다.

하지만 동시에 시민의 자유를 보장하는 나라들이 이번 팬데믹에서 가장 큰 피해를 보고 있는 나라들이라는 점에서 제도 보완, 즉 기업이 가진 개인정보를 국가가 이용하도록 요구하는 목소리가 나오고 있는 것도 사실이다. 데이터를 사용해 감염병 대처 방법을 개선하기 위해 설치된 기구인 유엔 글로벌 펄스(Global Pulse)의 밀라 로마노프는 "공공의 이익을 위한 적절한 대응이 가능하도록 기업과 정부기구가 협력할 수 있는 틀(framework)이 필요하다"고 강조한다.

서로 다른 미래 : 팬데믹 이후

감염병 관리에 기업이 수집한 개인 데이터를 사용하는 것에 대한 논의는 궁극적으로 사용자의 프라이버시와 시민의 건강과 안전 사이의 균형 잡기로 귀결된다. 하지만 이 논의는 코로나19에 대한 대응책을 넘어 21세기의 사회 전반에 걸친 프라이버시와 개인정보 취급, 그리고 무엇보다 날로 늘어나는 빅데이터의 수집과 관리를 규정하게 될 것이다. 전 세계인의 건강과 안전, 그리고 경제를 위협하는 감염병은 각 사회가 시민의 자유를 지키기 위해 얼마나 노력할 수 있고, 어떤 희생을 치를 수 있는지를 시험하는 좋은 스트레스 테스트(부하검사)로 작동하기 때문이다.

　팬데믹을 거친 후 우리 모두가 어떤 사회를 살고 있을지는 이 테스트 동안에 일어날 양보, 혹은 합의로 결정될 것이지만, 모든 사회가 동일한 결정을 내릴 것으로 보이지는 않는다. 그리고 각 사회가 어떤 모습으로 귀결될지도 알 수 없다. 하지만 궁극적으로는 다음의 두 방향 중 하나로 진행될 가능성이 높다.

감시의 강화와 보편화

확진자의 동선을 공개하는 것이 가진 인권침해의 소지, 그 효과도 알 수 없다는 전문가의 지적, 그리고 아무리 확진자를 익명 처리한다고 해도 동선만으로도 개인을 식별할 수 있다는 연구 결과에도 불구하고 한국에서는 여전히 이 정보를 익명의 다수에게 공개하고 있을 뿐 아니라, 이 정보를 사기업이 가져다가 사용할 수 있도록 허용하고 있다.

　이는 메르스 이후에 개정된 '감염병의 예방 및 관리에 관한 법률'(제14316호)에 기반한다. 감염병의 확산 상황에서 구성원의 건강을 지키는 데 실패한 이후 한국 사회가 취한 조치는 현재 코로나19 방역에 어려움을 겪으며 많은 사망자를 내고 있는 나라들이 앞으로 어떤 법적 장치를 마련할지 암시해준다. 한국이 감염병 확진자를 식별, 감시, 처벌할 수 있다는 사실은 한국의 방역 성공과 함께 보도되고 있으며 아시아 국가들이 개인정보의 수집과 활용을 적극적으로 허용한 아시아 국가들인 동시에 가까운 과거에 사스 등의 감염병의 확산을 경험한 나라들이라는 것도 이런 예상을 뒷받침한다.

앞서 언급한 것처럼 9·11 사태 이후에 시민의 자유가 대폭 축소된 미국의 경우 이번 팬데믹 역시 비슷한 방법으로 프라이버시 침해를 허용하는 방향으로 이어질 것을 우려하고 있다. 코로나19로 가장 큰 피해를 입은 뉴욕주의 경우 바이러스의 확산이 빠르게 진행되는 기간에 주지사에게 행정명령을 통해 무제한의 권한을 부여하는 법을 제정하고 캘리포니아 법무장관은 코로나19 사태에 대비한다는 명목으로 새롭게 제정한 프라이버시법 이행을 6개월 동안 유예하는 등 사회의 불안이 자유의 축소와 프라이버시 침해로 귀결되는 사례가 이미 속출하고 있기 때문이다.

인권 전문가들이 가장 우려하는 대목은 이렇게 위기 상황에서 개정된 법이나 제도들이 일몰조항(sunset clause), 즉 법률이 정한 기한을 지나면 법령의 전부나 일부가 효력이 상실되도록 규정하는 조항이 없이 통과되는 상황이다. '확진자 추적'이라는 것은 결국 개인의 정보를 관계당국에 제공해야 한다는 점에서 어떤 방법을 사용하든 상관없이 프라이버시를 침해할 수밖에 없는데 개인정보와 빅데이터를 활용하려는 행위자들은 팬데믹을 기회로 삼을 가능성이 높다는 것이 인권 전문가들의 경고다. 프라이버시 운동가인 볼피 크리스틀(Wolfie Christl)은 이런 시도를 "코로나 세탁(covidwashing)"이라 부르면서 평소 프라이버시를 침해하던 관행을 팬데믹을 핑계로 새로운 규범(norm)이 되도록 유도하고 있다고 주장한다. 따라서 팬데믹 이후 상당수의 국가들이 감시의 강화 및 보편화, 일상화로 이동할 가능성을 배제할 수 없다.

포괄적 정보보호 정책 수립

팬데믹에 대한 대응책으로 디지털 정보를 사용하되 개인정보의 침해를 최소하기 위해서는 일몰조항은 물론이고, ① 충분히 논의되고 ② 시민/유권자들이 합의한 ③ 강력한 표준의 수립이 필수적이다. 많은 국가들이 궁극적으로 개인정보와 빅데이터의 사용에 의지하게 되더라도 시민의 정부 감시가 살아 있는 사회에서는 성급한 결론을 내리지 않을 수 있다(개인정보의 중앙처리를 주장하다가 분산저장, 처리로 방향을 전환한 독일이 좋은 예에 해당한다).

궁극적으로 필요한 것은 특정 상황에서 필요한 정보이용법이 아닌, 정책이 시민의 권리를 침해하지 않도록 가드레일 역할을 해줄 포괄적 정보보호 정책의 수립이다. 테크 대기업들의 독점을 다룬 저서에서 프랭클린 포어(Franklin Foer)는 "환경과 개인정보는 둘 다 그냥 내버려두면 시장에 의해 파괴된다는 공통점을 가지고 있다"면서 기업들이 환경을 파괴하는 것을 완전히 막을 수는 없어도 일정 범위 내에서만 하도록 제한하는 환경보호국(Environmental Protection Agency)처럼, 기업들이 데이터를 이용하되 선을 넘을 수 없도록 보호해주는 데이터보호국(Data Protection Agency)의 설치를 주장했다. 팬데믹이 개인정보를 수집하고 활용하려는 행위자인 국가와 기업이 손을 잡는 계기가 되었다면, 이는 동시에 시민사회가 그동안 무관심하게 내버려두고 있던 개인정보의 보호에 대한 관심을 불러오는 계기가 될 수도 있다.

이미 미국에서는 민주당 소속 하원의원들을 중심으로 팬데믹에 대응하기 위한 프라이버시 원칙의 제정과 연방 표준의 수립을 촉구하는 등 적극적인 관심을 표명하고 있지만, 이러한 노력은 이번에도 유럽연합이 주도하고 있다. 유럽연합의 프라이버시 책임자들은 이미 수립된 GDPR의 원칙을 준수하면서 확진자 추적을 할 수 있다는 결론하에 확진자들에 관한 정보를 당국이 얼마나 보유할 수 있고, 당사자가 원하면 삭제할 수 있는 등의 실행 조항을 조율 중인 것으로 알려졌다.

코로나19 팬데믹은 프라이버시를 비롯한 시민의 자유에 큰 위협이 되는 것을 부인할 수는 없다. 전 지구적으로 인류를 위협하는 감염병에 맞서기 위해서 개인의 자유가 어느 정도 침해당하는 상황도 완전히 피하기는 힘들다. 하지만 사회에 따라 이를 시민의 자유를 제한하기 위한 방법으로 사용할 수도, 빅테크와 빅데이터의 시대에 대비하는 원칙을 만들어내고 합의를 이루는 기회로 삼을 수도 있다. 팬데믹 이후의 미래는 외길이 아니다. 어느 길을 선택하느냐는 각 사회와 그 구성원들의 결정에 달려 있다.

혁신의 시간이 다가온다

구교준 고려대학교 행정학과 교수

혁신, flourish or perish

코로나19로 바뀐 세상에서 혁신은 어떤 의미를 가질까? 혁신은 새로운 무언가를 만들거나 일하던 방식을 바꾸어 가치를 창출해내는 모든 활동을 의미한다. 대개의 경우 이러한 혁신은 새로운 기술의 형태로 현시된다. 경제성장에서 혁신의 중요성이 강조되는 이유를 경제학 이론은 다음과 같이 설명한다. 경제가 성장하기 위해서는 자본과 노동이 투입되어야 한다. 그런데 자본과 노동은 투입이 증가할수록 성장에 기여하는 정도, 즉 한계생산성이 줄어들게 된다. 따라서 특별한 변화가 없는 이상 한 국가의 경제성장은 시간이 지나면서 정체될 수밖에 없다. 우리 경제가 더 이상 2000년대 이전에 경험했던 고도성장을 기대하기 어려운 것도 바로 이 때문이다. 이러한 상황에 변화를 가져다주는 핵심 요인이 바로 기술혁신이다. 기술혁신은 성장의 과정에서 자본과 노동이 필연적으로 직면하는 한계생산성 감소의 덫에서 벗어날 수 있게 해주는 마법의 탄환과 같은 역할을 한다.

100여 년 전에 산업 활동의 동력원이 증기에서 전기로 바뀌면서 경험했던 폭발적인 생산성 향상의 경험은 이를 잘 보여준다. 여러 개도국들이 선진국 단계로 진입하지 못하고 소위 말하는 중진국 트랩에 갇혀서 헤어나지 못하는 이유도 바로 한계생산성 감소의 덫을 깨뜨릴 수 있는 기술혁신이 뒷받침되지 못하기 때문이다. 결국 우리의 미래가 장밋빛으로 채색된 흥하는 나라가 될지, 잿빛으로 얼룩진 쇠락하는 나라가 될지는 얼마나 혁신하고 우리 스스로를 업그레이드하느냐에 달려 있다고 해도 과언이 아니다.

파괴적 혁신과 규제

혁신은 새로운 가치를 창조하여 경제성장을 지속가능하게 하지만 동시에 기존 경제 질서와 일자리를 송두리째 바꾸는 파괴적 속성을 가지고 있다. 온라인 유통 거인 아마존의 오프라인 매장에서는 계산대와 계산원들이 없어진 지 오래이다. IT 기술을 이용해서 물건을 들고 매장을 나가면 미리 등록한 결제 수단을 통해 자동 결제가 이루어지기 때문이다. 아마존의 혁신은 다른 소매유통 업체의 오프라인 매장에서도 계산원들의 설자리를 급속도로 없애고 있다. 미국의 전체 오프라인 소매 매장에서 일하는 계산원들의 숫자는 약 340만 명인데(미국 전체 근로 인구의 2.6%), 아마존의 혁신은 이들 대부분을 실직 위기로 밀어 넣은 것이다. 비슷한 맥락에서 많은 사람들이 자율주행 기술로 인해 미국에서 일자리를 잃을 트럭 기사들의 수가 30만 명에 이를 것이라고 우려한다. 혁신으로 인해 이미 일자리를 잃은 사람들도 있다. 골드만삭스에서 주식 거래를 담당하던 트레이더의 숫자는 한때 600명에 달했다. 하지만 지금은 이들이 하던 일을 인공지능 알고리즘이 담당하면서 두 명만이 남아 있을 뿐이다.

혁신이 가지는 파괴적 속성은 필연적으로 저항을 가져온다. 현재의 기술에 의존해 먹고사는 문제를 해결하는 이들에게 미래의 기술은 밥줄이 끊어지는 것을 의미하기 때문에 격렬하게 저항할 수밖에 없다. 직물 공장의 방적기에 저항한 영국 수공업자들의 러다이트 운동이 그랬고, 우버와 타다에 저항한 뉴욕과 우리나라 택시 기사들이 그랬다. 그리고 이러한 반발과 저항은 대개 이를 외면할 수 없는 정치권과 행정부의 규제로 이어진다. 우리나라에서는 타다가 대표하는 모빌리티 이외에도 의료 서비스의 접근성을 크게 높일 수 있는 원격의료나 금융 서비스 편의성을 획기적으로 향상시킬 수 있는 핀테크가 마찬가지의 저항과 이에 더한 규제로 인해 혁신의 싹이 트이지 못하는 대표적인 분야로 인식되어왔다.

기존 기술 패러다임의 저항과 정부의 규제는 혁신을 어렵게 하는 가장 큰 장애물이다. 혁신은 기본적으로 경제 주체의 자유롭고 창의적인 사고와 경제활동으로부터 비롯되는데, 기존 기술 패러다임과 규제는 이를 심각하게 저해하기 때문이다. 특히 우리나라의 규제 시스템은 기본적으로 법이 명시적으로 허락한 행위만을 할 수 있는 포지티브 규제를 원칙으로 하고 있기 때문에 어디서 어떤 형태로 현시될지 모르는 기술혁신의 특징과는 근본적인 불일치가 존재한다. 기술혁신의 이러한 특징을 blind variation(예측 불가능한 변이)이라고 하는데, 어디서 어떻게 사용될지 몰라 특허조차 출연되지 않았던 벨 연구소의 레이저 기술이 수십 년 후 개발된 광섬유와 결합해서 광통신이라는 통신 혁명으로 이어진 일이라든지 에디슨이 전신 회사의 네트워크를 활용해서 개발한 일종의 신종 서비스인 화재 및 보안 경보 장치는 그 좋은 예이다. 그러나 아쉽게도 포지티브 시스템에 기반한 우리나라의 환경에서는 이러한 혁신을 기대하기란 쉽지 않다. 예를 들어 평창올림픽의 밤하늘을 수놓은 드론의 로터 기술은 우리나라에서 처음 개발되었지만 지금은 중국이 세계 시장을 평정하고 있다. 우리나라에서는 규제로 인해 제대로 된 테스트도 하기 어려운 실정이다. 자율주행도 마찬가지인데 한국에서는 규제로 인해 자율주행 테스트가 어려워 실리콘밸리에서 창업하는 사례도 상당한 걸로 알려져 있다. 이뿐만이 아니다. 에어비앤비로 대표되는 공유 숙박은 외국인에게는 허용되나 내국인은 안 되고 공유 셔틀은 초등생은 되지만 중학생은 안 되는 등 누더기 규제로 여기저기가 막혀 있다. 모두가 아는 공유경제의 대표주자 타다와 콜버스는 서비스를 접었다. 코로나19가 오기 전까지 우리나라는 이러한 환경적 요인으로 인해 신기술 혁신의 불모지나 다름없었고, 그로 인해 전통적 굴뚝 산업을 대체할 신산업 발굴이 지체되면서 미래 또한 불확실한 상황이었다. 하지만 코로나19는 두려움, 좌절과 함께 우리에게 혁신의 사다리를 오를 기회의 창을 제공했다.

코로나19가 쏘아 올린 작은 공

위기는 기회의 창을 연다. 진부한 표현인 것 같지만 사실이다. 1930년대 대공황은 사람들이 불안으로 인해 식료품을 대량 구매하게 만들었고, 이렇게 형성된 소비 패턴은 공황 이후에도 이어져 일반 가정의 냉장고 보급의 촉매제가 되었다. 백색가전의 대명사 GE는 그렇게 성장했다. 기후온난화로 인해 시작된 저탄소 경제는 내연기관 자동차의 종말을 예고하고 있다. 영국, 독일, 프랑스 등 유럽의 주요국들은 2025년부터 2040년 사이에 자국에서 내연기관 자동차의 판매를 금지하는 정책을 시행하려고 계획 중이다. 100년 이상 성장해온 내연기관 자동차 기업의 쇠퇴와 테슬라로 대표되는 전기차 시장의 폭발적인 성장은 우연이 아니다.

코로나19가 세상을 덮치면서 또 다른 기회의 창이 열리고 있다. 감염병의 창궐은 사람들이 모이는 것을 어렵게 만든다. 하지만 사회적으로나 경제적으로 초연결 사회에 살고 있는 현대인이 다른 사람들과의 접촉을 줄이는 데는 한계가 있다. 이러한 상황에서 IT 기술을 기반으로 한 다양한 비대면 서비스들이 코로나19 시대에 물리적 접촉을 줄이면서도 사회경제적 접촉은 유지할 수 있도록 해주는 대안으로 떠오르고 있다. 미국 시장에서 아마존, 넷플릭스, 줌과 같은 비대면 혁신 기업들이 코로나19 이후에 급속도로 성장하고 있는 것은 이러한 시대 변화를 잘 보여준다. 한번 비대면 서비스의 편리함을 맛보고 익숙해진 상당수의 사람들은 코로나19 이후에도 과거로 돌아가지 않을 가능성이 높다. 오히려 한 단계 업그레이드된 비대면 서비스를 찾는 사람들이 늘어날 것이다. 특히 통신 혁명에 가까운 5G 시대가 도래해서 비대면 서비스들이 VR, AR 등 IT 기술과 접목되면 개인이 느끼는 대면과 비대면의 차이가 줄어들어 일과 일상생활의 비대면화는 가속화될 것이다. 어차피 겪게 될 변화이지만 코로나19로 인해 미래가 훨씬 빨리 우리 곁에 다가온 것이다.

새로운 혁신이 세상에 뿌리내리기 위해선 사람들의 마음을 얻어야 한다. 어찌 보면 그래서 파괴적 혁신이 현실에서 성공하기란 쉽지 않다. 이는 시대를 앞서간 혁신이 실패하는 이유다. 세계 최초의 디지털카메라는 이제는 세상에서 사라진 필름 회사인 코닥이 1975년에 만들었고, 세계 최초의 태블릿 PC는 믿어지지 않겠지만 애플보다 무려 9년이나 먼저 LG가 세상에 내놓았다. 그것도 애플과 같은 '아이패드'라는 이름으로. 이쯤 되면 LG에서 애플을 상대로 특허 소송이라도 해야 되는 건 아닌지 싶다. 하지만 시대를 앞서간 코닥과 LG의 기술은 사람들의 마음을 얻지 못하고 잊혀갔다.

우리 앞에 와 있는 비대면이라는 앞당겨진 미래는 코로나19가 없었다면 아직은 사람들이 받아들이기 어려운 세상이었을지 모른다. 하지만 비대면 사회가 선택의 여지 없이 우리들의 일상으로 들어오면서 어느새 우리는 익숙해졌고, 그로 인해 새로운 혁신의 가능성이 10년 먼저 활짝 열렸다. 사실 IT 기술에 기반한 비대면 산업의 급부상은 코로나19 이전부터 진행형이었다. 최근 발표에 의하면 전 세계 유니콘 기업 400여 곳 가운데 절반 이상이 비대면 기술을 기반으로 하고 있다. 우리나라는 세계 최초로 5G 서비스를 시작한 IT 강국임에도 불구하고 규제로 인해 의료, 교육, 금융, 유통 등 핵심 비대면 산업에서의 혁신이 부진했지만, 코로나19로 인해 상황이 급변하고 있다. 사회적 거리두기의 상황에서 어쩔 수 없이 원격의료, 원격교육, 재택근무 등이 이루어졌지만, 비대면 활동도 할 만하다는 인식과 그로 인해 이제는 변화가 필요하다는 사회적 공감대가 형성되었다. 이 과정에서 비대면 산업에서 혁신을 가로막아왔던 인식을 변화시키고 규제를 걷어낼 수 있는 필요조건이 마련된 것이다.

현재 가장 많은 논의가 이루어지고 있는 원격의료의 예를 들어보자. 기술적으로 우리는 이미 대서양을 사이에 두고 미국에 있는 의사가 로봇과 IT 기술을 활용해서 프랑스에 있는 환자를 수술하는 '린드버그 수술'이 가능한 세상에 살고 있다. 원격의료가 민간을 중심으로 상당히 진행 중인 미국에서는 코로나19가 시작되면서 6000만 명에 달하는 고령자와 장애인 공공보험 가입자들에게도 원격진료를 허용했고, 미국보다 훨씬 보수적인 일본도 코로나19 상황이 심각한 도쿄, 오사카 등 7개 지역에서 원격진료를 허용했다. 우리나라도 코로나19 상황에서 대면 접촉을 최소화하기 위해 제한적인 비대면 원격진료를 허용하기 시작했다. 업계에서는 10년 걸릴 변화가 한 달 만에 이루어졌다고 평가할 정도의 큰 변화다. 우리나라 병원협회는 최근 처음으로 비대면 진료에 찬성 입장을 발표했다.

원격의료의 불모지나 다름없던 우리나라에서 비대면 진료의 허용은 이 분야에서 새로운 혁신을 위한 공간을 만들 것이다. 원격의료를 가능하게 하는 다양한 IT 기술은 대면 진료와 유사한 비대면 진료 환경을 만들기 위해 증강현실, 홀로그램 등으로 진화하여 공상과학 영화에서 보던 장면을 만들어낼 수 있을 것이다. 또한 시시각각 변하는 몸 상태를 실시간으로 모니터링하는 웨어러블 기기와 여기서 수집된 자료를 근거로 인공지능을 활용하여 환자 상태를 모니터링하고 응급 상황이 예측될 때에는 의료기관에 원격으로 연결하여 응급조치를 취하는 시스템은 꺼져가는 생명을 구하는 최전선의 생명줄 역할을 할 수도 있다. 세계 최고 수준의 우리나라 IT 기술과 의료 기술을 생각하면 원격의료 분야는 우리가 가장 혁신적인 성과를 낼 수 있는 기회의 땅이다. 코로나19로 인해 더욱 높아진 우리나라의 의료 보건 시스템의 위상까지 고려한다면 전 세계의 사람들이 우리나라 병원에서 원격으로 진료받거나 수술받는 날이 올 수도 있다. IT와 의료 기술의 융합을 통한 혁신은 새로운 가치와 시장을 만들고 지금까지 경험해보지 못한 신세계를 우리 앞에 펼쳐놓을 것이다. 다만 공공의료 분야 혁신의 전제는 우리 시스템이 가지고 있는 의료의 공공성을 해치지 않는 수준이어야 한다는 점임은 기억해야 한다. 이 부분은 원격의료에 대한 논의에서 항상 제기되는 우려인데 정교하게 설계된 제도를 통해 충분히 보완이 가능하리라 생각한다. 이러한 기회는 의료 분야에만 국한되지 않는다. 2003년 사스가 중국을 휩쓸었을 때 알리바바의 매출은 다섯 배 성장했고, 징둥이라는 중국에서 두 번째로 큰 전자상거래 기업을 탄생시켰다. 비대면 전자상거래의 성장은 필연적으로 핀테크 분야의 발전과 맞물리는데, 그 결과 중국에서는 이미 거리 노점상에서도 QR코드만으로 모바일 결제가 가능한 현금 없는 사회가 도래하였다. 우리나라는 그동안 각종 규제로 인해 핀테크에서는 중국에 한참 뒤져왔다. 핀테크의 핵심은 데이터인데 코로나19로 인한 비대면 사회의 도래는 데이터에 물린 족쇄를 풀어주는 역할을 하고 있다. 데이터3법이 통과되고 디지털 뉴딜이라는 거대 정부 정책이 추진되면서 기술, 금융, 전자상거래 등의 융합이 가속화할 것으로 예상된다. 그리고 이러한 트렌드는 인공지능과 맞물려 개개인에 특화된 맞춤형 서비스로 진화할 것이다. 음악, 게임, 먹거리, 쇼핑 등에서 나보다 나를 더 잘 알고 있는 네이버와 카카오가 나에게 딱 맞는 투자나 보험 상품을 꼭 집어서 추천해줄 날이 머지않았다. 이 글을 읽고 있는 독자들은 카카오톡 채팅 화면 상단에 어느 날 갑자기 등장한 광고판을 눈치챘는지 모르겠다. 내 관심사를 알고 맞춤형 광고를 내보내는 카카오톡 톡보드에서 변화는 이미 시작되었다. 어찌 보면 다소 무서운 생각도 든다. 하지만 확실한 것은 이러한 변화가 빅데이터, 인공지능, 5G 등 4차 산업혁명과 결합해서 열리게 될 혁신의 바다는 지금까지 우리가 경험해보지 못한 신세계를 만들어낼 것이다. 우리가 그 신세계에서 얼마나 큰 집을 지을 수 있을지는 우리 자신에게 달렸다.

창문 너머 세상의 아수라 백작

코로나19로 인해 10년 먼저 소환된 미래가 장밋빛인 것만은 아니다. 코로나19 이후의 세상에서 규제가 풀리고 혁신이 가속화되면 승자와 패자가 지금보다 더욱 뚜렷하게 구분될 것이기 때문이다. 승자와 패자의 불평등은 일자리를 통해 가장 뚜렷하게 대비될 것이다. 급속히 다가온 비대면 사회에서는 새로 생기는 혁신 기업과 일자리도 있겠지만 전통 제조업과 대면 서비스 분야의 많은 한계 기업들이 도산하고 일자리가 사라질 것이다. 문제는 새로 생기는 혁신 기업과 일자리 수가 사라지는 전통 제조업이나 대면 서비스 기업, 일자리 수보다 훨씬 적다는 점이다. 극단적인 예로 페이스북이 2014년 220억 달러에 인수해서 화제가 되었던 혁신 스타트업 왓츠앱(Whatsapp)은 전 세계 9억 명의 회원에게 메신저 서비스를 제공하는데 직원은 인수 당시 고작 70명뿐이었다. 이렇게 되면 코로나19 이후 세상은 새로운 시장과 가치를 만들어내는 소수의 혁신가 그룹, 혁신가들을 위해 일할 역량을 가지고 있어 변화에서 살아남을 수 있는 중간 전문가 그룹, 그리고 쉽게 변화에서 밀려나 삶을 위협받을 수밖에 없는 다수 일반인 그룹으로 계급이 나뉘게 된다. 다수 일반인 그룹은 또 운 좋게 살아남아 일자리를 지키는 사람들과 그렇지 못한 사람들로 나뉘게 되는데, 설령 운이 좋아 살아남은 사람들도 언제 직장을 잃을지 모르는 불안감으로 하루하루를 살아가게 된다.

코로나19는 새로운 비대면 산업의 혁신과 성장, 전통 제조업과 대면 서비스업의 쇠퇴 등 기존 산업의 재구조화를 가속화했다. 이러한 측면에서 보면 코로나19 이후 세상의 혁신은 또 다른 문제의 시작이지 결코 솔루션은 아니다. 사람들의 상호작용 방식이 바뀌면서 전자상거래, 클라우드, 화상회의 등과 같은 새로운 분야의 수요가 폭증하였고 전통 제조업은 물론 신산업 분야라고 각광받던 공유경제가 침몰하였다. 이러한 과정에서 나타나는 소득과 일자리의 양극화 문제는 어찌 보면 10년 먼저 온 미래를 살고 있는 우리가 직면하고 있는 코로나19보다 더 중요한 문제인지 모르겠다. 코로나19에 대한 대응은 백신과 치료제로 집약되지만 소득과 일자리 양극화에 대한 대응은 뾰족한 방법을 찾기가 훨씬 어렵기 때문이다.

연성사회의 초회복과 인간의 얼굴을 한 혁신

코로나19로 인해 열린 기회의 창 너머 세상은 장밋빛일 수도 있지만 잿빛일 수도 있다. 그 세상에 어떤 색을 입힐지는 우리가 하기 나름이다. 코로나19로 10년 일찍 소환된 미래를 맛본 사람들은 변화를 수용할 준비가 되어 있다. 우리 발에 채워진 규제라는 족쇄만 효과적으로 제거한다면 창의적이고 혁신적인 변화가 우리 사회 곳곳에서 나타날 수 있을 것이다. 세계 최고 수준의 IT 기술과 융합한 우리나라의 의료, 교육, 금융, 유통 등의 분야는 다양한 형태의 혁신을 통해 지금과는 전혀 다른 세계 최고 수준의 경쟁력을 갖출 수 있을지 모른다. 코로나19로부터 그야말로 초회복이 가능한 대표적인 분야가 바로 혁신이라고 할 수 있다. 이번 기회를 잘 활용해서 우리 사회를 혁신과 관련한 새로운 시도는 무엇이든 가능한 보다 말랑말랑한 연성사회로 변화시켜간다면, 앞으로의 10년을 코로나19의 저주를 극복하고 초회복하는, 한 번도 경험해보지 못한 축복의 시간으로 만들 수 있을 것이다.

다만 한 가지 잊지 말아야 할 것은 변화의 과정에서 피해를 보는 사람들이 생길 수 있다는 점이다. 이들을 보듬어 안는 것은 공공부문과 함께 혁신의 승자들이 담당해야 할 책무이다. 슘페터의 혁신은 파괴적 속성을 가지며, 그로 인해 필연적으로 고통받는 사람들이 생길 수밖에 없다. 이들의 고통을 공감하고 감싸 안는 포용 사회가 되지 않으면, 혁신 사회는 결코 멀리 갈 수 없다. 파괴적인 속성을 가진 혁신은 인간의 얼굴을 하고 있을 때 비로소 지속가능하기 때문이다.

2장 산업 시대의 노동은 더 이상 유효하지 않다

1   황세원, 〈좋은 일의 기준을 찾자-좋은 일, 공정한 노동1〉, 희망제작소, 2016.

2   석경민, "'생산성 +20% 스트레스 −7%' 코로나 뉴노멀 2탄 주4일근무?", 〈중앙일보〉, 2020. 5. 26.

3   반가운 · 김영빈 · 김주리 · 안우진 · 〈한국의 스킬지도〉, 한국직업능력개발원, 2019

4   〈출근 퇴근 소요시간이 가장 긴 지역은?〉, KTDB(국가교통데이터베이스), 2019. 6. 30.

5   KTDB Newsletter Vol 31, KTDB, 2016. 9. 1.

6   〈수도권 통근시간과 행복 상실 가치분석〉, 한국교통연구원, 2013.

7   〈통계로 본 교통-2017 교통 주요 이슈에 관한 인사이트〉, KTDB, 2018.

8   〈2019년 수도권 대중교통 이용실태〉, 국토교통부, 2020.

9   니킬 서발, 《큐브, 칸막이 사무실의 은밀한 역사》, 이마, 2015.

10 노승혁, "고양시 시간제 알바 27.1대1…240명 모집에 6천497명 몰려", 〈연합뉴스〉, 2020. 5. 2.

11 김대우, "'코로나19'로 일자리 155만 개 사라져…취업자는 87만 명 감소", 〈헤럴드경제〉, 2020. 6. 15.

12 원격근무 노동자는 전문, 관리, 기술 인력으로 전자문서 등을 통해 비대면 업무가 가능해 코로나19에도 불구하고 임금을 받을 수 있는 노동자이고, 필수 노동자는 의사, 간호사, 육아, 농장, 배달업 등 위기 상황에 필요한 일을 하는 노동자이다. 임금을 못 받는 노동자는 소매점, 식당에서 일하거나 제조업체에서 일하는 노동자로 코로나19로 일자리를 잃거나 임금을 받지 못하게 되는 노동자이다. 잊힌 노동자는 감옥이나 이주민 수용소, 노숙인 시설 등 물리적 거리두기가 불가능한 공간에서 생활하는 노동자이다.

13 2020년 5월 통계청의 〈경제활동인구조사 청년층 부가조사〉에 따르면 청년 실업률은 10.5%로 1999년 이후 가장 높은 수치를 기록했다. 비경제활동 인구 중 "쉬었음"이라고

응답한 경우는 전년 동월 대비 4월 기준 12.2만 명이 증가하였다.

14 통계청의 〈경제활동인구조사 근로형태별 부가조사〉에 따르면 2007년 비정규직의 월평균 임금은 정규직보다 36.9% 낮았으나, 2017년에는 이 격차가 45.0%로 커졌으며, 통계청 임금 근로자별 소득(보수) 결과에 따르면, 300인 이상 대기업 월평균 임금은 488만 원으로 중소기업 233만 원보다 두 배 이상 높은 것으로 나타났다. 고용노동부의 2018년 근로 형태별 근로 실태조사 결과에 따르면 정규직의 국민연금, 건강보험, 고용보험 가입률은 각각 97.9%, 98.1%, 94.6%인데, 비정규직은 56.5%, 59.5%, 70.8%에 그쳤다. 2017년 300인 이상 사업장의 배우자 출산휴가제, 육아휴직제 도입률은 90.1%, 93.1%였으나, 29인 이하 기업은 46.5%, 24.7%에 불과했다(통계청, 2017, 일 · 가정 양립지표 보도자료).

15 변금선, 〈학교에서 노동시장으로 이행과정 변화〉. 서울대학교 박사학위 논문, 2018.

16 OECD, 〈A Broken Social Elevator? How to Promote Social Mobility〉, OECD Publishing, 2018.

3장 봉쇄와 거리두기의 시대, 돌아보는 삶의 공간과 건강

1 lumenlearning, "The Rise of the City", https://courses.lumenlearning.com/boundless-ushistory/chapter/the-rise-of-the-city/

2 이정훈, "흔들리는 조선업 도시 '거제'…'하면 된다' 정신 퇴색하고 빈 상가만", 〈한국경제〉, 2019.6.1.

3 이종호, "군산 경기침체 장기화…소규모 상가 공실률 '전국 최고치'", 〈전북일보〉, 2020.5.27.

4 "택배가 사재기 막았다 CJ대한통운 택배 빅데이터로 증명", CJ대한통운 보도자료, 2020.4.9.

5 〈코로나19 계기로 공공분야 비대면 업무 시스템 활용 폭증〉, 행정안전부, 2020.5.21.

6 존 어리, 《모빌리티》, 아카넷, 2014.

7 〈사회적 거리두기 필요하지만 나가고도 싶다〉, 한국교통연구원, 2020.4.29.

8 심서현, "코로나가 바꾼 동선, 구글은 안다…伊 올스톱, 한국은 공원 51%↑", 〈중앙일보〉, 2020.4.3.

9 이희상, 《존 어리, 모빌리티》, 커뮤니케이션북스, 2016.

10 〈코로나19가 대중교통에 미친 영향과 각국 대응의 시사점〉, 사회공공연구원, 2020.6.22.

11 "전동킥보드 공유 앱 사용자 지난달 21만 돌파…1년새 6배 늘어", 연합뉴스, 2020.5.25.

12 Corinne Le Quéré et al, "Temporary reduction in daily global CO2 emissions during the COVID-19 forced confinement", 〈Nature Climate Change〉, 10, 2020.

13 하채림, "코로나19의 역설…확산 심각한 대도시 대기질 개선(종합)", 〈연합뉴스〉, 2020. 3. 24.

14 〈에너지통계연보〉, 에너지경제연구원, 2020.

15 〈미세먼지 팩트 체크〉, 환경부, 2019. 1.

16 권지담, "숨 멈춰야 해방되는 곳… 기자가 뛰어든 요양원은 '감옥'이었다", 〈한겨레〉, 2019. 5. 13.

17 이재연·감영동, "대남병원 첫 사망자 42kg 불과… 재단 간부들 횡령 '전력' 주목", 〈한겨레〉, 2020. 2. 27.

18 유영규·임주형·이성원·신융아·이혜리, "간병은 전쟁이다, 죽어야 끝나는", 〈서울신문〉, 2020. 9. 2.

19 이혜리, "아비는 너희에게 짐이 되기 싫었다", 〈서울신문〉, 2020. 9. 2.

20 상병수당은 업무와 관련 없는 질병이나 부상 등으로 치료를 받게 될 경우 발생하는 소득 손실을 보상해주는 제도다. 현행법에도 상병수당이 명시되고 있지만, 그 구체적인 내용을 정하는 대통령령에는 임신·출산 진료비만을 규정하고 있다. 현재 OECD 국가 중 상병수당이 없는 국가는 한국과 미국뿐인 것으로 알려져 있다. 출처: 이창진, "약사 출신 서영석 의원, 상병수당 법제화 법안 발의", 〈메디칼타임즈〉, 2020. 6 17.

21 인간안보와 보건안보에 대한 일반적인 내용은 김상배 편, 《신흥안보의 세계전략: 비전통 안보론을 넘어서》, 사회평론아카데미, 2016에 실린 정혜주의 "보건안보와 글로벌 거버넌스"에 기반하여 확장하였음.

22 정혜주·김상배(편), "보건안보와 글로벌 거버넌스", 《신흥안보와 미래전략: 비전통 안보론을 넘어서》, 2016, 사회평론아카데미.

23 문다슬·정혜주, "보건의료 공공성을 넘어 건강공공성으로: 건강안보와 사회적 대화를 중심으로", 〈보건행정학회지〉, 28(4), pp. 329-338.

24 서울시 역시 코로나19 팬데믹 이후 코로나19로 유증상 사망으로 인한 유가족의 자살, 격리, 번아웃, 우울증을 겪는 의료진을 비롯하여 실직, 파산, 수입 감소로 인한 사회경제적 위기에 따른 2차 영향 자살을 예방하기 위한 조치를 적극 추진하고 있다.

25 이재훈, 〈유급병가휴가와 상병수당 도입의 필요성〉, 참여연대, 2020. 5. 1.

26 조운, "코로나로 마비된 응급의료체계… '중증응급진료센터'로 돌파구", 〈메디파나〉, 2020. 6. 12.

27 GoInvo, "Determinants of health." https://www.goinvo.com/vision/determinants-of-health/#references

28 Dahlgren, G., & Whitehead, M., "European strategies for tackling social inequities in health: Levelling up Part 2." World Health Organization, 2006.

29 일례로 최근의 초기 아동발달에 대한 사회유전학(socio-genomics)적 연구 결과를 보면 양육이 일어나는 물리적, 사회적 환경과 양육 방식에 따라 유전체 수준의 후성유전학적 (epi-genetic) 변화가 태내에서는 물론 생후 1년까지도 일어난다.

30 〈The Global Risks Report 2020〉, World Economic Forum, 2020.

31 폴 엡스타인·댄 버퍼, 《기후가 사람을 공격한다》, 푸른숲, 2012.

32 이영섭, "유엔 총장 '인류, 자연과의 전쟁 반드시 그만둬야'"(종합), 〈연합뉴스〉, 2019. 12. 2.

33 L Pereira da Silva. "Green Swan 2 – Climate change and Covid-19: reflections on efficiency versus resilience". Bank for International Settlements, 2020.

34 "From containment to recovery: Environmental response to the COVID-19 pandemic", OECD, 2020.

35 Gunn-Wright, Rhiana et. al., "The Green New Deal". New Consensus, 2019.

36 Carlock, Greg, "A Green New Deal", Policy Report by Data for Progress, 2018.

37 김병권, 《기후위기와 불평등에 맞선 그린뉴딜》, 책숲, 2020.

4장 교육과 배움, 새 시대의 작동법을 습득하라

1 Megan Brenan, "Over 8 in 10 parents now say child is learning remotely", 〈Education Week〉, 2020.4.8.

2 신철균·김지혜 외, 〈고교 교육 환경 변화 전망과 과제: 학생들의 시선으로〉, 한국교육개발원, 2018.

3 이혜영·손흥숙 외, 〈학생의 학교부적응 진단과 대책(I)〉, 한국교육개발원, 2012.

4 성열관·이형빈, "수업시간에 자는 중학생 연구: 수업참여 기피 현상에 대한 근거이론". 〈교육사회학연구〉, 24(1), 147-171, 한국교육사회학회, 2014.

5 Schleicher, A., "Schools for 21st-Century Learners: Strong Leaders, Confident Teachers, Innovative Approaches", 〈International Summit on the Teaching Profession〉, OECD Publishing, 2015.

6 이 부분은 필자가 작성한 원고의 일부분을 수정·보완한 것이다.
신철균·백병부·권순영, 〈강원행복더하기학교 3.0 미래형 모델학교 연구〉, 강원도교육청, 2019.

7 이성회 · 양희준 · 황지원 · 김수철, 〈디지털 세대의 학생문화 연구〉, 한국교육개발원, 2016.

8 신철균 · 김지혜 · 유경훈 · 이승호 · 송경오 · 최영준 · 김덕년, 〈고교 교육 환경 변화 전망과 과제: 학생들의 시선으로〉, 한국교육개발원, 2018.

9 정재기, 〈부모의 사회경제적 지위와 청소년의 인터넷 이용형태: 생활시간조사의 활용〉, 한국사회학, 45(5), 한국한사회학회, 2011, pp. 197~225.

10 Eberhard, B. et al., "Smart Work: The Transformation of the Labour Market Due to the Fourth Industrial Revolution(I4,0)", 〈International Journal of Business and Economic Sciences Applied Research〉, No.10, 2017, pp. 47~66.

11 김봄이 · 반가운 · 양정승 · 이상돈 · 손희전, 〈국가숙련전망조사(2018)〉, 한국직업능력개발원, 2018.

12 Mani, A., "Mullainathan, S., Shafir, E., & Zhao, J, Poverty impedes cognitive function" 〈science〉 341(6149), 2013, pp. 976~980.

5장 파국을 막으려면 경제부터 뒤집어야 한다

1 김태헌, "지역 경제의 새바람, 지역화폐 파헤치기", 〈노컷뉴스〉, 2019. 5. 29.

2 성수영, "벌써 3조…'또 다른 현금 살포' 지역화폐 우후죽순", 〈한국경제〉, 2020. 5. 27

3 〈지역사랑상품권 전국 확대발행의 경제적 효과 분석〉, 한국지방행정연구원, 2019.

4 송소연, "지역화폐 전성시대 올까?", 〈라이프인〉, 2020. 4. 20.

5 윤종열, "경기도내 올해 지역화폐 8000억 원 발행…전년대비 61% ↑", 〈서울경제〉, 2020. 02. 28.

6 문수정 · 정진영, "재난지원금, 어디서 주로 쓰나 보니… 업종별 결제 현황", 〈국민일보〉, 2020. 5. 14.

7 김민정, "쏟아지는 지역 화폐…英 브리스틀 市長 월급도 '브리스틀 파운드'로", 〈WEEKLY BIZ〉, 2019. 2. 15.

8 윤희훈, "편의점 '귀한 손님'된 지역화폐… 할인에 할인을 얹다", 〈조선비즈〉, 2020. 5. 5.

9 남상인, "1년 만에 6배… 전국은 지역화폐 열풍", 〈서울신문〉, 2019. 12. 4.

6장 위기의 순간, 사회는 나를 지켜줄 수 있을까

1 홍창진, "대구시 의료진 수당 늑장 지급에 '오보 타령'까지", 〈연합뉴스〉, 2020년. 5. 4.

2 홍종오, 대구시의회 "대구시 방역행정 일제히 질책", 〈포커스데일리〉, 2020. 4. 29.

3 장영락, "긴급지원금 · 수당 · 저소득층 쿠폰…일단 늦게 주는 대구시", 〈이데일리〉, 2020. 4. 12.

4 우성덕, "대구 생계자금, 교사 · 공무원 3900명에 샜다", 〈매일경제〉, 2020. 6. 9.

5 장영락, "긴급지원금 · 수당 · 저소득층 쿠폰…일단 늦게 주는 대구시", 〈이데일리〉, 2020. 4. 12.

6 박태우, "'드론쇼 할 땐가'…대구 의료진 격려 행사 취소", 〈경향신문〉, 2020. 6. 9.

7 김정석, "수당늑장지급 · 상품권 발행절차 위반…대구시 허술 방역행정", 〈중앙일보〉, 2020. 5. 2.

8 박종민 · 윤견수, "한국 국가관료제의 세 가지 전통", 〈한국행정학보〉 48(1), 2014, pp.1~24.

9 개발독재 시절 관료제 형성에 관한 연구는 윤견수 · 박진우, "개발연대 국가관료제의 정책집행에 관한 연구", 〈한국행정학보〉 50(4), 2016, pp.211~242, 이병량 · 주경일 · 함요상, "관료의 충원방식을 통한 한국관료제의 형성과정에 대한 연구", 〈한국행정논집〉 16(4), 2004, pp.759~788 등 참조.

10 민주화 이후 집권 정부의 정책적 무능력에 대한 보다 자세한 논의는 양재진, "한국의 발전모델과 국가관료제", 〈한국행정학회 학술발표논문집〉, 2005, pp.1~17 참조.

11 이진구, "권한은 적고 책임만… 정은경 마음고생 심할 것", 〈동아일보〉, 2020. 3. 10.

12 이상구, "믿기 어렵지만… 입법권한 없는 한국 국회", 〈프레시안〉, 2020. 3. 25.

13 외국의 공무원제도에 대해서는 정재명 · 오경아 · 민소정, 〈주요국의 공무원 인사제도에 관한 연구〉, 한국행정연구원, 2006 참조.

| 저자 소개 |

이원재 _ LAB2050 대표

LAB2050의 대표이자 경제평론가다. 연구, 칼럼, 방송, 강연 등 다양한 경로를 통해 다가올 미래를 예측하고 더 나은 사회에 대한 비전을 설파하고 있다. 쓴 책으로는 《이상한 나라의 경제학》,《아버지의 나라, 아들의 나라》,《이원재의 5분 경영학》,《MIT MBA 강의노트》,《소득의 미래》 등이 있다. 〈한겨레〉 경제부 기자로 일하던 중 유학을 떠나 미국 MIT 슬론스쿨 MBA 과정을 이수하고, 한국에 독립적인 싱크탱크를 세우겠다는 꿈을 안고 귀국했다. 삼성경제연구소 수석연구원으로 일했고, 한겨레경제연구소를 설립해 5년 반 동안 소장을 지냈다. 이후 희망제작소 소장, 여시재 기획이사, 대통령 직속 저출산고령사회위원회 위원을 역임하였다.

최영준 _ LAB2050 이사장, 연세대학교 행정학과 교수

LAB2050 이사장과 연구위원장을 맡고 있으며, 연세대학교 행정학과 교수이다. 내리막 길로 가고 있는 현재에서도 '분명 우리는 길을 찾을 수 있다'고 생각하는 낙관주의자이다. 새로운 길의 핵심은 개인이 자유롭고 안정적인 삶을 영위하는 것이며, 이것이 가능할 때 우리 아이들뿐 아니라 공동체와 국가도 아름다울 수 있다고 믿고 있다. 이러한 주제와 관련된 우리 사회와 국가의 다양한 모습을 때로는 이론적으로, 때로는 실증적으로, 때로는 비교적 관점에서 연구하는 종합 사회과학인이다.

황세원 _ 일in연구소 대표

'좋은 일을 하고 있다'고 말하는 사람들이 많아지려면 사회가 어떻게 바뀌어야 할지 연구하고 있다. 첫 직장으로 〈국민일보〉에 들어가 10년간 기자로 일한 뒤 서울시 사회적경제지원센터로 이직했다. 이후 민간 독립연구소인 희망제작소와 LAB2050에서 일하는 동안 '좋은 일의 기준은 무엇인가?'라는 주제로 다양한 연구를 수행했다. 특히 청년 세대와 지방 도시의 관점에서 좋은 일자리에 관심이 많다. 현재는 일in연구소 대표로 일하는 한편 사회학 박사과정에서 공부 중이다. 대통령 소속 경제사회노동위원회 본위원회 공익위원, 대통령 직속 일자리위원회 자문위원, 행정안전부 청년 자립 및 활력 사업 평가위원, LAB2050 연구위원을 맡고 있다.

반가운 _ 한국직업능력개발원 연구위원

경제학 학위를 취득했고, 직장에서는 주로 일터와 노동자의 역량에 대해 연구하며 LAB2050 연구자문위원으로 활동하고 있다. 일터에서 필요한 노동자의 역량은 무엇이고, 그런 역량을 잘 기르고 활용하기 위해서는 어떤 정책과 제도가 필요한지에 관심을 두고 있다. 경제학을 전공했지만 같이 일하는 사람들은 경제학 전공자 외에 다양한 편이다. 사람들은 대부분 내가 경제학자인지 모르거나, 경제학자임을 아는 이들은 경제학에서 멀어지는 것 같다고 걱정한다. "전두엽은 인간의 합리성을, 변연계는 인간의 감정과 본능을 담당한다. 그리고 제도는 학습과정을 통해 인간의 뇌를 재창조한다. 선택의 학문인 경제학이 보다 다양한 선택의 원천을 탐구해야 한다고 믿는다." 이게 내가 건네는 답이다. 다양한 선택의 원천으로부터 역량과 일터의 문제를 더 깊게 연구하고자 한다.

이명호 _ 재단법인 여시재 기획위원

국가미래전략을 위한 싱크탱크 여시재의 기획위원, 사단법인 미래학회 부회장을 맡고 있다. 글과 자문, 강연 등으로 지식과 인사이트를 나누는 활동을 하고 있다. KAIST에서 기술경영학 박사를 수료했고, 동 대학원에서 IT MBA, 연세대학교 공과대학에서 학사를 취득했다. 국회의원 노무현 비서, 사단법인 창조경제연구회 (이사장 고 이민화) 상임이사로 일하며 사회와 정책에 대한 안목을 키웠다. 저서로《노동 4.0》이외에도《뉴노멀》(공저) 등을 집필했고, 많은 연구 보고서를 발간했다.

변금선 _ 서울연구원 부연구위원

생애 빈곤과 불평등 관점에서 이행기 청년의 노동과 삶에 관해 연구하고 있으며, 급격한 변화 속에 잊힌 사람들을 위한 정책에 관심을 기울이고 있다. 주요 연구로는 〈학교에서 노동시장으로 이행의 계층화〉, 〈청년층의 삶의 질 격차에 관한 연구〉, 〈제1차 청년기본계획 수립 방안 연구〉 등이 있다. LAB2050 연구자문위원으로 활동하고 있다.

박숙현 _ 지속가능시스템연구소장

환경 정책과 지속가능 발전에 관한 연구를 목적으로 설립된 지속가능시스템연구소를 운영 중이다. 우리 사회에서는 신생 분야인 시스템 다이내믹스의 모형을 사회생태 시스템에 적용하는 연구에 관심을 갖고 있다. 환경부 중앙환경정책위원, 녹색서울시민위원회 등 거버넌스에 참여하여 이론을 실행체계에 접합시키기 위한 노력을 기울이고 있으며, 저서로는 기후변화 해설서인《거꾸로 환경시계 탐구생활》이 있다.

김건우 _ 카카오모빌리티 수석이코노미스트

카카오모빌리티 디지털경제연구소의 수석이코노미스트로 〈2020 카카오모빌리티 리포트〉를 총괄 집필하였으며, LAB2050 연구자문위원과 통계청 빅데이터–통계 전략 포럼 운영위원을 역임하고 있다. LG경제연구원에서 디지털 경제를 연구했으며, 포항공과대학교 산업경영공학과와 KDI 국제정책대학원을 졸업하였다. 저서로는 《2030 빅뱅 퓨처: LG경제연구원 미래 보고서》(공저), 《2018 대한민국 국가미래전략》(공저)가 있으며, 감수 및 자문한 서적으로 《연금술사들(The Alchemists)》(감수), 《카이스트 미래전략 2019》(자문), 《2030 카이스트 미래경고》(자문)가 있다.

김보영 _ 영남대학교 새마을국제개발학과 부교수

참여연대 사회복지위원회 간사로서 국민복지기본권 확보 운동에 참여하다가 복지 현장의 대안을 찾고자 유학길에 올랐다. 그 후 2008년 영국 요크대학교에서 영국의 사회서비스 정책 발전에 대한 연구로 박사학위를 받았다. 한국보건사회연구원, 서울복지재단, 경북행복재단 등 중앙과 지방 연구기관과 함께 사회서비스, 전달체계 등 분야의 정책 연구에 꾸준히 참여하고 있으며, 영국 사회정책, 복지정치, 사회서비스 정책, 정책 과정, 싱크탱크 등의 분야에서 지속적인 연구와 기고를 하고 있다. LAB2050 연구위원으로 활동 중이다.

정혜주 _ 고려대학교 보건정책관리학부 교수

임상약학을 전공하고 존스홉킨스 보건대학원에서 보건사회정책학 전공으로 박사학위를 받았다. 토론토대학교 정치학과에서 캐나다보건연구원(CIHR) 건강서비스 및 정책 연구소(IHSPR) 박사후과정 펠로우십, WHO 건강의 사회적 결정요인 위원회(CSDH) 산하 고용조건지식네트워크(EMCONET) 연구원을 거쳐 2010년부터 고려대학교에 재직 중이다. 건강형평성의 복지국가체제와 노동시장 정책을 중심으로 한 거시 비교제도적 연구 및 실질적 건강형평성 증진을 위한 건강 고려 정책(HiAP)의 실천이 주요 연구 분야이다. 최근에는 한국 최초의 공적 상병수당 제도인 '서울형 유급병가' 제도 도입과 운영을 위한 기초 연구 및 평가체계구축연구를 수행하였다.

김병권 _ 정의당 정의정책연구소장

2006년부터 민간 독립 싱크탱크인 사단법인 새로운사회를여는연구원 연구센터장과 부원장으로 일하면서 우리 사회를 진보적인 방향으로 전환하는 정책을 고민해온 정책 연구자이다. 학부에서는 화학을 전공했지만 10여 년 동안 컴퓨터 엔지니어로 근무하며 직장생활을 했다. 이후 대학원에서 경제학과 사회학을 공부했다. 2016년부터 2019년까지 서울시 혁신센터장과 협치 자문관 등을 맡으면서 관련 정책 논의에도 참여했다. 최근에는 불평등과 기후변화, 그리고 이에 대응하는 시민사회 정책 연구에 관심을 가지고 정의정책연구소에서 활동하고 있다.

정지선 _ 홍콩대학교 교육학과 조교수

광주에서 고등학교 국어교사로 4년간 재직하였다. 2011년에 서울대학교 교육학과에서 교육행정 전공으로 박사학위를 취득한 후, 홍콩대학교에서 박사후연구원을 거쳐 현재동 대학교 조교수로 재직 중이다. 주요 연구 분야는 고등교육 이론과 정책이며, 그중에서도 대학원 교육에 관한 연구 논문들을 여러 국제 저널에 게재하고 있다. 고등교육 분야에서 잘 알려진 〈Higher Education Research & Development〉의 편집위원으로 활동하고 있다.

신철균 _ 강원대학교 자유전공학부 조교수

학교 교육 현장과 중앙의 교육 정책을 두루 경험하고 이론과 실천을 겸비한 교육 전문가이다. 경기도교육청 소속 중·고등학교 교사로서 교직 사회에 첫발을 내딛었다. 이후 서울대학교 교육학과 대학원에서 교육학(교육행정학) 박사학위를 취득한 후, 교육 정책 싱크탱크인 한국교육개발원에서 연구위원과 초·중등교육연구본부장을 역임하였으며, 교육부 장관정책보좌관으로 근무하며 교육 현장의 목소리가 국가 교육 정책에 반영될 수 있도록 노력하였다. 현재 강원대학교 자유전공학부 조교수로 근무하고 있으며, LAB2050 연구위원을 맡고 있다. 관심 분야는 교육 정책, 교원 교육, 교육 네트워크와 혁신, 학생 주도성이다.

전용복 _ 경성대학교 국제무역통상학과 교수

2008년 미국 유타대학교에서 경제학 박사학위를 취득하고, 현재 경성대학교 국제무역통상학과 교수로 재직하고 있다. 더 나은 사회를 기획하는 데에 도움이 되는 경제학을 25년 동안 배우고 가르치면서 '모든 국민이 경제적 곤궁에서 벗어날 때 국가 경제도 건강해지는데, 이는 정부 정책으로 충분히 달성 가능하다'는 결론에 도달했다. 이러한 생각을 2020년 8월 출간한 책《나라가 빚을 져야 국민이 산다: 포스트 코로나 이후 사회를 위한 경제학》에 담았다. 2008년에 제출한 박사학위논문에서 일찍이 '소득(수요)주도 성장론'을 제안하였다. 현재 경제학과 사회복지학의 결합을 추구하는 연구를 수행하고 있다.

윤형중 _ 정책 연구자

제주에 사는 독립 정책 연구자이자 두 아이의 양육자다. 기본소득과 복지 정책, 세금 제도를 연구해 보다 넓고 튼튼한 안전망을 갖춘 사회를 만들고자 한다. 대학에선 재료공학을 전공했고, 〈한겨레〉 기자, LAB2050 정책팀장을 지냈다. 지은 책으로는《공약파기》가 있고,《오늘을 위한 기본소득》이라는 저서를 출간 준비 중이다.

서재교 _ 우리사회적경제연구소 대표

민간 연구소에서 10년 이상 사회적경제를 연구했다. 코로나19로 인해 더욱 빨라질 것으로 예상되는 지방소멸을 비롯해 지역사회가 처한 다양한 문제를 지역화폐, 소셜 벤처 등 사회적경제 방법론을 활용해 해결하는 데에 관심이 있다. 자본주의 시장경제가 초래한 다양한 불균형과 불평등을 지역사회 여건에 맞게 해결하기 위한 연구를 진행하고 있다. LAB2050 연구위원으로 활동 중이다.

최현수 _ 한국보건사회연구원 연구위원

한국보건사회연구원과 LAB2050에서 연구위원으로 정책 설계와 대안 제시에 참여하고 있다. 소득보장, 조세지원, 사회서비스 분야에서 사회보장 빅데이터 기반 정책설계·평가를 수행하며, 최근 긴급재난지원금, 기본소득 정책설계, 소득 중심의 전 국민 사회보험과 국세청 징수 통합, 데이터 거버넌스(데이터청) 등 정책 이슈 관련 논의에 참여하고 있다. 참여정부 당시 근로장려세제(EITC) 도입 및 정책 설계, 사회보험 통합징수 실무를 담당했다.

박상현 _ 사단법인 코드 이사/미디어 디렉터

뉴미디어 스타트업을 발굴, 투자하는 '메디아티'에서 일했다. 현재 〈조선일보〉, 〈서울신문〉, 〈중앙일보〉, 〈세계일보〉, 〈피렌체의 식탁〉 등에 디지털 미디어와 시각 문화, 미국 정치에 관한 고정 칼럼을 연재하고 있고,《아날로그의 반격》,《생각을 빼앗긴 세계》 등을 번역했다. 현재 미국 페이스대학교의 방문연구원, 씨로켓 리서치랩 특파원으로 활동 중이다.

구교준 _ 고려대학교 행정학과 교수

미국에서 도시계획으로 박사학위를 받고 세계은행 컨설턴트와 클리블랜드 주립대학교 교수로 일했으며, 10년 간의 해외 생활을 정리하고 2006년에 귀국해 현재 고려대학교 행정학과 교수로 재직 중이다. 지역혁신 연구를 주로 하였으나, 최근에는 행복을 주제로 왕성한 연구 활동을 펼치고 있다. 특히 행복과 혁신, 행복과 정책의 접점을 찾는 연구를 통해 보다 나은 세상을 만드는데 기여하려고 노력 중이다. LAB2050 연구위원으로 활동 중이며, 저서로는《무엇이 우리를 행복하게 하는가?》가 있다.

코로나 0년 초회복의 시작

초판 1쇄 발행 2020년 9월 5일

지은이 ㅣ 이원재, 최영준 외
발행인 ㅣ 김형보
편집 ㅣ 최윤경, 박민지, 강태영, 이환희, 최승리, 이경란
마케팅 ㅣ 이연실, 김사룡, 이하영
경영지원 ㅣ 최윤영

발행처 ㅣ 어크로스출판그룹(주)
출판신고 ㅣ 2018년 12월 20일 제 2018-000339호
주소 ㅣ 서울시 마포구 양화로10길 50 마이빌딩 3층
전화 ㅣ 070-5080-4038(편집) 070-8724-5877(영업) 팩스 ㅣ 02-6085-7676
e-mail ㅣ across@acrossbook.com

ⓒ 이원재, 최영준 외 2020

ISBN 979-11-90030-65-6   03300

이 도서의 국립중앙도서관 출판시도서목록(CIP)은 e-CIP홈페이지(http://www.nl.go.kr/
ecip)에서 이용하실 수 있습니다. (CIP제어번호 : CIP2020033990)

만든 사람들
편집 ㅣ 최승리
교정교열 ㅣ 안덕희
표지디자인 ㅣ 디박스
본문조판 ㅣ 성인기획